高职高专酒店管理专业工学结合规戈

U0689374

（第二版）

酒店财务管理

主编：翁玉良　　　副主编：钟幼茶

ZHEJIANG UNIVERSITY PRESS
浙江大学出版社

图书在版编目（CIP）数据

酒店财务管理 / 翁玉良主编. —杭州:浙江大学出版社，
2009.9(2021.8 重印)
（高职高专酒店管理专业工学结合规划教材）
ISBN 978-7-308-06970-0

Ⅰ. 酒…　Ⅱ. 翁…　Ⅲ. 饭店－财务管理－高等学校:技
术学校－教材　Ⅳ.F719.2

中国版本图书馆 CIP 数据核字（2009）第 149929 号

酒店财务管理

翁玉良　主编

策划组稿	孙秀丽（sunly428@163.com）
责任编辑	徐　霞
文字编辑	王元新
封面设计	卢　涛
出版发行	浙江大学出版社
	（杭州市天目山路 148 号　邮政编码 310007）
	（网址:http://www.zjupress.com）
排　　版	杭州大漠照排印刷有限公司
印　　刷	杭州杭新印务有限公司
开　　本	787mm×1092mm　1/16
印　　张	13.25
字　　数	322 千
版 印 次	2013 年 8 月第 2 版　2021 年 8 月第 12 次印刷
书　　号	ISBN 978-7-308-06970-0
定　　价	39.00 元

INTRODUCTION

内容简介

本书以酒店企业为对象,围绕现代酒店的融资、营运、投资和收益分配等财务管理问题,根据"任务驱动、项目导向"的教学改革需要进行编写的,在内容选取上打破了以往教材的学科体系,以够用、适用为度。全书以酒店资金的流动为主线,分为酒店财务管理基础、酒店资金筹集管理、酒店资金营运管理、酒店资金投资管理、酒店财务控制、酒店分配决策与利润规划、酒店财务预算、酒店财务分析8个模块,每个模块又分为2～3个项目来叙述。

本书可作为高等职业技术学院旅游专业、酒店管理专业的教学用书,同时也可作为酒店从业人员了解和研究酒店财务管理的参考书。

PREFACE　　前言

　　根据高等职业技术院校大学生的项目课程学习需求,本教材在结构设计上采用了模块—项目编排方式。教材分成酒店财务管理基础、酒店资金筹集管理、酒店资金营运管理、酒店资金投资管理、酒店财务控制、酒店分配决策与利润规划、酒店财务预算、酒店财务分析8个模块,每个模块又分为2~3个项目来叙述。

　　在本教材中,每一个项目又分为四大部分:第一部分是案例导入;第二部分是与项目相关的工作任务;第三部分是相关理论知识,为完成工作任务提供必需的相关知识;最后一部分是能力训练和思考与练习,它引导着学生进一步开展实训。

　　本教材在编写过程中,我们与行业企业合作,进行基于工作过程的课程开发与设计,充分体现职业性、实践性和开放性的要求;根据酒店业发展需要以及完成岗位实际工作任务所需要的知识、能力、素质要求,选取教学内容,并为学生未来的可持续发展奠定良好的基础。

　　本课程设计教学时间为一个学期(18周,每周2~4课时)。教师在指导学生进行训练时可以适当调整教材的具体内容。

　　本书由湖州职业技术学院的翁玉良老师任主编,杭州万向职业技术学院的钟幼茶老师任副主编,义乌工商学院的何淑明老师、湖州白蘋洲大酒店的卢根美老师参加编写。具体编写分工如下:第一、六、七、八模块由翁玉良编写;第三、五模块由钟幼茶编写;第二模块由何淑明编写;第四模块由翁玉良、卢根美编写。翁玉良负责全书的结构设计以及统稿工作。

　　因项目课程改革在我国刚刚起步,本教材还有很多不足之处,望广大同仁和读者能批评指正。

编　者

2013 年 7 月

CONTENTS   目　录

1 模块一

酒店财务管理基础

知 识 目 标	能 力 目 标
1. 了解酒店财务管理的本质。 2. 掌握酒店财务管理的职能与目标。 3. 了解法律环境、金融环境和其他外部环境对酒店财务管理的影响。	1. 结合酒店的财务活动,明确各种财务关系,正确处理各种财务关系。 2. 根据不同案例,分析酒店财务管理目标,认识不同的财务管理目标对酒店经营的影响。

项目一　酒店财务与财务管理

【案例导入】 张先生担任酒店的财务主管并不轻松,虽然流动资金借款解决了酒店起步运营的燃眉之急,但接踵而来的问题使他几乎焦头烂额。首先是酒店的资金周转有捉襟见肘之苦,债权资产占用了大量流动资金,而追讨债款有难言之隐(酒店要求无论如何不能得罪客户);其次是银行方面的按期归还贷款,酒店职工方面按期发放工资等。短短的 6 个月的财务主管经历使他彻底明白了"大有大的难处"的道理。为了从根本上解决流动资金短缺问题,他曾请求酒店的董事长召开董事会,重新修改投资合同,追加出资各方的投资,但却遭到董事长的拒绝。董事长的拒绝理由是:酒店投资项目是经过科学论证的,只有找出该项目在论证中的缺陷,才有理由开会研究修订投资合同,否则,出资者是不会同意的。张先生也觉得董事长的话很有道理,自叹财务管理工作涉及多方面的关系,应该妥善处理。

任务一　分析酒店财务活动、财务关系

> 1. 对酒店进行实地调查采访,了解酒店对经营管理人员职业素质和职业能力的要求。
> 2. 了解酒店存在哪些财务活动。

说到酒店财务,大家就会想到记账、算账;说到酒店财务管理,大家同样会想到那是计财部门的事,与其他部门没有关系。而现代酒店财务管理则是酒店经营管理的核心,任何一个部门、任何一个人都和财务管理发生着关系,凡涉及酒店资金流向的环节,从采购到加工、销

售,到资金回笼,再到采购,每一个都渗透着财务管理。酒店资金的循环过程称为酒店供应链体系。供应链体系是否高效有序运转,决定着酒店财务管理目标的实现程度。

一、酒店财务管理的本质

酒店财务管理主要指酒店的资金管理,其对象是酒店的资金及其流转。资金流转的起点和终点是现金,其他资产都是现金在流转中的转化形式。因此,酒店财务管理的对象可以说是酒店的现金及其流转。

酒店财务是酒店资金运动的各项活动的总称,这些活动通过货币资金的筹集、投放和使用、收回和分配等环节完成。酒店资金运动体现了酒店与有关各方面的经济关系,而财务的本质是资金运动所体现的经济关系,因此理解酒店财务可以从资金运动和经济关系两个方面进行。

(一)资金运动

资金是酒店资产的货币表现。资金可以从两个方面去观察:一是资金的存在形态,表现为酒店的各种资产(投资),即资金的运用;二是资金的来源,即广义的资本概念,包括债权人提供的债务资本和投资者提供的权益资本。资金是酒店开展经营活动的物质基础,从价值表现看,酒店的经营活动是资金运动的过程,包括资金的筹集、投放和使用、收回和分配。

1. 资金的筹集

资金筹集就是要从一定的渠道采用一定的方式获得酒店所需的资金。酒店从事经营活动,首先必须筹集一定数量的资金,通过发行股票、债券、吸收直接投资等方式可以筹集资金。酒店的资金主要来源于投资者和债权人。由投资者提供的资金构成了酒店的自有资金,它是酒店生产经营的本钱。自有资金包括酒店设立时由投资者投入的资本、设立以后由投资者追加的资本以及在经营过程中留存的收益。债权人提供的资金形成酒店的债务,包括流动负债和长期负债。酒店从投资者和债权人那里获得的资金可以是货币资金,也可以是固定资产、存货等有形实物,还可以是无形资产。

2. 资金的投放和使用

酒店筹集资金的目的是为了组织经营活动,因此,资金运动的第二个环节是资金的投放和使用。酒店需要将所筹集的资金投放到各种经营资产上,如购建固定资产、无形资产,购买存货,赊销形成应收款项等。当然也有一部分资金以货币形态存在,这就是资金的投放,财务管理中称之为投资。投资所形成的各种资产在经营过程会发生耗费,即为资金的使用。

3. 资金的收回和分配

酒店投放在各种形态上的资产最终通过销售过程收回资金。收回的资金首先需要补偿原先耗费的资金,多余的资金形成企业盈利,不足补偿的部分便是企业的亏损。酒店的盈利在缴纳了企业所得税后形成了企业的净收益,净收益属于企业投资者所有。企业净收益的一部分以股利的形式分配给投资者,一部分留存于酒店进行再发展。分配给投资者的收益实际上是酒店资金的退出,而留存于酒店的收益则使酒店的所有者权益得以增加。

(二)财务关系

酒店经营过程中,资金的筹集、投放和使用、收回和分配,体现着与有关各方的经济利益关系,这些经济利益关系称为财务关系。酒店的财务关系主要包括以下几个方面。

1. 酒店与投资者和受资者之间的财务关系(投资—受资)

酒店与投资者的财务关系主要指酒店的投资人向酒店投入资金,而酒店向其支付投资报酬所形成的经济关系。酒店与受资者的财务关系主要指酒店以购买股票或直接投资的形式向其他企业投资而形成的经济关系,并按约定履行出资义务,并以其出资额参与受资企业的经营管理和利润分配。酒店与投资者、受资者的关系也即投资同分享投资收益的关系,在性质上属于所有权关系。处理这种财务关系必须维护投资、受资各方的合法权益。

2. 酒店与政府之间的财务关系(纳税—征税)

政府作为社会管理者担负着维持社会正常秩序、保卫国家安全、组织和管理社会活动等任务,并行使政府职能。政府依据这一身份,无偿参与酒店利润的分配。酒店必须按税法规定向政府缴纳各种税款,包括企业所得税、流转税等。这种关系体现为一种强制和无偿的分配关系。如何正确地处理国家与企业的利益关系,已成为酒店财务管理的重要内容。

3. 酒店与债权人、债务人之间的财务关系(债权—债务)

酒店与债权人的财务关系主要指酒店向债权人借入资金,并按合同定时支付利息和归还本金,从而形成的经济关系。酒店的债权人主要有债券持有人、贷款银行及其他金融机构、商业信用提供者和其他出借的单位和个人。酒店与债权人的财务关系在性质上属于债务与债权的关系。

4. 酒店内部各单位之间的财务关系

酒店内部的部门既分工又合作,共同形成一个企业系统。酒店内部各部门与酒店财务部门之间都要发生领款、报销、代收、代付的收支结算关系。在处理这种财务关系时,要严格分清有关各部门的经济责任。

5. 酒店与员工的财务关系

酒店和员工的财务关系是酒店向员工支付劳动报酬的过程中形成的经济关系。酒店员工以自身提供的劳动参加企业的分配,酒店根据劳动者的劳动情况,用其收入向员工支付工资、津贴和奖金,并按规定提取公益金等,体现着职工个人和集体在劳动成果上的分配关系。

二、财务管理的职能

管理的基本职能是决策、计划和控制。财务管理是管理学的一个分支,财务管理的职能包括财务决策、财务计划和财务控制三个方面。财务决策解决"做什么",财务计划解决"怎么做",而财务控制解决"如何做好它"。下面简单阐述。

(一)财务决策

财务决策是有关资金筹集、使用和分配的决策,它是财务管理首要的也是最重要的职能。财务管理决策职能是指财务管理具有能够对企业财务活动进行分析抉择的功能,而这种功能的发挥标志着决策的完成。财务决策主要包括投资决策、筹资决策和收益分配决策三个部分。决策不是决定,决策是一个分析的过程,它是收集情报、设计方案、抉择方案的一个完整的、系统的过程。

(二)财务计划

计划是指预先决定做什么、何时做、怎样做和谁去做。财务计划是指通过价值形式对酒店未来一定时期的财务活动的具体内容所做出的筹划,它是酒店财务活动的依据。财务计划实际上是以价值形式反映酒店未来一定时期财务活动应达到的目标。

财务计划既是一种综合性的价值管理活动,又是一种系统性计划。在市场经济体制下,财务计划是以利润为中心来规划酒店财务活动的,通过利润规划使财务计划构成一个完整的系统工程,这使财务计划成为酒店财务活动和经营活动的行动指南,为协调各部门的行为提供了依据和方向;同时,编制财务计划本身也是协调经营行为的一种手段,最终成为控制和考核经营绩效的依据。

(三) 财务控制

控制是执行计划的手段。财务控制就是以财务计划为依据,对酒店日常财务活动乃至生产经营活动进行指导、督促和约束,确保计划全面完成的一种管理手段。广义地说,财务控制有制定控制标准、实施日常控制和定期考核评价三个基本环节。这就是说,制订计划既为控制提供依据,又是控制的方式之一。财务控制的内容相当广泛,但其核心是成本控制。成本控制的主要环节包括确定标准、计算偏差、分析偏差和矫正行为等。

酒店财务管理的上述三项职能是相互影响、相互依存的。财务决策是前提,没有财务决策,财务计划就成为无本之木;财务计划又是财务控制的依据和目标,而财务控制是实现财务计划的手段,控制的效果好坏又直接关系着酒店财务决策的成功与否,影响着酒店财务活动的经济效果。

三、财务管理的内容

酒店的财务活动表现为酒店再生产过程中周而复始、循环往复的资金运动。酒店资金运动从经济内容上观察,可以划分为筹资活动、投资活动和股利分配活动等环节。因此,酒店财务管理的基本内容包括酒店投资决策、筹资决策、收益分配决策三个方面。

(一) 投资决策

酒店投资决策的基本目标应当是处理好投资项目风险和报酬的关系,即在承担一定风险水平的前提下,实现尽可能高的报酬率;或在取得一定报酬的前提下,使酒店承担的风险尽可能小。酒店财务管理的任务是通过对投资项目的财务可行性评价,为酒店投资决策提供方法上的支持,在最大限度上保证投资决策的科学性。

投资决策首要考虑的问题是如何合理确定酒店资产的结构,即酒店资产负债表的左方所显示的现金、应收账款、存货、固定资产等构成比例以及各投资项目的构成比例。酒店经营的获利能力及由此相伴的风险程度是由酒店的投资结构所构成的。例如,固定资产等长期资产占较高构成比例的企业可能会获取较高的收益,但同时也必须承担流动资产比例较低所导致的资产转化为现金的能力弱、支付能力差、到期不能还债的高财务风险。酒店投资结构应该是能够创造最大经济价值的资产结构,要么在既定风险下带来最大收益,要么在既定收益水平下承担最小的风险。收益与风险的均衡,是投资决策所必须遵循的一项原则。投资项目财务可行性评价是投资决策的主要内容。确定一个投资项目财务可行性的重要标准是看该投资项目是否拥有正的净现值,只有投资项目能够带来正的净现值,才能够增加酒店的经济价值,才具备财务上的可行性。酒店对实物资产和金融资产的投资可行性评价原则都是以净现值为依据的。

(二) 筹资决策

筹资是为了满足酒店对资金的需要而筹措和集中资金的经济行为。在筹资过程中,酒店一方面要确定筹资的总规模,保证投资所需的资金,另一方面要选择筹资方式,降低筹资的代价和筹资风险。酒店筹集资金需要解决以下四个基本问题:

(1) 预测酒店资金需要量。

(2) 规划酒店的资金来源渠道。

(3) 研究酒店最佳的筹资方式。

(4) 计量酒店的资金成本,确定最佳资本结构。

筹资决策的核心问题是确定酒店的资本结构。资本结构是指长期负债与权益资本两者之间的比例关系。资本结构中的长期债务资本以及权益资本均属酒店的长期资本,在未来一定时期其比例关系相对稳定,对酒店未来的发展具有重要的、长期的、战略意义的影响。因此,资本结构决策对酒店意义重大。资本结构决策的首要问题是确定酒店资产负债率的高低,即在酒店资本总额中安排多高比例的负债。

筹资方式的选择是筹资决策的另一个重要问题。不同的筹资方式具有不同的特点,对酒店的影响也不一样。通常酒店在筹集资本时,会有多种筹资方式可供选择,不同的筹资方式会导致酒店的财务风险程度、资本成本水平等多方面的不同。因此,财务管理人员必须在清楚每一种筹资方式特点的基础上,结合酒店自身的特点,作出合理抉择,以使酒店获得代价最低的资本来源。

(三) 收益分配决策

酒店财务管理中的收益是指酒店的净利润,即税后利润,因此,收益分配也称为利润分配。收益分配决策的核心问题是确定酒店实现的净利润中多大的比例分配给股东,多大的比例留存于酒店。如果利润发放过多,会影响酒店再投资能力,使未来收益减少,不利于酒店长期发展;如果利润分配过少,可能引发投资者不满。影响酒店股利分配的因素较多,酒店需根据情况制定出最佳的利润分配政策。

任务二　财务管理目标比较

某酒店有 A、B 两个投资方案,初始投资都是 30 万元,并在未来 5 年中取得的净收益也相同,但回收年份不尽相同,具体如表 1-1 所示。

表 1-1　各年净收益回收情况表　　　　　　　　　　单位:万元

年份\方案	0	1	2	3	4	5	合　计
A 方案	30	10	10	10	10	10	50
B 方案	30				20	30	50

思考:表 1-1 中两个方案的投资和收益都一样,哪一个方案更好呢?

酒店财务管理目标是酒店财务管理工作的行为导向,是财务人员工作实践的出发点。不同的财务管理目标,会产生不同的财务管理运行机制。因此,科学设置财务管理目标,对优化酒店理财行为具有重要意义。

一、利润最大化目标

利润最大化目标是指通过对酒店财务活动的管理,不断增加酒店利润,使其利润达到最大。以利润最大化作为财务管理目标,酒店就必须讲求经济核算,加强管理,改进技术,提高劳动生产率,降低产品成本。

上述 A、B 两个投资方案中,投资额相同,净收益回收额相同,若用利润最大化目标来评价 A、B 两方案,两者效果相同。但实际上,越早收回的资金越值钱,即 A 方案优于 B 方案。还有,酒店往往为了追求短期最大利润而无视风险的存在,导致企业陷入财务危机。因此,利润代表了酒店新创造的价值,利润越多则说明酒店的财富增加得越多,就越接近酒店的目标。但以利润最大化作为酒店财务目标存在以下三个缺点:

(1)利润最大化通常没有考虑货币时间价值这一因素。例如,项目投资后第一年获利 10 万元与第二年获利 10 万元的方案中,哪一个更符合企业的目标?若不考虑货币时间价值,也难以作出正确判断。

(2)利润最大化没有反映创造的利润与投入的资本之间的关系。例如,同样获利 100 万元的两个项目中,一个酒店投入资本 500 万元,另一个酒店投入 700 万元,哪一个更符合企业的目标?若不与投入的资本额结合起来,也难以作出正确的判断。

(3)利润最大化没有考虑获取利润所承担风险的大小。例如,酒店实现的利润中,一个酒店的营业收入都以货币资金的形式收取,而另一个酒店则全部是应收款项,哪一个更符合企业目标?若不考虑风险大小,也难以作出正确判断。

二、每股盈余最大化

每股盈余的概念一般是对股份有限公司而言的,它是酒店实现的盈利与其总股本数量的对比。每股盈余被认为是最能反映酒店盈利能力的财务指标,也是投资者最为关注的财务指标之一。与利润最大化对比,每股盈余最大化衡量的是关于利润的相对数,可以用它对不同资本规模的企业进行比较。然而,这种观点仍然不能克服利润最大化目标的某些缺陷,它仍然忽视每股盈余取得的时间性,没有考虑每股盈余的风险性。

三、价值最大化目标

酒店财务管理目标应与酒店多个利益相关者有关,是这些利益相关者共同作用和相互妥协的结果,在一定时期和一定环境下,某一利益集团可能会起主导作用,但从酒店长远发展来看,不能只强调某一利益相关者的利益,而置其他利益相关者的利益于不顾。也就是说,不能将财务管理的目标仅仅归结为某一利益相关者的目标,从理论上来讲,各个利益相关者的目标都可以折中为酒店长期稳定发展和酒店总价值的不断增长,各个利益相关者都可以借此来实现他们的最终目的。其基本思想是将酒店长期稳定发展摆在首位,强调在企业价值增长中满足各方利益,具体内容包括以下几个方面:

(1)强调风险与报酬的均衡,将风险限制在酒店可以承受的范围之内。

(2)创造与股东之间的利益协调关系,努力培养稳定股东。

(3)关心本酒店员工利益,创造优美和谐的工作环境。

（4）不断加强与债权人的联系，重大财务决策请债权人参加讨论，培养可靠的资金供应者。

（5）关心客户的利益，在新产品的研制和开发上有较高投入，不断推出新产品来满足顾客的要求，以便保持销售收入的长期稳定增长。

（6）讲求信誉，注意酒店形象的宣传。

（7）关心政策变化，努力争取参与政府制定政策的有关活动，争取制定出对自己有利的法规，但一旦立法颁布实施，不管是否对自己有利，都应严格执行。

企业的价值通过企业的市场价值来反映，即企业所能创造的预计未来现金流量的现值，反映了企业潜在的或预期的获利能力和成长能力。对于上市的股份制公司，可以用公司股票在资本市场中的交易价格为依据计算确定。

对于上市的股份制公司，在公司负债水平一定的情况下，企业价值主要体现在公司股票价格上。股票投资报酬的现值越大，股票的市场价格就越高，企业的价值就越大。股票市价是企业经营状况及业绩水平的动态描述，代表了投资者对公司价值的客观评价，投资者对公司潜在的获利能力预期越高，其价值就越大。

以企业价值最大化作为酒店财务管理目标具有以下优点：

（1）考虑了货币的时间价值和投资的风险价值，有利于统筹安排长短期规划、合理选择投资方案、有效筹措资金、合理制定股利政策等。

（2）反映了对企业资产保值增值的要求，从某种意义上说，股东财富越多，企业市场价值就越大，追求股东财富最大化的结果是促使企业资产保值或增值。

（3）有利于克服企业管理上的片面性和短期行为。

（4）有利于社会资源的合理配置。因为社会资金通常流向企业价值最大化或股东财富最大化的企业或行业，有利于实现社会效益最大化。

当然，以企业价值最大化作为酒店财务财目标也有以下缺点：

（1）对于上市公司来说，虽可通过股票价格的变动揭示企业价值，但股价受多种因素影响，特别是即期市场上的股价不一定能够直接揭示企业的获利能力，只有长期趋势才能做到这一点。

（2）为了控股或稳定购销关系，不少现代企业采用环形持股的方式，相互持股。法人股东对股票市价的敏感程度远不及个人股东，对股价最大化目标没有足够兴趣。

（3）对于非上市企业，只有对企业进行专门的评估才能真正确定其价值。而在评估企业的资产时，由于受评估标准和评估方式的影响，估价不易做到客观和准确，导致企业价值确定困难。

与利润最大化、每股盈余最大化相比，企业价值最大化扩大了考虑问题的范围，注重了企业发展中各方利益关系的协调，更符合我国社会主义初级阶段的国情。因此，企业价值最大化目标应成为我国现阶段财务管理的最终目标。

要实现企业财务管理的目标，就需要对财务管理的目标进行分解，财务管理的具体目标是企业为了实现财务管理的总体目标而确定的各项具体财务活动所要达到的目的。分别为：① 筹资管理目标，即以较低的筹资成本和较小的筹资风险，获取同样多或较多的资金；② 投资管理目标，即以较小的投资额与较低的投资风险，获取同样多或较多的投资收益；③ 分配管理目标，即分配标准和分配方式合理，提高企业总价值。

项目二　酒店财务管理环境

【案例导入】　近年来,经济型酒店成为商务人士的新宠。据调查结果显示,短途旅行八成以上的客人更注重住宿设施的舒适性及其高科技功能。这些年龄在 20～45 岁的商务人士,大多是自主创业的一代,勤俭节约的意识非常明显,在注重消费质量的同时,对价格也特别关注,享受物美价廉的商品和服务是他们首选的消费方式。

经济型酒店源于国外,相对豪华酒店而言,它最大的特点就是"经济实惠",没有豪华餐厅,不需健身娱乐场所和美容美发设施,但客房布置舒适、设备齐全,能够让出门在外的人睡个好觉、洗个热水澡、吃顿丰盛的早餐。

经济型连锁酒店省略了游泳池、会议室这些配套设施,自然成本也就降了下来。经济型连锁酒店一般不承接会务,提供住宿是它们最主要的服务。统一管理是经济型连锁酒店常用的经营方式,主要体现为统一店名、统一标志、统一服务。经济型连锁酒店的主要房客是年轻人,因此店面装饰一般都采用鲜艳的色彩,突出活力与个性。

受金融危机的影响,高档星级酒店的客源急剧减少,这也为经济型连锁酒店带来了新的机遇。

酒店财务管理环境是指酒店在财务管理过程中所面对的各种客观条件或影响因素。研究酒店财务管理环境,有助于增强酒店财务管理对环境的适应能力,实现财务管理的目标,提高财务管理的效率。酒店财务管理环境涉及的范围很广,有宏观与微观环境因素。宏观环境中比较重要的是法律环境、金融市场环境和经济环境;微观环境主要指酒店的发展目标、酒店内部管理组织结构和酒店的企业文化。

酒店的财务管理与其环境是相互依存、相互制约的。一方面,财务管理环境决定酒店的财务管理,不同的财务管理环境有不同的财务管理目标、手段和效率,从而要求有不同的财务管理活动;另一方面,酒店财务管理对环境又具有反作用,甚至在一定条件下,财务管理有能力改变其环境,特别是改变微观环境。

正确认识财务管理与环境的关系具有重要意义。适者生存、优胜劣汰是市场经济竞争中的铁的规律。这一规律要求酒店财务管理必须主动面对纷繁复杂的财务管理环境,研究财务管理环境变化的规律性,通过制定和选择富有弹性的财务管理战略和政策,抓住环境因素的突变可能出现的各种有利机会,抵御环境变化可能对财务活动造成的不利影响。同时,还要求财务管理要尊重客观环境的存在,发挥主观能动性,扎扎实实做好财务管理工作,要运用科学的方法改变环境。

任务一　宏观环境对酒店财务管理的影响

1. 甲、乙各出资 50 万元开一酒店,合伙找店面、装修、请厨师。如果因为甲的原因使酒店欠了 16 万元,而此时甲只能还 6 万元,那剩下的 10 万元就要乙还。等甲有钱后,乙再追回多还的 2 万元。请说明该酒店的组织形式。
2. 请分析人民币升值对酒店财务管理的影响。

酒店所面临的宏观环境包括如下几方面：

一、法律环境

法律环境是指对酒店财务管理活动产生影响的各种法律因素。市场经济是法治经济，通常需要建立一个完整的法律体系来维护市场秩序。对酒店来说，法律为酒店经营活动规定了活动空间，也为酒店在相对空间内自由经营提供了法律上的保护。这个法律体系包括酒店和外部发生经济关系时所应遵守的各种法律、法规和规章，涉及酒店设立、运转、合并和分立以及破产清理等各方面，也涉及酒店筹资活动、投资活动和分配活动等财务管理活动的各个环节。在我国，与酒店财务管理有密切关系的法律、法规有如下几类。

1. 企业组织法律规范

企业组织必须依法成立。组建不同的企业，要依照不同的法律规范。按组织形式，可将酒店分为独资企业、合伙企业和公司，它们分别要遵守《个人独资企业法》《合伙企业法》和《公司法》等。这些法律规范既是企业的组织法，又是企业的行为法。

（1）独资企业。独资企业是指由一个自然人投资，财产为投资人个人所有，投资人以其个人财产对企业债务承担无限责任的经营实体。独资企业具有结构简单、容易开办、利润独享、限制较少等优点。但也存在无法克服的缺点：一是出资者负有无限偿债责任；二是筹资困难，个人财力有限，借款时往往会因信用不足而遭到拒绝。

（2）合伙企业。合伙企业是指由各合伙人订立合伙协议，共同出资、合伙经营、共享收益、共担风险，并对本企业债务承担无限连带责任的营利性组织。合伙企业的法律特征是：

1）有两个以上合伙人，并且都是具有完全民事行为能力，依法承担无限责任的人。

2）有书面合伙协议，合伙人依照合伙协议享有权利，承担责任。

3）有各合伙人实际缴付的出资，合伙人可以用货币、实物、土地使用权、知识产权或者其他属于合伙人的合法财产及财产权利出资，经全体合伙人协商一致；合伙人也可以用劳务出资，其评估作价由全体合伙人协商确定。

4）有关合伙企业改变名称、向企业登记机关申请办理变更登记手续、处分不动产或财产权利、为他人提供担保、聘任企业经营管理人员等重要事务，均须经全体合伙人一致同意；合伙企业的利润和亏损，由合伙人依照合伙协议约定的比例分配和分担；合伙协议未约定利润分配和亏损分担比例的，由各合伙人平均分配和分担。

5）各合伙人对合伙企业债务承担无限连带责任。

合伙企业具有开办容易、信用较佳的优点，但也存在责任无限、权力不易集中、有时决策过程过于冗长等缺点。

（3）公司。公司是指依照公司法登记设立，以其全部法人财产，依法自主经营、自负盈亏的企业法人。公司享有由股东投资形成的全部法人财产权，依法享有民事权利，承担民事责任。公司股东作为出资者按投入公司的资本额享有资产收益、重大决策和选择管理者等权利，并以其出资额或所持股份为限对公司承担有限责任。我国《公司法》所称公司是指有限责任公司和股份有限公司。

有限责任公司是指由 2 个以上 50 个以下股东共同出资，每个股东以其所认缴的出资额为限对公司承担有限责任，公司以其全部资产对其债务承担责任的企业法人。其特征有：① 公司的资本总额不分为等额股份；② 公司向股东签发出资证明书，不发股票；③ 公司股份的转让有较严格限制;④ 限制股东人数,不得超过一定限额;⑤ 股东以其出资比例享受权利、承担义务;⑥ 股东以其出资额为限对公司承担有限责任。

股份有限公司是指其全部资本分为等额股份,股东以其所持股份为限对公司承担责任,公司以其全部资产对公司的债务承担责任的企业法人。其特征有:① 公司的资本划分为股份,每一股的金额相等;② 公司的股份采取股票的形式,股票是公司签发的证明股东所持股份的凭证;③ 同股同权,同股同利,股东出席股东大会,所持每一股份有一表决权;④ 股东可以依法转让持有的股份;⑤ 股东不得少于规定的数目,但没有上限限制;⑥ 股东以其所持股份为限对公司债务承担有限责任。

公司的最大优点是公司的所有者——股东只承担有限责任,股东对公司债务的责任以其投资额为限。另一个优点是比较容易筹集资金,通过发行股票、债券等可以迅速筹集到大量资金,这使公司比独资企业和合伙企业有更大发展的可能性。

从企业组织形式的变化可以看到:它是沿着从独资企业到合伙企业再到公司这样一条道路发展的。这条道路经历了相当长的时间,这其中也有许多原因和背景,但是有一点是肯定的:公司的产生和发展与企业发展所需要的资本如何得到满足、通过何种方式筹集资本这个问题密切相关。从某个侧面说,企业组织形式发展的轨迹是一条"资金拉动"型的路径。

由此不难看出,不同企业组织形式对酒店理财活动的重要影响。如果酒店的组织形式是独资企业,财务管理活动相当简单。独资企业主要是利用业主的资本和供应商提供的商业信用,利用借款方式筹集资金。独资企业的利润分配和资本抽回都比较简单,没有什么法律限制。对合伙企业来说,资本来源增加了,信用能力增强了,利润的分配也相对比较复杂。对公司来说,酒店理财活动内容最丰富,其资本来源多种多样,筹资方式也多种多样。这就需要认真分析和选择,以便以最低的资本成本筹集所需要的资本。同时,利润分配也比较复杂,要考虑酒店的内外部多种因素。

2. 税务法律规范

任何酒店都有法定的纳税义务。有关税收的立法分为三类:所得税法规、流转税法规和其他税收法规。

纳税构成酒店的现金流出量。税收对于酒店资本供求和税收负担有着重要影响,税种的设置、税率的调整对酒店生产经营活动具有调节作用。因此,酒店理财活动应当适应税收政策的导向,合理安排现金流量,以求价值最大化。可见,税收对酒店理财行为有着重要的影响,酒店的筹资决策、投资决策与股利政策都受到税收因素的影响。因此,酒店相关人员必须对税收制度有所了解。

酒店涉及的税种主要有以下几种:

(1)营业税。计税依据是指纳税人提供应税劳务向对方收取的全部价款和价外费用,按照 5% 税率征收。计算公式:营业税应纳税额＝营业收入额×营业税率

(2)城市维护建设税。计税依据是纳税人实际缴纳的营业税税额。税率分别为 7%、5%、1%。计算公式:应纳税额＝营业税税额×税率。

(3)教育费附加。计税依据是纳税人实际缴纳营业税的税额,附加税率为 3%。计算公式:应交教育费附加额＝营业税税额×费率。

(4)企业所得税。企业所得税的征税对象是纳税人取得的生产经营所得和其他所得。税率为 25%。基本计算公式:应纳税所得额＝收入总额－准予扣除项目金额。应纳所得税

＝应纳税所得额×税率。

(5)个人所得税。酒店要按期代扣代缴员工的个人所得税。个人所得税是以个人取得的各项应税所得为对象征收的一种税。

3. 财务法律规范

财务法律规范主要是企业财务通则和企业会计准则、企业会计制度。

企业财务通则是各类企业进行财务活动、实施财务管理的基本规范,它对以下问题作出规定:建立资本金制度、固定资产折旧、成本开支范围、利润分配。

企业会计准则、企业会计制度是财政部颁布的指导酒店进行会计核算的法规。企业会计准则是规范企业会计确认、计量、报告的会计准则。企业会计制度是国务院财政部门根据会计法制定的关于会计核算、会计监督、会计机构和会计人员以及会计工作的管理制度。

此外,与酒店财务管理有关的其他经济法律规范还有证券法、票据法、支付结算办法、破产法、合同法等法律、法规,财务管理人员要熟悉这些法律、法规,在守法的前提下利用财务管理的职能,实现酒店的财务目标。

二、经济环境

经济环境是指酒店进行财务活动的宏观经济状况。它主要包括以下5个方面的内容。

1. 经济发展状况

经济发展的速度对酒店理财有重大的影响。近几年来,我国经济增长速度比较快,酒店为跟上这种发展,并在行业中维持自己的地位,至少要有同样的增长速度,因此要相应增加规模、设备存货、员工等。这种增长需要大规模地筹集资金。经济发展的波动,对酒店理财有极大影响。这种波动,最先影响的是酒店销售额。销售额下降会阻碍酒店现金的流转。销售增加会引起企业经营失调,例如存货枯竭,需筹资以扩大经营规模。尽管政府试图减少不利的经济波动,但事实上经济有时"过热"、有时需要"调整"仍不可避免。财务人员对这种波动要有所准备,筹措并分配足够的资金,用以调整生产经营。

2. 通货膨胀

通货膨胀不仅对消费者不利,给酒店理财也带来很大困难。酒店对通货膨胀本身无能为力,只有政府才能控制。酒店为了实现期望的报酬率,必须调整收入和成本。

3. 利息率波动

利息率简称利率。银行贷款利率的波动以及与此相关的股票和债券价格的波动,既给酒店以机会,又给酒店带来挑战。在为过剩资金选择投资方案时,利用这种机会可以获得营业以外的额外收益。例如,在购入长期债券后,由于市场利率下降,按固定利率计息的债券价格上涨,酒店可以出售债券获得较预期更多的现金流入。当然,如果出现相反的情况,酒店会蒙受损失。在选择筹资来源时,情况与此类似。在预期利率将持续上升时,以当前较低的利率发行长期债券,可节省资金成本。当然,如果后来事实上利率下降了,酒店要承担比市场利率更高的资金成本。

4. 政府的经济政策

由于我国政府具有较强的调控宏观经济的职能,其制定的国民经济的发展规划、国家的产业政策、经济体制改革的措施、政府的行政法规等,对酒店的财务活动都有重大影响。国家对某些地区、某些行业、某些经济行为的优惠、鼓励和有利倾斜构成了政府政策的主要内容。酒店在财务决策时,要认真研究政府政策,按照政策导向行事,才能趋利除弊。问题的复杂性在于政府政策会因经济状况的变化而调整。酒店若在财务决策时为这种变化留有余地,甚至预见其变化的趋势,那会对酒店理财大有好处。

5. 竞争

竞争广泛存在于市场经济之中,任何企业都不能回避。竞争能促使企业用更好的方法来生产更好的产品,对经济发展起推动作用。但对酒店来说,竞争既是机会,也是威胁。为了改善竞争地位,酒店往往需要大规模投资,成功之后酒店盈利增加;但若投资失败,则竞争地位更为不利。竞争是"商业战争",综合体现了酒店的全部实力和智慧,经济增长、通货膨胀、利率波动带来的财务问题以及酒店的对策都会在竞争中体现出来。

三、金融市场环境

金融市场是指资金融通的场所。广义的金融市场,是指一切资本流动的场所,包括实物资本和货币资本的流动。广义的金融市场的交易对象包括货币借贷、票据的承兑和贴现、有价证券的买卖、黄金和外汇的买卖、办理国内外保险、生产资料的产权交换等。狭义的金融市场一般是指有价证券市场,即证券的发行和买卖市场。

金融市场对企业财务活动影响极大。金融市场的发育程度,各种融资方式的开放和利用情况,承兑、抵押、转让、贴现等各种票据业务的开展程度,直接决定企业在需要资金时能否便利地选择适合自己的方式筹资,在资金剩余时能否灵活地选择投资方式,为其资金寻找出路。

1. 金融市场的种类

金融市场是由不同层次的分市场构成的市场体系,它可以从不同角度进行分类。主要有:

(1)按交易的期限,分为资金市场和资本市场。资金市场又叫货币市场,是指期限不超过一年的短期资金交易市场。其业务包括银行短期信贷市场业务、短期证券市场业务和贴现市场业务。短期资金市场主要是满足企业对短期资金的需求,进行短期资金融通。资本市场,是指期限在一年以上的长期资金交易市场。其业务包括长期信贷市场业务、长期证券市场业务。长期资金市场主要是满足企业对长期资金的需求,进行长期资金融通。

(2)按交割的时间,分为现货市场和期货市场。现货市场是指买卖双方成交后,当场或几天内买方付款、卖方交出证券的交易市场。期货市场是指买卖双方成交后,在双方约定的未来某一特定的时日才交割的交易市场。

(3)按交易的性质,分为发行市场和流通市场。发行市场是指从事证券和票据等金融工具初次买卖的市场,也叫初级市场或一级市场。流通市场是指从事已发行、上市的各种证券和票据等金融工具买卖的转让市场,也叫次级市场或二级市场。

(4)按交易的直接对象,分为同业拆借市场、国债市场、企业债券市场、股票市场、金融期货市场等。

2. 金融市场的组成

金融市场由主体、客体和市场参与人组成。主体是指银行和非银行金融机构,它们构成市场的主体,是连接筹资者和投资者的纽带。我国的银行体系包括中国人民银行、政策性银行和商业银行。中国人民银行是我国的中央银行,主要负责货币政策及相关职能,经理国库业务。政策性银行是由政府设立,以贯彻国家产业政策、区域发展政策为目的,不是以营利为目的的金融机构。商业银行是以经营存款、贷款、办理转账结算为主要业务,以营利为主要经营目标的金融企业。非银行金融机构包括保险公司、信托投资公司、证券机构、财务公司、金融租赁公司等。

3. 利率

利率是衡量资金增值的基本单位,是资金的增值同投入的资金的价值比,也是资金使用权的价格。利率可表示为:

利率＝纯利率＋通货膨胀附加率＋风险报酬率

纯利率是指没有风险和通货膨胀情况下的均衡点利率。通货膨胀附加率是指由于持续的通货膨胀会不断降低货币的实际购买力,为补偿其购买力损失而要求提高的利率。风险报酬率包括违约风险报酬率、流动性风险报酬率和期限风险报酬率。其中,违约风险报酬率是指为了弥补因债务人无法按时还本付息而带来的风险,由债权人要求提高的利率;流动性风险报酬率是指为了弥补因债务人资产流动不好而带来的风险,由债权人要求提高的利率;期限风险报酬率是指为了弥补因偿债期长而带来的风险,由债权人要求提高的利率。

任务二　微观环境对酒店财务管理的影响

利用工资单来传递酒店企业文化,如一分耕耘,一分收获;带上祝福,带上孝顺,回家过年团团圆圆,祝愿所有人合家欢乐。请分析酒店企业文化建设对酒店财务管理的影响。

微观环境主要指酒店内部自身的环境。内部财务环境主要包括酒店发展目标、酒店内部管理组织结构和酒店企业文化等三个方面。

一、酒店发展目标

酒店发展目标是酒店经营活动所期望达到的境地与结果。酒店发展目标直接影响着酒店的财务管理工作,为酒店财务管理决策提供依据与标准。酒店财务管理工作必须服务于酒店发展目标。

二、酒店内部管理组织结构

酒店内部管理组织结构能有效决定酒店内部管理层次,明确管理与被管理的关系,有效规范管理权限,严格管理制度,使相关工作之间相互制约,共同维护酒店利益,保护酒店财产的完整。

三、酒店企业文化

现代酒店管理都十分注重企业文化建设,将人的意识、心理、价值观、行为方式及人际关系等作为酒店管理的重要内容,试图通过建立一套团结、协作、奋发向上的信念,对每一位员工产生影响。优秀的企业文化,具有强烈的凝聚力、感召力、驱动力,促使员工创造一流的服务。优秀的企业文化,有利于培养优秀员工与各类管理人才,提高酒店财务管理的经济效益及工作成效。

思考与练习

一、单项选择题

1. 酒店财务管理的对象是( )。
A. 资金运动及其体现的财务关系
B. 资金的数量增减变动
C. 资金及其流转
D. 资金投入、退出和周转

2. 酒店的财务活动是指企业的( )。
A. 货币资金收支活动
B. 资金分配活动
C. 资本金的投入和收回
D. 资金的筹集、运用、收回及分配

3. 酒店与债权人的财务关系在性质上是一种( )。
A. 经营权与所有权关系
B. 投资与被投资关系
C. 委托代理关系
D. 债权债务关系

4. 在下列财务管理目标中,通常被认为比较合理的是( )。
A. 利润最大化
B. 企业价值最大化
C. 每股收益最大化
D. 股东财富最大化

5. 以企业价值最大化作为财务管理目标存在的问题有( )。
A. 没有考虑资金的时间价值
B. 没有考虑资金的风险价值
C. 企业的价值难以评定
D. 容易引起企业的短期行为

二、多项选择题

1. 酒店的财务活动包括( )
A. 酒店筹资引起的财务活动
B. 酒店投资引起的财务活动
C. 酒店经营引起的财务活动
D. 酒店分配引起的财务活动
E. 酒店管理引起的财务活动

2. 酒店的财务关系包括( )
A. 酒店同其所有者之间的财务关系
B. 酒店同其债权人之间的财务关系
C. 酒店同其投资单位之间的财务关系
D. 酒店同其债务人之间的财务关系
E. 企业与税务机关之间的财务关系

3. 利润最大化目标的主要缺点是( )。
A. 没有考虑资金的时间价值
B. 没有考虑资金的风险价值
C. 是一个绝对值指标,未能考虑投入和产出之间的关系
D. 容易引起企业的短期行为

4. 企业价值最大化目标的优点是(   )。

A. 考虑了资金的时间价值和投资风险

B. 反映了对企业资产保值增值的要求

C. 有利于克服管理上的片面性和短期行为

D. 有利于社会资源合理配置

5. 对酒店财务管理而言,下列因素中的(   )只能加以适应和利用,但不能改变它。

A. 国家的经济政策

B. 金融市场环境

C. 企业经营规模

D. 国家的财务法规

能力训练

酒店财务管理基础实训

一、实训教学目的

通过本次实践教学,使学生了解酒店财务管理的状况,增强对酒店财务管理的感性认识,提高学习兴趣和热情,为学习后面的酒店财务管理课程奠定基础。

二、实训教学形式

校外调查,撰写调查分析报告,组织讨论交流。

三、实训教学设计

1. 教师布置任务,让学生对酒店进行实地调查采访,了解酒店财务管理的机构设置、人员配备,认识财务管理在酒店中的重要地位、财务管理与理财环境的关系。

2. 对学生进行分组,指定小组负责人,联系实训单位,或学生自主联系实训单位。

3. 根据本次实训教学的目的,拟订调查题目,列出调查提纲。

4. 联系调查采访的单位或个人。

5. 实地调查采访。

6. 对调查采访资料进行整理总结,写出调查报告。

7. 教师组织学生讨论交流并点评。

四、实训教学考核

1. 过程考核:实训各个步骤的执行与完成情况。

2. 结果考核:调查分析报告。

② 模块二

酒店资金筹集管理

知识目标	能力目标
1. 理解资金时间价值的概念。 2. 了解酒店筹资的基本意义与要求,熟悉酒店各种筹资渠道与方式以及不同筹资方式的特点。 3. 掌握酒店资金需要量预测的基本方法。 4. 掌握酒店权益资金和负债资金筹措的方式、特点和要求。 5. 了解酒店资金成本的概念、财务杠杆的含义、个别资金成本和加权平均资金成本的确定。 6. 了解财务杠杆的计算及最佳资金结构的确定方法。	1. 运用资金需要量预测的基本方法预测酒店资金需求量。 2. 掌握时间价值的计算及其应用,运用资金时间价值及风险分析帮助酒店做出筹资决策。 3. 运用资金成本和财务杠杆进行最佳资金结构决策。

项目一 酒店资金需要量预测

【案例导入】 龙潭古镇赵庄酒店(三星级酒店)建设规模为总用地 8000 平方米,总建筑面积 20000 平方米。投资估算为:土建工程为 800 元/平方米,计 1600 万元;给排水及锅炉工程为 200 元/平方米,计 400 万元;强电工程为 280 元/平方米,计 560 万元;弱电工程为 120 元/平方米,计 240 万元;暖通空调工程为 200 元/平方米,计 400 万元;购买土地费用为 960 万元;开办费用(包括餐饮、洗衣、健身、娱乐、客房等设备设施费及员工服装、培训等费用)为 640 万元;室内装饰等为 3200 万元;项目投资总计为 8000 万元。由于对资金需要量估算比较正确,使项目的招商引资工作十分顺利。

某酒店在基期 2008 年度的营业收入实际数为 500000 元。税后净利 20000 元,并发放了股利 10000 元。基期资产的利用率已达到饱和状态。该酒店 2008 年 12 月 31 日的资产负债表如表 2-1 所示。

表 2-1 资产负债表(简) 单位:元

资　产	金额	负债及所有者权益	金额
现金	10000	应付账款	50000
应收账款	85000	应交税费	25000
存货	100000	长期负债	115000
固定资产净值	150000	股本	200000
无形资产	55000	未分配利润	10000
资产合计	400000	负债及所有者权益合计	400000

若该酒店在计划期间(2009年)销售收入总额将增至800000元,并仍按基期股利发放率支付股利。

练习: 请结合资料,预测2009年酒店需追加的资金。

酒店在新建、运营、投资以及利润分配过程中都需要有一定量的资金,筹集资金是酒店各项财务工作的基础。酒店在筹集资金过程中需要合理预测资金需要量,选择适当的筹资方式,计算资金成本,分析筹资风险,据此做出合理的资金筹集决策。

资金筹集是酒店根据经营需要,通过金融市场,采用合理的融资方式,获得酒店经营所需资金的一种财务活动。筹集适当的资金是酒店生存和发展的基础。对于新建酒店来说,需要筹集一定量的资金用于购建客房、餐厅等建筑物,需要购买机器设备以及原材料、商品等物资,需要垫付员工薪金,并支付酒店创建期的各种创办费用。对于现存酒店维持正常经营来说,需要筹集一定量的资金用于不断购置固定资产,以维持或扩大酒店经营能力,储备足够的原材料、商品并支付职工薪金,以便为客户提供服务、及时清偿债务、维持酒店的信誉等。

酒店筹集经营资金的数量,必须以对资金需要量的合理预测为基础。合理预测酒店资金需要量,可以适时保障酒店经营所需资金。资金需要量过高,会使酒店筹集过多资金,造成资金的浪费,增加不必要的费用开支;资金需要量过低,易使酒店资金使用不足,影响经营过程中的正常资金周转。现主要介绍预测资金需要量常用的方法。

一、定性预测法

定性预测法主要是利用有关资料,依靠个人经验和主观分析、判断能力,对酒店未来资金的需要量进行测定。这种方法一般在企业缺乏完备、准确的历史资料的情况下采用。其预测过程如下:首先,由熟悉财务情况和生产经营情况的专家,根据以往经验分析判断,提出预测的初步意见;然后,通过召开座谈会或发出各种表格等形式,对预测的初步意见进行修正补充。这样进行一次或几次以后,得出预测的最终结果。

定性预测法是十分有用的,但它不能揭示资金需要量与有关因素之间的数量关系。预测资金需要量应和酒店生产经营规模相联系。生产规模扩大,销售数量增加,会引起资金需求量增加;反之,则会使资金需求量减少。因此,酒店在历史、现状和未来数据资料比较完备、准确的情况下,应尽量采用各种定量预测法预测资金需要量。

二、定量预测法

定量预测法是以历史资料为依据,采用数学模型对未来资金的需要量进行预测的方法。

这种方法预测结果科学而准确,有较高的可行性,但计算较为复杂,要求具有完备的历史资料。定量预测法常用的方法有销售百分数法和线性回归分析法。

(一)销售百分数法

销售百分数法是根据资产负债表中各个项目与销售收入总额之间的依存关系,按照计划期销售额的增长情况来预测资金需要量的一种方法,是目前最流行的预测资金需要量的方法。使用这一方法的前提是必须假设某报表项目与销售指标的比率已知且固定不变,其计算步骤如下:

(1)分析基期资产负债表各个项目与销售收入总额之间的依存关系,计算各敏感项目的销售百分数。

(2)计算预测期各项目预计数并填入预计资产负债表,确定需要增加的资金额。计算公式为:

$$某敏感项目预计数=预计销售额×某项目销售百分数$$

(3)确定对外界资金需求的数量。

上述预测过程可用公式表示为:

$$对外筹资需要量 = \frac{A}{S_0} \cdot \Delta S - \frac{B}{S_0} \cdot \Delta S - S_1 \cdot P \cdot E$$

式中:A 为随销售变化的资产(变动资产);B 为随销售变化的负债(变动负债);S_0 为基期销售额;S_1 为预测期销售额;ΔS 为销售的变动额;P 为销售净利率;E 为收益留存比率。

例 2-1 某酒店 2007 年 12 月 31 日的资产负债表如表 2-2 所示。

表 2-2 2007 年 12 月 31 日的资产负债表 单位:元

资　　产	金　　额	负债与所有者权益	金　　额
货币资金	10000	应付票据	8000
应收账款	24000	应付利息	4000
存货	50000	应付账款	20000
预付账款	4000	短期借款	50000
固定资产净值	212000	长期借款	80000
		实收资本	128000
		留用利润	10000
资产总额	300000	负债与所有者权益总额	300000

该酒店 2007 年的销售收入为 200000 元,税后净利为 20000 元,销售净利率为 10%,已按 50%的比例发放普通股股利 10000 元。目前酒店尚有剩余生产能力,即增加收入不需要进行固定资产方面的投资。假定销售净利率仍保持 2007 年水平,预计 2008 销售收入将提高到 240000 元,年末普通股股利发放比例将增加至 70%,要求预测 2008 年需要增加资金的数量。

(1)根据 2007 年资产负债表编制 2008 年预计资产负债表(见表 2-3)。

表 2－3　2008 年预计资产负债表　　　　　　　　　　　　单位：元

资产			负债与所有者权益		
项目	销售百分数	预计数	项目	销售百分数	预计数
货币资金	5%	12000	应付票据	4%	9600
应收账款	12%	28800	应付利息	10%	24000
存货	25%	60000	应付账款	2%	4800
预付账款	2%	4800	短期借款	—	50000
固定资产净值	—	212000	长期借款	—	80000
			实收资本		128000
			留用利润		10000
			追加资金		11200
合　计	44%	317600	合　计	16%	317600

（2）确定需要增加的资金。首先，可根据预计资产负债表直接确认需追加的资金额。表 2－3 中预计资产总额为 317600 元，而负债与所有者权益为 306400 元，资金占用大于资金来源，则需追加资金 11200 元。其次，也可通过分析测算需追加的资金额。表 2－3 中销售收入每增加 100 元需增加 44 元的资金占用，但同时自动产生 16 元的资金来源。因此，每增加 100 元的销售收入，必须取得 28 元的资金来源。在本例中，销售收入从 200000 元增加到 240000 元，增加了 40000 元，按照 28% 的比率可测算出将增加 11200 元的资金需求。

（3）确定对外界资金需求的数量。

上述 11200 元资金需求可通过酒店内部筹集和外部筹集两种方式解决，2008 年预计净利润为 24000（240000×10%）元，如果公司的利润分配比例为 70%，则将有 30% 的利润即 7200 元被留存下来，从 11200 元中减去 7200 元的留存收益，则还有 4000 元的资金需从外界融通。

此外，也可根据上述资料采用公式求得对外界资金的需求量，即

对外筹集资金额＝44%×40000－16%×40000－240000×10%×30%＝4000（元）

（二）线性回归分析法

线性回归分析法是利用历史资料和最小二乘法的原理，计算各资产负债表项目和销售额之间的函数关系，以此来预测资金筹集数量的一种方法。

线性回归分析法假设酒店销量与资金占用之间存在线性关系，将资金占用分为不变资金、变动资金和半变动资金。不变资金包括酒店为维持正常经营而占用的最低数额的流动资金、必要的固定资产、原材料的保险储备等；变动资金包括酒店购入的直拨给厨房的食品原材料等；半变动资金可以分解为不变资金和变动资金。因此，可以得到酒店资金占用和销量之间的关系为：

资金占用量（y）＝不变资金（a）＋变动资金（bx）
　　　　　　　＝不变资金（a）＋单位产销量所需的变动资金（b）×销量（x）

即

$$y = a + bx$$

根据历史资料求出 a 和 b 并代入上式，建立预测模型，只要测定出销量 x，就可以预测出

资金占用量 y。a 和 b 的计算公式是：

$$a = \frac{\sum y - b \sum x}{n}$$

$$b = \frac{n \sum xy - \sum x \sum y}{n \sum x^2 - \left(\sum x\right)^2}$$

例 2－2 某公司 2004—2008 年度销售量与资金需要量资料如表 2－4 所示。

表 2－4　销售量与资金需要量统计表

年　　度	销售量 x（万件）	资金需要量 y（万元）
2004	500	350
2005	600	410
2006	550	380
2007	750	500
2008	700	470

（1）根据表 2－4 资料计算出有关数据，如表 2－5 所示。

表 2－5　资金需要量回归分析计算表

年　　度	销售量 x（万件）	资金需要量 y（万元）	xy	x^2
2004	500	350	175000	250000
2005	600	410	246000	360000
2006	550	380	209000	302500
2007	750	500	375000	562500
2008	700	470	329000	490000
$n = 5$	$\sum x = 3100$	$\sum y = 2110$	$\sum xy = 1334000$	$\sum x^2 = 1965000$

（2）将表 2－4 的数据代入公式得：

$$a = 50$$
$$b = 0.6$$

（3）将 $a = 50, b = 0.6$ 代入回归直线方程，求得：

$$y = 50 + 0.6x$$

（4）如果 2009 年度预计销售量为 800 万件，则资金需要量为：

$$y = 50 + 0.6 \times 800 = 530（万元）$$

项目二　资金时间价值及其应用

【案例导入】 某酒店每年年末将客房租金收入 10 万元存入银行，银行同期存款年利率为 8％，3 年为期，则相当于现在一次性存入银行多少钱？又相当于 3 年后一次性存入银行多少钱?

现实生活中经常需要这样的思考,你得出的答案是什么?

资金的时间价值,又称货币的时间价值,是指资金在周转过程中随着时间的推移而产生的增值。西方国家的传统说法是:即使在没有风险和通货膨胀的情况下,今天1元钱的价值也大于一年以后1元钱的价值,这就是资金的时间价值。所以,在不考虑风险因素和通货膨胀的条件下,只要将资金有目的地进行投资,资金在不同时间的价值就不相等,它会随着时间的推移而发生增值。经济学家认为,投资者进行投资时,必然会推迟消费,所以对投资者推迟消费应该给予补偿或报酬,这种补偿或报酬的量与推迟的时间应该成正比。这就是资金时间价值的经济学解释。

对于资金时间价值概念,更一般的表述为:资金时间价值是依附于货币而存在的扣除风险报酬和通货膨胀贴水后的真实报酬率。银行存款利率、贷款利率、各种债券利率、股票的股利率都可以看做是投资报酬率,它们与资金的时间价值是有区别的。只有在没有风险和通货膨胀的情况下,时间价值才与上述各报酬率相等。

任务一 单利和复利的计算

一、单利与复利计算的相关概念

1. 单利和复利

单利和复利是计算利息的两种不同方法。单利是指计算利息时,只按本金及规定的利息率计算利息,每期的利息不再加入本金内重复计算利息。

复利是指计算利息时,每经过一个计算期,将利息加入到本金中再计算下一期利息,即通常所称的"利滚利"。资金时间价值一般都是按复利的方式计算的。

2. 终值和现值

终值,又称将来值、本利和,是指现在一定量现金在未来某一时点上的价值,通常记做 F。

现值,又称本金,是指未来某一时点上的一定量现金,折合到期初时的价值,通常记做 P。现值是终值的逆运算。

二、单利终值和现值的计算

1. 单利终值的计算

单利终值是指现时一定量的资金按照单利计息方式计算的在未来某一时点的本利和。单利终值的计算公式为:

$$F = P + P \cdot i \cdot n = P(1 + i \cdot n)$$

式中:F 为本金和利息之和,又称本利和或终值;P 为本金或现值;i 为利率;n 为计息期数。

例 2-3 某公司将10000元存入银行,假设年利率为6%,单利计息,则5年后的本利和为:

$$F = 10000 \times (1 + 6\% \times 5) = 13000(元)$$

2. 单利现值的计算

单利现值是指在单利计息条件下未来某一时点上的资金相当于现在的价值。显

然,单利现值是单利终值的逆运算。将单利终值计算公式变形即可得到单利现值的计算公式:

$$P = \frac{F}{(1 + i \cdot n)}$$

例 2-4 某人拟在 3 年后得到 1000 元,银行年利率 5%,单利计息,则此人现在应存入银行的资金为:

$$P = \frac{1000}{(1 + 3 \times 5\%)} = 869.57(元)$$

三、复利终值和现值的计算

1. 复利终值的计算

复利终值是指现时一定量的资金按照复利计息方式计算的在未来某一时点的本利和。复利终值的计算公式为:

$$F = P \cdot (1 + i)^n$$

式中:$(1+i)^n$ 为复利终值系数或 1 元的复利终值,通常记为 $(F/P, i, n)$,可通过本书所附"1元的复利终值系数表"查找相应值。该表的第一行是利率 i,第一列是计息期数 n,行列交叉处即是相应的复利终值系数。

例 2-5 某酒店将 100000 元用于投资某一项目,该项目的年报酬率为 10%,那么 5 年后酒店所获得的本利和为:

$$F = P \cdot (1 + i)^n = 100000 \times (1 + 10\%)^5 = 100000 \times 1.6105 = 161050(元)$$

2. 复利现值的计算

复利现值是指未来一定量的资金按照复利计息方式折现到现时的价值。复利现值的计算是复利终值计算的逆运算。复利现值的计算公式为:

$$P = F \times (1 + i)^{-n}$$

式中:$(1+i)^{-n}$ 为复利现值系数,符号为 $(P/F, i, n)$,可通过本书所附"1 元的复利现值系数表"查找相应值。

这一计算过程被称为折现,折现所用的利率被称为折现率或贴现率。

例 2-6 某酒店企业拟 3 年后更新大型办公设备一台,届时需 50 万元资金,试测算:按复利计息方式,在银行存款年利率 5% 时,现在至少需要存入多少资金?

$$P = \frac{F}{(1 + i)^n} = F \cdot (1 + i)^{-n}$$
$$= 500000 \times (P/F, 5\%, 3) = 500000 \times 0.8638 = 431900(元)$$

式中:$(1+i)^n$ 和 $(1+i)^{-n}$ 分别为复利终值系数和复利现值系数,可分别用符号 $(F/P, i, n)$ 和 $(P/F, i, n)$ 表示。在实际工作中,其数值可以查阅不同利率和时期编成的"复利终值系数表"和"复利现值系数表"。

任务二　年金的计算

年金是指在一定时期内,每间隔相同的时间等额收付的一系列款项,通常记做 A。零存整取、债券利息、租金、保险金、养老金、按揭等通常都采用年金方式。

年金按收付发生的时点和延续的时间长短不同,可分为普通年金、即付年金、递延年金、永续年金等几种。收入或支付在每期期末的年金,称为普通年金或后付年金;收入或支付在每期期初的年金,称为即付年金或预付年金;距今若干期后收入或支付在每期期末的年金,称为递延年金;无限期连续收付款的年金,称为永续年金。以下主要介绍各种年金终值和现值的计算方法。

一、普通年金终值与现值的计算

1. 普通年金终值的计算

普通年金终值是在每期期末收入或付出的系列等额款项的复利终值之和,如同零存整取的本利和。其计算方法如图 2-1 所示。

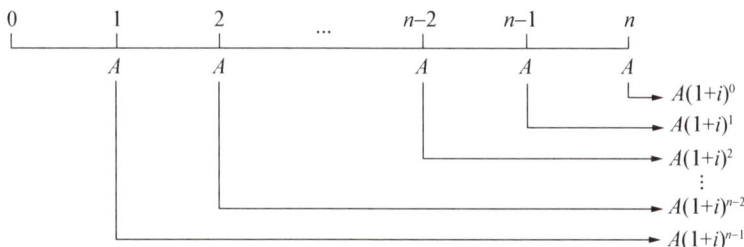

图 2-1　普通年金终值计算示意图

由图 2-1 可知,普通年金终值的计算公式为:

$$F=A \cdot (1+i)^0+A \cdot (1+i)^1+A \cdot (1+i)^2+\cdots+A \cdot (1+i)^{n-2}+A \cdot (1+i)^{n-1} \quad (2-1)$$

将式(2-1)两边同时乘上$(1+i)$得:

$$F \cdot (1+i)=A \cdot (1+i)^1+A \cdot (1+i)^2+A \cdot (1+i)^3+\cdots+A \cdot (1+i)^{n-1}+A \cdot (1+i)^n$$
$$(2-2)$$

将式(2-2)减去式(2-1)得:

$$F \cdot i=A \cdot (1+i)^n-A=A \cdot \left[(1+i)^n-1\right]$$
$$F=A \cdot \left[\frac{(1+i)^n-1}{i}\right]=A \cdot (F/A,i,n)$$

式中:F 为普通年金终值;A 为年金;i 为利率;n 为期数;方括号中的数值通常称为"年金终值系数",记作$(F/A,i,n)$,可直接查阅"年金终值系数表"。

例 2-7　某酒店每年计提客房折旧费 50000 元,在利率 10% 的前提下,10 年后酒店能用该笔款项购建价值多少的客房?

$$F = 50000\left[\frac{(1+10\%)^{10}-1}{10\%}\right] = 50000 \times (F/A, 10\%, 10)$$

$$= 50000 \times 15.937 = 796850(元)$$

2. 普通年金现值的计算

普通年金现值是指在每期期末收入或付出的系列等额款项,按复利计息方式折算为现时的价值,即每次收付资金的复利现值之和。其计算方法如图 2-2 所示。

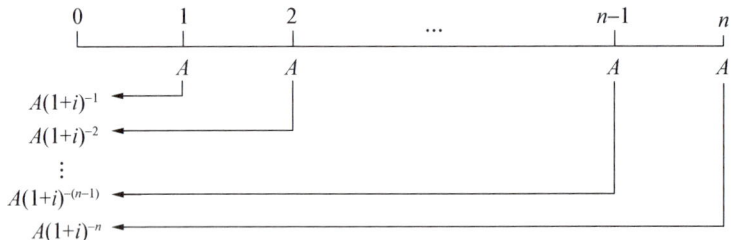

图 2-2　普通年金现值计算示意图

由图 2-2 可知,普通年金现值的计算公式为:

$$P = A \cdot (1+i)^{-1} + A \cdot (1+i)^{-2} + \cdots + A \cdot (1+i)^{-(n-1)} + A \cdot (1+i)^{-n} \quad (2-3)$$

将式(2-3)两边同乘(1+i)得:

$$P(1+i) = A + A \cdot (1+i)^{-1} + \cdots + A \cdot (1+i)^{-(n-2)} + A \cdot (1+i)^{-(n-1)} \quad (2-4)$$

将式(2-4)减去式(2-3)得:

$$P \cdot i = A - A \cdot (1+i)^{-n} = A \cdot \left[1-(1+i)^{-n}\right]$$

$$P = A \cdot \left[\frac{1-(1+i)^{-n}}{i}\right] = A \cdot (P/A, i, n)$$

式中:P 为普通年金现值;A 为年金;i 为折现率;n 为期数;方括号中的数值通常称为"年金现值系数",记作$(P/A, i, n)$,可直接查阅"年金现值系数表"。

例 2-8 某酒店计划未来 5 年每年末追加投资 20 万元用于开发新线路,银行存款利率为 5%,按复利计息方式测算,现在需存入多少资金?

$$P = A \cdot \left[\frac{1-(1+i)^{-n}}{i}\right] = A \cdot (P/A, i, n) = 200000 \times 4.3295 = 865900(元)$$

例 2-9 酒店拟更新空调机组,需要一次投入 40 万元,每年可节约电费 4 万元。问该空调机组应使用多少年才合算?(假设年利率 5%,每年复利一次)

$$P = 40000\left[\frac{1-(1+5\%)^{-n}}{5\%}\right] = 40000 \times (P/A, 5\%, n)$$

通过查年金现值系数,可知:

$$P_1 = 40000 \times (P/A, 5\%, 13) = 40000 \times 9.9856 = 39.9424(万元) < 40(万元)$$

$$P_2 = 40000 \times (P/A, 5\%, 14) = 40000 \times 10.5631 = 42.2524(万元) > 40(万元)$$

因此,该空调机组应使用 14 年才合算。

二、即付年金终值与现值的计算

1. 即付年金终值的计算

即付年金终值是指一定时期内每期期初收入或付出的系列等额款项,按复利计算的在最后一期期末所得的本利和,即每期期初等额收付金额的复利终值之和。

即付年金终值比普通年金终值多计一期的利息,即在普通年金终值的基础上,乘以$(1+i)$便可计算出即付年金终值,即:

$$F=\frac{A \cdot (1+i)^n - 1}{i} \cdot (1+i)=A \cdot \left[\frac{(1+i)^{n+1}-1}{i}-1\right]=A \cdot [(F/A,i,n+1)-1]$$

式中:$\left[\dfrac{(1+i)^{n+1}-1}{i}\right]$称为预付年金终值系数或1元预付年金终值,它和普通年金终值系数$\dfrac{(1+i)^n-1}{i}$相比,期数加1,而系数减1,用符号$[(F/A,i,n+1)-1]$来表示,可利用普通年金终值系数表查得$(n+1)$期的值,然后减1得出1元预付年金终值。

例 2 - 10 某酒店决定连续8年于每年年初存入20万元作为年金,银行存款利率为8%,则该公司在第8年末能一次取出本利和是多少?

$$F = A \times [F/A,i,(n+1)-1]=200000 \times [(F/A,8\%,9)-1]$$
$$=200000 \times (12.488-1)=2297600(元)$$

2. 即付年金现值的计算

即付年金现值是指在一定时期内的每期期初收入或付出的系列等额款项,按复利计算的现时的价值,即每期期初等额收付款项和复利现值之和。

即付年金现值比普通年金现值少计一期的利息,因此在普通年金现值的基础上,乘以$(1+i)$便可计算出预付年金的现值。

$$P=A \times \frac{1-(1+i)^{-n}}{i}(1+i)=A \times \left[\frac{1-(1+i)^{-(n-1)}}{i}+1\right]$$

式中:$\left[\dfrac{1-(1+i)^{-(n-1)}}{i}+1\right]$称为即付年金现值系数或1元即付年金现值。它和普通年金现值系数相比,期数减1,而系数加1,也可用符号$[(P/A,i,n-1)+1]$来表示,可利用普通年金现值系数表查得$(n-1)$期的值,然后加1得出1元预付年金现值。

例 2 - 11 某酒店分5期付款购买办公楼,每年年初付款50万元,若利率为8%,试按复利计息方式测算分期付款相当于一次付款的购买价。

$$P = A \times \left[\frac{1-(1+i)^{-(n-1)}}{i}+1\right]=A \times [(P/A,i,n-1)+1]$$
$$=500000 \times (3.3121+1)=2156050(元)$$

三、递延年金终值与现值的计算

1. 递延年金终值的计算

递延年金终值是指间隔一定时期后每期期末或期初收入或付出的系列等额款项,按照复利计息方式计算的在最后一期末所得的本利和,即间隔一定时期后每期末或期初等额收付资金的复利终值之和。

n 期递延年金终值与 n 期普通年金终值的计算方法是一样的,其终值大小与递延期无关。递延年金终值的计算公式为:

$$F = A \cdot \left[\frac{(1+i)^n - 1}{i} \right] = A \cdot (F/A, i, n)$$

例 2-12 某旅游公司与其他企业共同开发一旅游项目,预计该项目从第三年开始进入盈利期。该企业每年末可收回资金 15 万元,合作期 10 年。设银行存款利率为 10%,试测算至合作期满,该公司可从新项目获取资金的本利和是多少?

解 $F = A \cdot \left[\frac{(1+i)^n - 1}{i} \right] = A \cdot (F/A, 10\%, 8)$

$= 150000 \times 11.435 = 1715250(元)$

2. 递延年金现值的计算

递延年金现值的计算方法有两种:

方法一:将递延年金划分成两部分,首先按普通年金现值计算方法,计算出递延年金在第 m 期期末的现值 P',然后再将其作为终值按照复利现值的计算方法贴现至第一期期初,计算公式如下:

$$P = P' \times (P/F, i, n) - A \times (P/A, i, n) \times (P/F, i, m)$$

方法二:先计算 $(m+n)$ 期的普通年金现值 P_1,再计算前 m 期普通年金的现值 P_2,从 P_1 中扣除 P_2 便可得到递延年金的现值,计算公式如下:

$$P = P_1 - P_2 = A \times (P/A, i, m+n) - A \times (P/A, i, m)$$

例 2-13 某旅游企业因扩展业务需要向银行取得一笔长期贷款,贷款期限 8 年,按合同约定从第三年末开始还款,每年还款 5 万元,设银行借款利率为 10%,试计算该企业向银行贷款数额。

解法一:

$$P = A \times (P/A, i, n) \times (P/F, i, m)$$
$$= 50000 \times (P/A, 10\%, 6) \times (P/F, 10\%, 2)$$
$$= 50000 \times 4.3553 \times 0.8264 = 179961(元)$$

解法二:

$$P = A \times (P/A, i, m+n) - A \times (P/A, i, m)$$
$$= 50000 \times (P/A, 10\%, 8) - 50000 \times (P/A, 10\%, 2)$$
$$= 50000 \times (5.3349 - 1.7355) = 179970(元)$$

四、永续年金现值的计算

永续年金是普通年金的特殊形式,可视为期限趋于无穷普通年金,没有终止时间,因此永续年金的终值无法计算。永续年金现值的计算可以由普通年金现值求极限的方法求得。

根据公式：$P = A \times \dfrac{1-(1+i)^{-n}}{i}$，当期数 $n \to \infty$ 时，$(1+i)^{-n}$ 极限为零，故上式可简化为：

$$P = A \times \dfrac{1}{i}$$

例 2-14　某旅游企业准备存入银行一笔基金，以便日后无限期地于每年年末取出利息 20000 元，用于支付年度职工工作奖励。若银行存款利率为 5%，则该企业应该一次性存入银行多少资金？

解　$P = A \times \dfrac{1}{i} = 20000 \times \dfrac{1}{5\%} = 400000$（元）

资金时间价值的计算在财务管理中有广泛的用途，如长期投资决策、存货管理等。随着财务管理人员素质的提高，资金时间价值观念也再得以加强。

项目三　酒店筹资分析与决策

【案例导入】　一位创业者打算开一家集住宿、餐饮、娱乐等项目于一体的小宾馆，预计需要投资 100 万元，而目前他自己只有 30 万元，请你为他设计一些可能的筹资方案，并比较不同方案的优劣。

设计要点提示：① 资金来源分析；② 筹资方式分析；③ 设计出可能的备选筹资方案并计算其资金成本。

任务一　酒店筹资渠道与方式分析

拥有 2 亿多资产，占有全国泡菜市场 60% 份额的新蓉新公司总经理大倒苦水："像我们这样的企业，一年上税三四百万元，解决了附近十几个县的蔬菜出路，安排了六七千农民就业，从来没有烂账，为啥就贷不到款？"

新蓉新公司从零开始做到 2 亿多，历史上只有从当地工商银行获得过少量贷款，大部分资金是"向朋友借的"。新蓉新公司资产近 2.63 亿元，资产负债率却只有 10% 左右。像这样的企业，银行为何惜贷呢？

请调研中小酒店，了解资金来源结构。

一、筹资渠道与筹资方式

筹资渠道是指酒店筹措资金来源的方向与通道，它体现着资金的来源与流量。筹资方式是指可供酒店在筹措资金时选用的具体筹资形式。酒店筹资活动需要通过一定的渠道并采用一定的方式来完成资金从哪里来和如何取得资金，两者相互独立又密不可分。同一渠道的资金往往可以采用不同的方式取得，而同一筹资方式又往往可适用于不同的资金渠道。

(一) 筹资渠道

现阶段，我国酒店企业筹集资金的渠道主要有以下几种。

1. 国家财政资金

国家财政资金是指国家以财政拨款、财政贷款、国有资产入股等形式向企业投入的资金。它是国有企业的主要资金来源。

2. 银行信贷资金

是指商业银行和专业银行放贷给酒店使用的资金,是目前酒店十分重要的资金来源。

3. 非银行金融机构资金

是指各种从事金融业务的非银行机构,如信托投资公司、租赁公司等提供给酒店使用的资金。非银行金融机构的资金实力虽然较银行小,但它们的资金供应比较灵活,而且可以提供多种特定服务,该渠道已成为酒店资金的重要来源。

4. 其他法人单位资金

酒店在生产经营过程中,往往形成部分暂时闲置的资金,并为一定的目的而进行相互投资。另外,企业间的购销业务可以通过商业信用方式来完成,从而形成企业间的债权债务关系,形成债务人对债权人的短期信用资金占用。企业间的相互投资和商业信用的存在,使其他法人单位资金也成为酒店资金的一项重要来源。

5. 民间资金

是指酒店职工和居民个人的结余货币。"游离"于银行及非银行金融机构等之外的个人资金,可用于对酒店进行投资,形成民间资金来源渠道,从而为酒店所用。

6. 酒店自留资金

是指酒店内部形成的资金,也称酒店内部留存,包括从税后利润中提取的盈余公积金和未分配利润,以及通过计提折旧费而形成的固定资产更新改造资金。这些资金的主要特征是,无需通过一定的方式去筹集,而是直接由酒店内部自动生成或转移。

7. 境外资金

是指外国投资者及中国香港、澳门、台湾地区投资者投入的资金。随着国际经济业务的拓展,利用境外资金已成为企业筹资的一个新的重要来源。

（二）筹资方式

酒店资金筹集方式有很多种,采用什么样的资金筹集方式,取决于酒店资金需要的目的。酒店在正常经营过程中,由于原材料供应、偿还债务、交纳税款等原因,会出现临时性资金不足,尤其酒店经营的季节性很强,在旅游旺季,原材料消耗急剧增加,期间费用耗费量大,都会增加酒店临时资金的需要量。为此,酒店可以采用商业信用筹资、银行信用筹资等短期资金筹集方式。为扩大经营规模或对酒店大型设备进行更新改造,酒店可能需要大量、长期使用资金,为此,可以采用留存收益、发行股票或债券、融资租赁等方式筹集长期资金。酒店筹集资金的方式主要有以下几种。

1. 吸收直接投资

吸收直接投资是指酒店以协议等形式吸收国家、其他企业、个人和外商等直接投入资金形成酒店资本金的一种筹资方式。吸收直接投资不以股票为媒介,适用于非股份制企业。它是非股份制企业筹措自有资本的基本方式之一。

2. 发行股票

发行股票是指股份有限公司经国家批准以发行股票的形式向国家、其他企业和个人筹集资金,形成企业资本金的一种筹资方式。发行股票是股份公司筹措自有资本的基本方式。

3. 发行债券

发行债券是指企业以发行各种债券的形式筹集资金。它是企业筹措资金的又一种重要方式。

4. 银行借款

银行借款是指企业向银行申请贷款,通过银行信贷形式筹集资金。它也是企业筹措资金的一种重要方式。

5. 商业信用

商业信用是指企业在商品交易中以延期付款或预收货款进行购销活动而形成的借贷关系,是企业之间的直接信用。它是企业筹集短期资金的一种方式。

6. 租赁筹资

租赁是出租人以收取租金为条件,在契约或合同规定的期限内,将资产租借给承租人使用的一种经济行为。现代租赁是企业筹集资金的一种方式,用于补充或部分替代其他筹资方式。

（三）筹资渠道和筹资方式的配合

筹资方式与筹资渠道有着密切的关系。一定的筹资方式可能只适用于某一特定的筹资渠道,但同一筹资渠道的资本往往可以采取不同的筹资方式获得,而同一筹资方式往往又适用于不同的筹资渠道。因此,酒店在筹资时,必须认真考虑筹资方式的经济性质及相应的经济利益,合理选择使用。两者的配合关系如表 2-6 所示。

表 2-6　筹资渠道与筹资方式的配合关系

筹资方式 \ 筹资渠道	吸收直接投资	发行股票	银行借款	商业信用	发行债券	融资租赁
国家财政资金	√	√				
银行信贷资金			√			
非银行金融机构资金			√			√
其他法人单位资金	√	√		√	√	
民间资金	√	√			√	
酒店内部形成的资金	√	√				
境外资金			√	√	√	√

二、酒店权益资金的筹集

（一）吸收直接投资

吸收直接投资(以下简称吸收投资)是指企业按照"共同投资、共同经营、共担风险、共享利润"的原则直接吸收国家、法人、个人投入资金的一种筹资方式。吸收投资中的出资者都是企业的所有者,他们对企业具有经营管理权。企业经营状况好,盈利多,各方可按出资额的比例分享利润,但如果企业经营状况差,连年亏损,甚至被迫破产清算,则各方要在其出资的限额内按出资比例来承担损失。

1. 吸收投资的种类

(1)吸收国家投资。国家投资是指有权代表国家投资的政府部门或者机构以国有资产投入企业,这种情况下形成的资本叫国有资本。吸收国家投资是国有企业筹集权益资金的主要方式。其特点是:① 产权归属国家;② 资金的运用和处置受国家约束较大;③ 在国有企业中采用比较广泛。

(2)吸收法人投资。法人投资是指法人单位以其依法可以支配的资产投入企业,这种情况下形成的资本叫法人资本。一般具有的特点是:① 发生在法人单位之间;② 以参与企业利润分配为目的;③ 出资方式灵活多样。

(3)吸收个人投资。个人投资是指社会个人或本企业内部职工以个人合法财产投入企业,这种情况下形成的资本称为个人资本。一般具有的特点是:① 参加投资的人员较多;② 每人投资的数额相对较少;③ 以参与企业利润分配为目的。

2. 吸收投资的出资方式

(1)以现金出资。

(2)以实物出资。

(3)以工业产权出资。

(4)以土地使用权出资。

3. 吸收投资的优缺点

(1)吸收投资的优点

1)有利于增强企业信誉。吸收投资所筹集的资金属于自有资金,能增强企业的信誉和借款能力,对扩大企业经营规模、壮大企业实力具有重要作用。

2)有利于尽快形成生产能力。吸收投资可以直接获取投资者的先进设备和先进技术,有利于尽快形成生产能力,尽快开拓市场。

3)有利于降低财务风险。吸收投资可以根据企业的经营状况向投资者支付报酬,企业经营状况好,要向投资者多支付一些报酬,企业经营状况不好,就可不向投资者支付报酬或少支付报酬,比较灵活,所以财务风险较小。

(2)吸收投资的缺点

1)资金成本较高。一般而言,采用吸收投资方式筹集资金所需负担的资金成本较高,特别是企业经营状况较好和盈利较强时更是如此。因为向投资者支付的报酬是根据其出资的数额和企业实现利润的多寡来计算的。

2)容易分散企业控制权。采用吸收直接投资方式筹集资金,投资者一般都要求获得与投资数量相适应的经营管理权,这是接受外来投资的代价之一。如果外部投资者的投资较多,则投资者会有相当大的管理权,甚至会完全控制企业,这是吸收投资的不利因素。

(二)发行普通股

股票是指由股份有限公司发行的、用以证明投资者的股东身份和权益并据以获得股利的一种可转让的书面证明。按股东享受权利和承担义务的大小为标准,可把股票分成普通股票和优先股票。普通股票简称普通股,是股份公司依法发行的具有管理权、股利不固定的股票。普通股具备股票的最一般特征,是股份公司资本的最基本部分。

1. 普通股的种类

根据不同标准,可以对普通股进行不同的分类,现介绍几种主要分类方式:

(1)按股票票面是否记名分类,可把股票分成记名股票与无记名股票。

(2)按股票票面有无金额分类,可把股票分为有面值股票和无面值股票。

（3）按投资主体分类，可将股票分为国家股、法人股、个人股等。

（4）按发行对象和上市地区分类，可将股票分为 A 股、B 股、H 股和 N 股等。在中国内地，有 A 股、B 股。

2. 普通股股东的权利

普通股股票的持有人叫普通股股东。普通股股东一般具有如下权利：

（1）公司管理权。具体来说，普通股股东的管理权主要表现如下：① 投票权。普通股股东有权投票选举公司董事会成员并有权对修改公司章程、改变公司资金结构、批准出售公司重要资产、吸收或兼并其他公司等重大问题进行投票表决。② 查账权。从原则上来讲，普通股股东具有查账权。但由于保密的原因，这种权利常常受到限制。因此，并不是每个股东都可自由查账。在实践中，这种权利是通过委托注册会计师查证公司的各项财务报表来实现的。③ 阻止越权经营权。当公司的管理当局越权经营时，股东有权阻止。

（2）分享盈余权。分享盈余也是普通股东的一项基本权利。

（3）出让股份权。股东有权出售或转让股票，这也是普通股股东的一项基本权利。股东出让股票的原因可能有如下几点：① 对公司的选择；② 对报酬的考虑；③ 对资金的需求；④ 优先认购权；⑤ 剩余财产的要求权。

3. 股票的发行

（1）股票发行方式。股票发行方式是指企业通过何种途径发行股票。总的来讲，股票的发行方式可分为如下两类：

1）公开间接发行。指通过中介机构，公开向社会公众发行股票。我国股份有限公司采用募集设立方式向社会公开发行新股时，须由证券经营机构承销的做法，就属于股票的公开间接发行。这种发行方式的优点是：发行范围广、发行对象多，易于足额募集资本；股票的变现性强，流通性好；股票的公开发行有助于提高发行公司的知名度，扩大其影响力。但这种发行方式也有不足，主要是手续繁杂，发行成本高。

2）不公开直接发行。指不公开对外发行股票，只向少数特定的对象直接发行，因而不需经中介机构承销。我国股份有限公司采用发起设立方式和以不向社会公开募集的方式发行新股的做法，即属于股票的不公开直接发行。这种发行方式弹性较大，发行成本低；但发行范围小，股票变现性差。

（2）股票的销售方式。股票的销售方式指的是股份有限公司向社会公开发行股票时所采取的股票销售方法。股票销售方式有以下两类：

1）自销方式。指发行公司自己直接将股票销售给认购者。这种销售方式可由发行公司直接控制发行过程，实现发行意图，还可以节省发行费用；但往往筹资时间长，发行公司要承担全部发行风险，需要发行公司有较高的知名度、信誉和实力。

2）承销方式。指发行公司将股票销售业务委托给证券公司经营机构代理。股票承销又分为包销和代销两种具体办法。所谓包销，是根据承销协议商定的价格，证券经营机构一次性全部购进发行公司公开募集的全部股份，然后以较高的价格出售给社会上的认购者。对发行公司来说，包销办法可及时筹足资本，免于承担发行风险（股款未募足的风险由承销商承担）；但股票以较低的价格售给承销商会损失部分溢价。所谓代销，是证券经营机构代替发行公司代售股票，并由此获取一定的佣金，但不承担股款未募足的风险。

（3）股票的发行价格。股票的发行价格是股票发行时所使用的价格，也就是投资者认购股票时所支付的价格。股票发行价格通常由发行公司根据投票面额、股市行情和其他有关因素决定。股票的发行价格一般有三种,即等价、时价和中间价。等价就是以股票的票面金额为发行价格,也称为平价发行。时价就是以本公司股票在流通市场上买卖的实际价格为基准确定的发行价格。中间价就是以时价和等价的中间值确定的发行价格。中国《公司法》规定,股票发行价格可以等于票面金额,也可以超过票面金额,但不得低于票面金额。

4. 股票上市的利弊分析

股票上市指的是股份有限公司公开发行的股票经批准在证券交易所进行挂牌交易。经批准在交易所上市交易的股票则称为上市股票。股票获准上市交易的股份有限公司简称上市公司。股票上市作为一种有效的筹资方式,对公司的成长起着重要的作用。发达国家的绝大部分发展迅速的公司都选择了上市。然而,股票上市也会给公司带来一些负面效果,因此,在做出股票上市的决定前,公司管理者应该非常慎重,尽可能向专家或有过类似经历的企业家进行咨询,以便使做出的决策能够达到预期目的。

(1)股票上市为公司带来的益处

1)有利于改善财务状况。公司公开发行股票可以筹得自有资金,能迅速改善公司财务状况,并有条件得到利率更低的贷款。同时,可以在今后有更多的机会从证券市场上筹集资金。

2)利用股票收购其他公司。一些公司常用出让股票而不是付现金的方式去对其他企业进行收购。被收购企业也乐意接受上市公司的股票。因为上市的股票具有良好的流通性,持股人可以很容易将股票出手而得到资金。

3)利用股票市场客观评价企业。对于已上市的公司来说,每日每时的股市,都是对企业客观的市场估价。

4)利用股票可激励员工。上市公司利用股票作为激励关键人员的手段是卓有成效的。公开的股票市场提供了股票的准确价值,也可使员工的股票得以兑现。

5)提高公司知名度,吸引更多顾客。上市公司为社会所知,并被认为经营优良,这会给公司带来良好的声誉,从而吸引更多的顾客,扩大公司的销售。

(2)股票上市可能对公司产生的不利影响

1)使公司失去隐私权。一家公司转为上市公司,其最大的变化是公司隐私权的消失。国务院证券监督管理机构要求上市公司必须将关键的经营情况向社会公众公开。

2)限制经理人员操作的自由度。公司上市后其所有重要决策都需要经董事会讨论通过,有些对企业至关重要的决策则需要全体股东投票决定。股东们通常以公司盈利、分红、股价等来判断经理人员的业绩,这些压力往往使得公司经理人员注重短期效益而忽略长期效益。

3)公开上市需要很高的费用。这些费用包括资产评估费用、股票承销佣金、律师费、注册会计师费、材料印刷费、登记费等。这些费用的具体数额取决于每一个企业的具体情况、整个上市过程的难易程度和上市数额等因素。公司上市后尚需花费一些费用为证券交易所、股东等提供资料,聘请注册会计师、律师等。

5. 普通股筹资的优缺点

(1)普通股筹资的优点

1)无固定股利负担。通过发行普通股来进行筹资,公司对普通股股东发放股利的原则是"多盈多分、少盈少分、不盈不分"。可见,普通股股利并不构成公司固定的股利负担,是否发放股利、什么时候发放股利以及发放多少股利,主要取决于公司的获利能力和股利政策。

2)无固定到期日,无需还本。通过发行普通股来进行筹资,公司筹集的资金是永久性资金,也叫权益资本或自有资金,公司无需向投资人归还投资。这对于保证公司对资本的最低需要、保证公司资本结构的稳定和维持公司长期稳定发展具有重要意义。

3)普通股筹资的风险小。由于普通股筹资没有固定的股利负担,没有固定的到期日,无需还本,筹集的资金是永久性资金,投资人无权要求公司破产。

4)普通股筹资能增强公司偿债和举债能力。发行普通股筹集的资金是公司的权益资本或自有资金,而权益资本或自有资金是公司偿债的真正保障,是公司其他方式筹资的基础,它反映了公司的实力。所以利用普通股筹资可增强公司的偿债能力,增强公司的信誉,进而增强公司的举债能力。

5)普通股可在一定程度上抵消通货膨胀的影响,因而易吸收资金。从长期来看,普通股股利具有增长的趋势,而且在通货膨胀期间,不动产升值时,普通股也随之升值。

（2）普通股筹资的缺点

1)普通股筹资的资本成本较高。

2)普通股的追加发行,会分散公司的控制权。

3)普通股的追加发行,有可能引发股价下跌。由于普通股具有同股、同权、同利的特点,所以新加入的股东会分享公司未发行新股前积累的盈余,这样公司的每股收益就会下降,从而可能导致普通股市价下跌。

（三）发行优先股

1. 优先股的特征

优先股是一种特别股票,它与普通股有许多相似之处,但又具有债券的某些特征。从法律的角度来讲,优先股属于自有资金。优先股股东所拥有的权利与普通股股东近似。优先股的股利不能像债务利息那样从税前扣除,而必须从净利润中支付。但优先股有固定的股利,这与债券利息相似,优先股对盈利的分配和剩余资产的求偿具有优先权,这也类似于债券。

2. 发行优先股的动机

（1）防止公司股权分散。

（2）调剂现金余缺。

（3）改善公司的资金结构。

（4）维持举债能力。

3. 优先股股东的权利

（1）优先分配股利权。

（2）优先分配剩余资产权。

（3）部分管理权。

4. 优先股筹资的优缺点

（1）优先股筹资的优点

1)没有固定到期日,不用偿还本金。事实上等于使用的是一笔无限期的贷款,无偿还本金义务,也无需做再筹资计划。但大多数优先股又附有收回条款,这就使得使用这种资金更有弹性。当财务状况较弱时发行,而财务状况转强时收回,有利于结合资金需求,同时也能控制公司的资金结构。

2）股利支付既固定,又有一定弹性。一般而言,优先股都采用固定股利,但固定股利的支付并不构成公司的法定义务。如果财务状况不佳,则可暂时不支付优先股股利,而且优先股股东也不能像债权人一样迫使公司破产。

3）有利于增强公司信誉。从法律上讲,优先股属于自有资金,因而优先股扩大了权益基础,可适当增加公司的信誉,加强公司的借款能力。

（2）优先股筹资的缺点

1）筹资成本高。优先股所支付的股利要从税后净利润中支付,不同于债务利息可在税前扣除。因此,优先股成本很高。

2）筹资限制多。发行优先股,通常有许多限制条款,例如,对普通股股利支付上的限制、对公司借债限制等。

3）财务负担过重。如前所述,优先股需要支付固定股利,但又不能在税前扣除,所以,当利润下降时,优先股的股利会成为一项较重的财务负担,有时不得不延期支付。

三、酒店负债资金的筹集

（一）银行借款

银行借款是借款企业向商业银行提出借款申请,经商业银行审核后,取得贷款金额的行为。银行借款偿还期在一年以内的是短期银行借款;银行借款偿还期在一年以上的是长期银行借款。通过借款筹资是我国目前市场上企业筹集资金最常用的方式之一。

1. 短期银行借款

（1）短期借款信用条件。在短期借款合同中,一般都附有信用条件,如信用额度、周转信用协议、补偿性余额、借款抵押等。信用额度是借款企业与银行之间正式或非正式协议规定的企业借款的最高限额。通常在信用额度内,借款方可随时按需要向银行申请借款。但银行并不承担必须提供全部信贷限额的义务。如果企业信誉恶化,也可能得不到信用额度内借款。

周转信贷协议是银行具有法律义务地承诺提供不超过某一最高限额的贷款协定。在约定的有效期内,银行必须满足企业任何时候提出的信贷限额内的借款要求。但企业要就贷款限额的未使用部分付一笔承诺费。

补偿性余额是银行要求借款方将借款的一定百分比（通常为$10\%\sim20\%$）的平均存款余额留存银行,以便降低银行贷款风险,以补偿银行可能发生的损失。

借款抵押是银行向财务风险较大的企业和对其信誉不甚把握的企业发放贷款时,要求有抵押品担保,以减少银行的损失风险。

（2）短期银行借款方式的优缺点。通过银行短期借款筹集资金,具有以下优点：① 因为银行信贷资金雄厚,银行短期借款能一次性为公司筹集到较大数额的资金,而且资金到位及时,能按合同约定如期取得所需资金。② 银行贷款方式灵活。银行贷款种类较多,贷款期限长短不一,能适应公司不同的贷款用途和不同的贷款期限所需。③ 银行贷款利率相对稳定,而且贷款利息税前支付,具有抵税作用,筹集资金成本相对较低。

通过银行短期借款筹集资金,也具有一定的缺点：① 银行短期借款筹集的资金只能用于规定方向,若要改变借款用途,须经贷款银行同意;② 公司能否及时取得贷款,受国家政策性因素影响较大。

2. 长期银行借款

长期银行借款通常是公司为购建固定资产等长期资产而向银行或其他金融机构借入的偿还期在一年以上或超过一年的一个营业周期以上的债务。酒店筹集长期借款的目的主要在于购建客房等固定资产或满足长期流动资金占用的需要。按照长期借款的用途可以将酒店长期借款分为固定资产投资借款、更新改造借款等。

利用长期借款方式筹集资金,其优点有:

(1) 相对于股票和债券筹资,采用长期借款方式筹集资金,资金到位时间短。

(2) 长期借款利息可以在酒店所得税前支付,实际负担利息费用较低,且长期借款利息一般也低于债券利息,也没有债券筹资过程中的发行、印刷、审计等筹资费用的发生。

(3) 通过长期借款筹集资金不会分散所有权。

利用长期借款方式筹集资金,其缺点有:

(1) 长期借款需要支付利息,会形成酒店的财务风险。偿还本金和利息时,会对酒店现金产生压力。

(2) 筹资数额受贷款企业资金量的限制。

(3) 资金使用受贷款单位约束。取得长期借款后,依据借款合同,贷款单位有权检查酒店对长期借款的使用情况。

(二) 发行债券

1. 债券的含义与特征

债券是债务人依照法律程序发行,承诺按约定的利率和日期支付利息,并在特定的日期偿还本金的书面债务凭证。

公司债券与股票都属于有价证券,对于发行公司来说,都是一种筹资手段;而对于购买者来说,都是投资手段。但与两者有很大的区别,主要有以下几点:

(1) 债券是债务凭证,是对债权的证明,股票是所有权凭证,是对所有权的证明。债券持有人是债权人,股票持有人是所有者。债券持有者与发行公司是一种借贷关系,而股票持有者则是发行公司经营的参与者。

(2) 债券的收入为利息,利息的多少一般与发行公司的经营状况无关,是固定的;股票的收入是股息,股息的多少是由公司的盈利水平决定的,一般是不固定的。如果公司经营不善发生亏损或者破产,投资者就得不到任何股息,甚至连本金也保不住。

(3) 债券的风险较小,因为其利息收入基本是稳定的;股票的风险则较大。

(4) 债券是有限制的,到期必须还本付息;股票除非公司停业,一般不退还股本。

(5) 债券属于公司的债务,它在公司剩余财产分配中优先于股票。

2. 公司债券的发行价格

债券的发行价格有三种:等价发行、折价发行和溢价发行。一般来说,债券的面值即是债券的价格,但由于资金市场上的供求关系及利率的变化,有时债券的价格会与面值相背离,会高于或低于面值,但差额通常不会很大。因此,债券发行的价格有三种:一是按债券面值等价发行;二是低于债券的面值折价发行;三是高于债券的面值溢价发行。

债券发行价格的计算公式为:

$$债券发行价格 = \frac{R}{(1+i)^n} + \sum_{t=1}^{n} \frac{R \cdot r}{(1+i)^t}$$

式中：R 为债券面值；n 为债券期限；t 为付息期限；i 为市场利率；r 为票面利率。

例 2-15 某酒业集团发行面值为 200 元、年利率为 8%、期限为 5 年、每年年末付息的债券。在决定发行债券时，认为 8% 的利率是合理的。如果到债券发行时市场上的利率发生变化，那么就要调整债券的发行价格。现按以下三种情况分别讨论：

（1）资金市场的利率保持在 8%，该公司的利率为 8%，则债券可等价发行。

$$发行价格 = 200 \times 8\% \times (P/A, 8\%, 5) + 200 \times (P/F, 8\%, 5)$$
$$= 200 \times 8\% \times 3.993 + 200 \times 0.681 \approx 200（元）$$

也就是说，当债券利率等于市场利率时，按 200 元的价格出售此债券，投资者可以获得 8% 的报酬。

（2）资金市场利率大幅度上升至 12%，公司债券利率为 8%，低于资金市场利率，则应采用低价发行。

$$发行价格 = 200 \times 8\% \times (P/A, 12\%, 5) + 200 \times (P/F, 12\%, 5)$$
$$= 200 \times 8\% \times 3.605 + 200 \times 0.567 = 171.08（元）$$

也就是说，只有按照 171.08 元的价格出售，投资者购买此债券才能获得与市场利率 12% 相等的报酬。

（3）资金市场利率大幅度下降到 5%，公司债券利率为 8%，则可采用溢价发行。

$$发行价格 = 200 \times 8\% \times (P/A, 5\%, 5) + 200 \times (P/F, 5\%, 5)$$
$$= 200 \times 8\% \times 4.329 + 200 \times 0.784 = 226.06（元）$$

也就是说，投资者把 226.06 元的资金投资于该集团面值为 200 元的债券，只能获得 5% 的回报，与市场利率相同。

3. 债券筹资的优缺点

债券筹资的优点：

（1）资金成本较低。利用债券筹资的成本要比股票筹资的成本低。这主要是因为债券的发行费用较低，债券利息在税前支付，有一部分利息由政府负担了。

（2）保证控制权。债券持有人无权干涉企业的管理事务，如果现有股东担心控制权旁落，则可采用债券筹资。

（3）可以发挥财务杠杆作用。不论公司赚钱多少，债券持有人只收取固定的、有限的利息，而更多的收益可用于分配给股东，增加其财富，或留归企业以扩大经营。

债券筹资的缺点：

（1）筹资风险高。筹资有固定的到期日，并定期支付利息。利用债券筹资，要承担还本付息的义务。在企业经营不景气时，向债券持有人还本、付息，无异于釜底抽薪，会给企业带来更大的困难，甚至导致破产。

（2）限制条件多。发行债券的契约书中往往有一些限制条款。这种限制比优先股及短期债务严得多，可能会影响企业的正常发展和今后的筹资能力。

（3）筹资额有限。利用债券筹资有一定的限度，当公司的负债比例超过了一定程度后，债券筹资的成本会迅速上升,有时甚至会发行不出去。

(三) 商业信用

商业信用是指商品交易中的延期付款或预收货款所形成的借贷关系,是企业之间一种直接信用关系。商业信用产生于商品交换之中,是所谓的"自然性融资"。商业信用,是一种形式多样、适用范围很广的短期资金筹措方式。

1. 商业信用筹资的种类

(1) 商业票据筹资。商业票据是由收款人或付款人(或承兑申请人)签发,由承兑人承兑,并于到期日向收款人或被背书人支付款项的一种票据。商业票据按承兑人不同分为商业承兑汇票和银行承兑汇票。商业票据一律记名,允许背书转让,承兑期最长不超过 6 个月。

(2) 预收账款筹资。预收账款是酒店按照合同规定向接受劳务方预收的款项,酒店预收账款后,必须依据合同承诺在一定时期提供劳务。酒店通常在向散客提供服务或在与团队、常住公司进行长期合作的前期采用预收账款的方式。

(3) 赊购商品筹资。赊购商品是酒店根据合同规定,在购进商品一定时期后才向供应方付款的购货方式。

2. 现金折扣成本的计算

在采用商业信用形式销售产品时,为鼓励购买单位尽早付款,销货单位往往都规定了一些信用条件,这主要包括现金折扣和付款期限两部分内容。

现金折扣是销货企业提供给购货企业的一种优惠。现金折扣的一般形式是:"2/10,1/20,n/30",即购买单位若在 10 天内付款,可享受 2% 的折扣;若在 20 天内付款,可享受 1% 的折扣;超过 20 天须付全额,付款期限为 30 天。

如果销货单位提供现金折扣,购买单位应尽量争取此项折扣,因为丧失现金折扣的机会成本很高。一般而言,企业放弃现金折扣的成本可由下式求得:

$$放弃现金折扣成本 = \frac{折扣百分数}{1-折扣百分数} \times \frac{360}{信用期-折扣期}$$

例 2-16 某酒店拟以"2/10,1/20,n/30"的信用条件购进一批材料。这一信用条件意味着企业如在 10 天内付款,可享受 2% 的现金折扣;若不享受现金折扣,货款应在 30 天内付清。则放弃的现金折扣成本为:

$$放弃现金折扣成本 = \frac{2\%}{1-2\%} \times \frac{360}{30-10} = 36.73\%$$

这表明,只要酒店筹资成本不超过 36.73%,就应在 10 天内付款。

3. 商业信用筹资的优缺点

(1) 商业信用筹资的优点。① 筹资便利。商业信用筹资最大优越性在于容易取得,因此商业信用与商品买卖同时进行,属于一种自然性筹资,不用办理正式筹资手续。② 筹资成本低。如果没有现金折扣或使用不带息票据,则利用商业信用筹资不会发生筹资成本。③ 限制条件少。如果企业利用银行借款筹资,银行往往对贷款的使用规定一些限制条件,而商业信用则限制少。

(2) 商业信用筹资的缺点是商业信用的期限一般较短,如果企业获得现金折扣,则时间会更短;如果放弃现金折扣,则要付出较高的资金成本。

(四）融资租赁

1. 融资租赁的含义

租赁是指出租人在承租人给予一定收益的条件下,授予承租人在约定的期限内占有和使用财产权利的一种契约性行为。

融资租赁又称财务租赁,是区别于经营租赁的一种长期租赁形式,由于它可满足企业对资产的长期需要,故有时也称为资本租赁。融资租赁是现代租赁的主要方式。

2. 融资租赁的具体形式

(1)直接租赁。直接租赁是融资租赁的典型形式,通常所说的融资租赁就是指直接租赁形式。

(2)售后租回。在这种形式下,制造企业按照协议先将其资产卖给租赁公司,再作为承租企业将所售资产租回使用,并按期向租赁公司支付租金。采用这种融资形式,承租企业因出售资产而获得了一笔现金,同时因将其租回而保留了资产的使用权。这与抵押贷款有些相似。

(3)杠杆租赁。杠杆租赁是由资金出借人为出租人提供部分购买资产的资金,再由出租人将资产租给承租人的方式。因此,杠杆租赁就涉及出租人、承租人和资金出借人三方。这种方式和其他租赁方式一样对承租人没有影响,但对出租人来说,它只支付购买资产的部分资金,另一部分是向资金出借人借来的,因此,它既是出租人,又是借资人,同时又拥有资产所有权。如果不能按期偿还借款,则资产所有权要归资金出借人所有。

3. 融资租赁租金的计算

在租赁筹资方式下,承租企业要按合同规定向租赁公司支付租金。租金的数额和支付方式对承租企业的未来财务状况具有直接的影响,也是租赁筹资决策的重要依据。

(1)融资租赁租金的构成。融资租赁的租金包括设备价款和租息两部分,其中租息又可分为租赁公司的融资成本、租赁手续费等。① 设备价款是租金的主要内容,它由设备的买价、运杂费和途中保险费等构成;② 融资成本是指租赁公司为购买租赁设备所筹资金的成本,即设备租赁期间的利息;③ 租赁手续费包括租赁公司承办租赁设备的营业费用和一定的盈利。租赁手续费的高低一般无固定标准,可由承租企业与租赁公司协商确定。

(2)租金的支付方式。租金的支付方式也影响到租金的计算。租金通常采用分次支付的方式,具体又分为以下几种类型。

1)按支付时期的长短,可分为年付、半年付、季付和月付等方式。

2)按支付时期的先后,可分为先付租金和后付租金两种。先付租金是指在期初支付;后付租金是指在期末支付。

3)按每期支付金额,可分为等额支付和不等额支付两种。

(3)租金的计算方法。在中国融资租赁业务中,计算租金的方法一般采用等额年金法。现对其做详细介绍。

等额年金法是利用年金现值的计算公式经变换后计算每期支付的租金的方法。因租金有先付租金和后付租金两种支付方式,需分别说明。

1)后付租金的计算。承租企业与租赁公司商定的租金支付方式,大多为后付等额租金,即普通年金。

根据年资本回收额的计算公式,可确定出后付租金的方式下每年年末支付租金数额的计算公式:

$$A = \frac{P}{(P/A, i, n)}$$

例 2-17 某酒店用融资租赁的方式于 2008 年 1 月 1 日从某租赁公司租入一台设备，设备价款为 50000 元，租期为 8 年，到期后设备归酒店所有，为了保证租赁公司完全弥补公司成本、相关的手续费并有一定盈利，双方约定采用 18% 的折现率，试计算该酒店每年年末应支付的等额租金。

$$A = 50000/(P/A, 18\%, 8) = 50000/4.0776 \approx 12262.11(元)$$

2) 先付租金的计算。承租企业有时可能会与租赁公司商定，采取先付等额租金的方式支付租金。根据即付年金的现值公式，可得出先付等额租金的计算公式。

$$A = P/[(P/A, i, n-1) + 1]$$

假如例 2-17 采用先付等额租金方式，每年年初支付的租金额可计算如下：

$$A = 50000/[(P/A, 18\%, 7) + 1]$$
$$= 50000/(3.8115 + 1) \approx 10391.77(元)$$

4. 融资租赁筹资的优缺点

（1）融资租赁筹资的优点

1) 筹资速度快。租赁往往比借款购置设备更迅速、更灵活，因为租赁是筹资与设备购置同时进行，可以缩短设备的购进、安装时间，使企业尽快形成生产能力，有利于企业尽快占领市场，打开销路。

2) 限制条款少。如前所述，债券和长期借款都定有相当多的限制条款，虽然类似的限制在租赁公司中也有，但一般比较少。

3) 设备淘汰风险小。科学技术在迅速发展，固定资产更新周期在日趋缩短。企业设备陈旧过时的风险很大，利用租赁集资可减少这一风险。

4) 财务风险小。租金在整个租期内分摊，不用到期归还大量本金。

5) 税收负担轻。租金可在税前扣除，具有抵免所得税的效用。

（2）融资租赁筹资的最主要缺点是资金成本较高。一般来说，其租金要比举借银行借款或发行债券所负担的利息高得多。在企业财务困难时，固定的租金也会构成一项较沉重的负担。

任务二　酒店资金成本计算

> 1. 什么是资金成本？各种筹资方式下的资金成本如何计算与比较？
> 2. 分析公司经营管理者偏爱股票融资的原因。

不管债务资本还是权益资本，筹集和使用资金都是有成本的。但对于股权资本成本，由于其不像债务资本那样需要还本付息和有比较明确的利率水平而感受不到股权资本成本的压力。这种情况在我国上市公司中有很明显的反映，因公司经营管理者偏爱股票融资，以致上市公司的平均资产负债率低于其他企业的资产负债率。对资金成本理解的局限性，会影响企业做出科学合理的管理决策。

一、资金成本的含义和作用

资金成本（确切地讲为资本成本，以下仍表达为资金成本），是企业使用资金而付出的代价，也是投资企业进行投资所要求的回报。作为投资企业，如银行将资金贷给企业，银行收取的利息就是银行投资给企业所要求的回报，银行将这笔资金贷给其他企业也必然会要求这一报酬；而股东对企业投资，其预期回报率必须足够高，否则就会部分或全部出售股份。为此，资金使用企业使用资金的报酬必须尽量大于资金成本，这样企业才有利可图。所以，资金成本是投资企业的机会成本，也是资金使用企业为满足投资者回报要求而使用资金必须达到的最低回报率。

资金成本包括筹资费用和用资费用两个部分。

1. 筹资费用

筹资费用是指酒店在资本筹措过程中所花费的各项开支。包括发行股票、债券支付的印刷费、发行手续费、律师费、公证费、资信评估费等。筹资费用是在取得资金时发生的，一般一次性付清，通常是将其作为所筹资本额的减项扣除。

2. 用资费用

用资费用是指酒店因占用资金支付的费用。如向股东支付的股利、向债权人支付的利息等。用资费用是在使用资金时发生的，一般一年支付一次，通常与所筹资金金额和使用时间长短有关，并具有经常性、定期性支付的特点，它构成了资金成本的主要内容。

资金成本可以用绝对数表示，但一般用相对数表示。资金成本用绝对数表示，是指酒店为筹集和使用一定量的资本而付出的筹资费用与用资费用的总和；资金成本用相对数表示，是指酒店为筹资和使用一定量的资本而付出的用资费用与实际筹得资本额的比例，即资金成本率。通常所说的资金成本是指资金成本率。其计算公式为：

$$资金成本率 = \frac{每年用资费用}{筹资总额 - 筹资费用} \times (1 - 所得税税率) \times 100\%$$

资金成本是酒店财务管理工作的重要指标。第一，它是酒店筹资决策的重要依据，酒店在选择何种筹资渠道、何种筹资方式、怎样的筹资资本结构时都要充分考虑资金成本的多少。第二，它是评价某个投资方案是否可行的重要标志，一般情况下，如果投资项目的投资收益率大于资金成本，则是可行的；反之，则认为是不可行的。因此，通常把资金成本率称为投资项目的"取舍率"。

二、计算资金成本

（一）个别资金成本的计算

个别资金成本是指使用各种长期资金的成本，可以分为债务资金成本和权益资金成本。债务资金成本有借款成本和债券成本；权益资金成本有普通股成本和保留盈余成本。

1. 银行借款成本

银行借款成本包括借款利息和筹资费用两部分。筹资费用会直接减少企业所筹集资金的数额，而借款利息作为借款企业的费用，在所得税前支付，可以起到抵税的作用。银行借款成本的计算公式为：

$$银行长期借款资金成本率 = \frac{每年利息}{筹资总额 - 筹资费用} \times (1 - 所得税税率) \times 100\%$$

或
$$K_I = \frac{I(1-T)}{L(1-f)} = \frac{i \cdot L \cdot (1-T)}{L(1-f)}$$

式中：K_I 为银行借款成本；I 为银行借款年利息；T 为所得税税率；i 为银行借款年利息率；L 为银行借款筹资总额（借款本金）；f 为银行借款筹资费率。

由于银行借款的手续费很低，式中的 f 常常忽略不计，则可简化为：

$$K_I = i(1-T)$$

例 2-18　某酒店取得一笔 100000 元的长期借款，借款期限 10 年，年利率 8%，每年付息一次，到期一次还本，筹资费率 0.5%，假定企业所得税税率为 25%。该项长期借款的资金成本为：

$$K_I = \frac{100000 \times 8\% \times (1 - 25\%)}{100000 \times (1 - 0.5\%)} = 6\%$$

2. 债券成本

债券成本包括债券利息和筹资费用。债券筹资费用一般都比较高，债券利息也是在税前支付，可以起到抵税的作用。其成本计算公式为：

$$长期债券资金成本率 = \frac{每年债券利息}{发行总价 - 发行费用} \times (1 - 所得税税率) \times 100\%$$

或
$$K_b = \frac{I(1-T)}{B_0(1-f)} = \frac{i \cdot B \cdot (1-T)}{B_0(1-f)}$$

式中：K_b 为债券成本；I 为债券每年支付的利息；T 为所得税税率；i 为债券票面利息率；B 为债券面值；B_0 为债券筹资额，按发行价格确定；f 为债券筹资费率。

例 2-19　某酒店计划发行面值为 500 万元的 10 年期债券，票面利率为 10%，发行费用 2%，债券按面值等价发行，假定所得税税率 25%。则债券成本为：

$$K_b = \frac{10\% \times 500 \times (1 - 25\%)}{500 \times (1 - 2\%)} = 7.81\%$$

3. 股票筹资成本

（1）优先股筹资成本。酒店发行优先股筹集资金，需要定期支付股息，并支付筹资费用。股息是在税后支付的，不能起到抵税的作用。其计算公式为：

$$优先股资金成本率 = \frac{每年股息}{发行总价 - 发行费用} \times 100\%$$

或
$$K_p = \frac{D}{P_0(1-f)}$$

式中：K_p 为优先股成本；D 为优先股每年的股利；P_0 为发行优先股总额；f 为优先股筹资费率。

（2）普通股筹资成本。采用评价法对普通股筹资成本进行计算，与优先股成本率计算基本相同，但普通股股利每年支付不固定，随酒店经营成果的变动而变动，假设股利年增长率为 g，则其计算公式为：

$$普通股资金成本率 = \frac{每年股息}{发行总价 - 发行费用} \times 100\% + g$$

或

$$K_s = \frac{D_1}{V_0(1-f)} + g$$

式中：K_s 为普通股成本；D_1 为第一年的股利；V_0 普通股金额；g 为每年股利增长率。

例 2-20 某旅游股份有限公司拟发行一批普通股，每股发行价格为 15 元，筹资费率为 5%，公司采用固定股利增长率政策，预定第一年分派现金股利，每股 1.5 元，以后每年股利增长 3%。则该普通股资金成本为：

$$K_s = \frac{1.5}{15(1-5\%)} + 3\% = 14.11\%$$

4. 留存收益成本

酒店的留存收益是指应分而未分给股东的利润，是普通股股金的增加额。这部分留存收益相当于酒店的股东对酒店的投资。其资金成本与采用评价法计算普通股筹资成本率相似，但没有筹资费用率。其计算公式为：

$$K_e = \frac{D_1}{V_0} + g$$

式中：K_e 为留存收益成本；其他符号的含义与普通股成本计算公式相同。

（二）综合资金成本的计算

酒店在经营过程中由于受多种因素的影响，需要的资金很多，酒店为此也就要通过多种渠道，采用多种资金筹集方式，筹集经营所需资金。由于各种不同渠道筹集到的资金的成本各不相同，进行筹资决策时需要考虑全部资金的综合资金成本。综合资金成本的计算公式为：

$$K_w = \sum W_j K_j$$

式中：K_w 为综合资金成本；W_j 为第 j 种资金占总资金的比重；K_j 为第 j 种资金的成本。

例 2-21 已知某酒店现有资金 2000 万元，资金构成为长期借款 400 万元，普通股 1600 万元，各种资金的成本分别为 10%、8%。则酒店综合资金成本为：

$$K_w = 10\% \times \frac{400}{2000} + 8\% \times \frac{1600}{2000} = 8.4\%$$

例 2-22 某酒店现有筹资渠道及其资金成本如表 2-7 所示，在有可能的几组筹资结构 A、B、C、D 中，选择最优方案。

表 2-7 筹资渠道及其成本

资金来源	可供选择的筹资结构				年筹资成本
	A	B	C	D	
发行股票	45%	50%	55%	40%	8%
银行借款	20%	25%	20%	30%	12%
发行债券	15%	15%	10%	20%	16%
吸收直接投资	20%	10%	15%	10%	13%

解　$K_A = 8\% \times 45\% + 12\% \times 20\% + 16\% \times 15\% + 13\% \times 20\% = 11\%$

　　$K_B = 8\% \times 50\% + 12\% \times 25\% + 16\% \times 15\% + 13\% \times 10\% = 10.7\%$

　　$K_C = 8\% \times 55\% + 12\% \times 20\% + 16\% \times 10\% + 13\% \times 15\% = 10.35\%$

　　$K_D = 8\% \times 40\% + 12\% \times 30\% + 16\% \times 20\% + 13\% \times 10\% = 11.3\%$

通过以上计算可以看出,方案 C 的成本率最低。酒店在进行筹资决策时,要对筹资成本率与预计的资金利润率进行比较。如筹资成本率大于资金利润率,或者筹资成本率的增长幅度大于资金利润率的增长幅度,则说明酒店的投资决策或筹资决策存在问题。从筹资的角度看需采取措施,降低成本率,可以考虑改变资金筹集的方式,以降低加权平均资金成本率,如考虑降低各项资金成本,选择利息和费用较低的借款;调整资金来源结构,适当提高成本率较低的资金在全部资金中的比重。

任务三　酒店筹资结构优化

有个小伙子,家里只有他一个人,家徒四壁,三十出头了还是光棍,所以他想做点什么致富。看见邻居家养鸡,他就去借了 1 只母鸡,说好每个月还 10 个蛋作利息。鸡很勤快,每天都下蛋,光棍很高兴,但转念一想却又后悔了。你知道为什么吗?

一、酒店财务杠杆利益

(一) 财务杠杆和财务风险

1. 财务杠杆

财务杠杆是指资本结构中债务的运用对普通股每股收益的影响能力。负债经营是酒店普遍采用的一种筹资方式。酒店筹集一定的债务后,借入资金和支出就相对固定,酒店息税前利润的变动将引起权益资本收益更大幅度的变动。即当息税前利润增长时,自有资金收益率将有更大的增长;当息税前利润下降时,自有资金收益率下降幅度更大,这种现象称为财务杠杆作用。

财务杠杆有正面作用和负面作用。财务杠杆的正面作用是当全部资金的息税前投资利润率大于借入资金成本时,可为酒店带来收益,而且负债比率越高,财务杠杆收益就越大;负债比率越低,财务杠杆收益就越小;如果没有负债,就没有财务杠杆收益。财务杠杆的负面作用则是当全部资金的息税前投资利润率小于借入资金成本时,就会给酒店带来损失,而且负债比率越高,财务杠杆损失就越大;负债比率越低,财务杠杆损失就越小;如果没有负债,就没有财务杠杆损失。

2. 财务风险

财务风险是指由于负债结构及债务比例等因素的变动,给企业财务成果及偿债能力带来不确定性的风险。酒店在经营过程中由于负债,可能会丧失偿债能力,并最终导致破产或所有者权益发生较大变动等。财务风险是酒店筹资决策的直接后果。

3. 财务杠杆系数

财务杠杆系数是普通股每股税后利润变动率相对于息税前利润变动率的倍数,是反映财务杠杆作用程度的指标。财务杠杆系数越大说明企业的财务风险越大。

（二）财务杠杆利益的表达方式

1. 息税前利润变动下的财务杠杆利益

企业的融资来源不外乎两种：债务资金与权益资金。不论企业营业利润为多少，债务的利息、融资租赁的租金和优先股的股利通常都是固定不变的。这种由于固定性财务费用的存在而导致普通股股东权益变动大于息税前利润变动的杠杆效应，称作财务杠杆效应。财务杠杆效应的大小用财务杠杆系数（简称 DFL）来度量，它是指普通股每股利润 EPS 的变动率与息税前利润 EBIT 变动率的比率，用公式可表示为：

$$DFL = \frac{\Delta EPS/EPS}{\Delta EBIT/EBIT}$$

式中：DFL 为财务杠杆系数；ΔEPS 为普通股每股利润的变动额；EPS 为基期每股利润；$\Delta EBIT$ 为息税前利润变动额；EBIT 为基期息税前利润。

上述公式是计算财务杠杆系数的理论公式，必须同时已知变动前后两期的资料才能计算，比较麻烦。可以推导简化为：

$$DFL = \frac{EBIT}{EBIT - I - \dfrac{d}{(1-T)}}$$

式中：I 为债务利息；d 为优先股股利；T 为所得税税率。

如果企业没有发行优先股，其财务杠杆系数的计算公式可进一步简化为：

$$DFL = \frac{EBIT}{EBIT - I}$$

从公式可以看出，财务杠杆系数是和利息费用同方向变动的。在酒店盈利的情况下，只要酒店对外支付的利息不超过息税前利润，利息费用越多，财务杠杆作用的程度越大。这表明在酒店经营状况良好的情况下，负债越高，财务杠杆系数就越大，财务杠杆作用也越大，酒店能获得更多的收益；当酒店经营状况不佳时，酒店经营收益不足以支付利息费用，酒店将承受更大的财务风险。

2. 息税前利润不变时，调整负债比例对资本利润率的影响

当息税前利润一定时，如果息税前利润率大于利息率，提高负债比重，会相应提高资本利润率；反之，则会引起资本率的大幅降低。可用公式表示为：

税前资本利润率＝（息税前利润率＋负债/自有资本）×（息税前利润率－利息率）

税后资本利润率＝税前资本利润率×（1－所得税税率）

（三）运用财务杠杆分析负债经营决策

负债经营对酒店有利也有弊。实务中，酒店的财务决策者在确定企业的负债水平时，必须认识到负债可能带来的财务杠杆收益和相应的财务风险，从而在利益与风险之间做出合理的权衡。运用财务杠杆分析酒店负债经营决策，需要综合考虑以下因素。

1. 酒店财务管理目标

酒店在进行负债经营决策前，首先需要明确财务管理目标，即财务管理目标是为了提高自有资金利润率还是为了提高税后利润。如果是为了提高自有资金利润率，那么当酒店资本成本率小于息税前利润率时，就可以利用财务杠杆作用；如果是为了提高税后利润，酒店就应放弃负债筹资，尽量采用权益资本筹资。

2. 尽量降低借入资金成本

从财务杠杆分析可以看到,在酒店盈利的情况下,只要酒店对外支付的利息不超过息税前利润,利息费用越多,财务杠杆作用的程度越大。但这并不表示酒店负债比率越高越好。酒店负债比率提高,财务风险会加大,债权人要求的报酬和权益资本要求的报酬中就会增加风险补偿部分,使酒店筹资成本大大提高,从而减少酒店的收益。

3. 考虑抵税因素

负债筹资的利息支付是在所得税之前,可以起到税收挡板的作用。当所得税率较高时,酒店可以考虑增加负债筹资。但需要考虑风险问题。

4. 酒店筹资决策者的风险偏好

酒店负债经营决策,在一定程度上取决于酒店筹资决策者的风险偏好。当酒店决策者风险承受能力强时,可能愿意选择风险和收益都较高的方案;反之,为安全起见,可能宁愿选择风险和收益偏低的方案。

二、资本结构分析

为了有效保障酒店经营过程中所需资金,酒店需要进行科学的筹资决策。决策内容包括:是负债筹资还是权益筹资、以何种具体方式进行筹资。

(一)筹资决策的步骤

酒店在进行筹资决策的过程中,需要执行以下步骤:

(1)确定需要筹集的资金数额。

(2)依据酒店经营现状和资本市场形势,确定是负债筹资还是权益筹资。

(3)确定筹资的具体方式,如普通股、优先股、负债等。

(4)对各种筹资方案进行评价。

(5)以加权平均资本成本最低为标准,确定最佳资本结构方案。

(二)资本结构分析

酒店筹资的结构一般有以下三种形式,各种不同的组合形式各有利弊:

(1)仅有普通股的资本结构。它的优点:因没有优先股和负债,所以没有固定支付利息、股利等义务,对酒店现金流量的冲击较小;没有负债,所以没有财务风险;没有优先股和负债契约的约束,股利政策比较自由;负债率低,偿债能力强,酒店如果需要资金可以很容易通过其他方式取得。缺点:普通股成本一般较高,不能充分利用财务杠杆作用提高酒店价值;发行普通股过多,容易丧失对酒店的控制权和管理权;筹资方式单一,可能会丧失良好的筹资机会。

(2)兼有普通股和优先股的资本结构。它的优点:比仅用普通股筹资扩大了筹资范围;优先股成本一般较普通股低,可以节约资本成本;优先股一般没有选举权和表决权,所以采用优先股筹资可以不分散酒店的控制权和管理权;普通股和优先股均属于所有者权益,可以优化酒店财务状况,提高酒店信用;普通股和优先股股利支付没有强制性,也不需还本,所以没有财务风险。缺点:普通股和优先股股利一般较负债高;股利支付是在所得税税后进行的,不能起到税收挡板的作用;优先股契约中多有限制普通股股利分派规定,使公司股利政策的灵活性受到影响。

(3)兼有普通股、优先股和负债的资本结构。它的优点:负债成本一般较普通股和优先股股利低,有助于充分利用财务杠杆作用提高酒店价值;负债利率在税前支付,可以发挥税收挡板作用;债权人不能参与酒店决策,不会影响酒店的控制权和管理权;随着我国金融市场的完善,酒店负债筹资范围越来越广泛。缺点:负债须按期还本付息,会对酒店现金流量产生压力;负债的限制条款较多,易对酒店经营产生约束,从而影响酒店经营效率;负债筹资具有财务杠杆作用,如果酒店经营不利则会产生副作用;负债规模过大,会减弱偿债能力,影响酒店信用。

三、酒店筹资组合分析

酒店经营所需资金,包括短期资金和长期资金,短期资金是指酒店的流动负债,长期资金是指酒店的长期负债和所有者权益。酒店经营所需资金,可以通过短期资金筹措和长期资金筹措取得。在酒店所筹集的资金中,短期资金和长期资金在资金总额中所占比例,称为筹资组合。一般企业的筹资组合是采用短期资金筹集短期资产,长期资金筹集长期资产。

1. 高风险筹资组合及其对酒店风险和收益的影响

在这种筹资组合中,酒店采用长期资金筹集部分长期性流动资产和全部固定资产,采用短期资金筹集另一部分长期性流动资产和短期流动资产。

高风险筹资组合财务风险大,筹资成本具有不确定性、资金成本较低、筹资速度快、弹性好等特点。较多采用资金成本相对低的短期资金,会带来酒店利润的增加,但也会加大财务风险。在实际工作中,可供选择的组合模式有:① 以应付未付款融通部分长期性流动资产;② 以银行短期借款融通部分长期性流动资产;③ 以商业信用融通部分长期性流动资产等。

2. 低风险筹资组合及其对酒店风险和收益的影响

在这种筹资组合中,酒店不仅用长期资金筹集长久性资产,而且筹集长期资金用于满足由于季节性或循环性波动而产生的部分或全部临时性资金需求。低风险筹资组合的酒店可以在淡季将暂时闲置的资金用于投资短期有价证券,到旺季时出售有价证券,并使用短期信用筹集足够的资金。这种筹资组合安全性高,筹资风险低,但筹资成本高。在实际工作中,可选择以下组合模式:① 采用权益资本筹资;② 采用长期负债和权益资本筹资组合;③ 采用不同到期日的长期负债筹资组合;④ 兼并筹资组合等。

3. 中和风险筹资组合及其对酒店风险和收益的影响

在这种筹资组合中,酒店对波动性资产,采用短期筹资方式筹集资金;对长期性资产,如长期性流动资产和固定资产,则采用长期筹资方式筹集资金。

由于这种筹资组合方式较多地使用了短期资金,所以酒店收益会增加。但如果酒店资金总额不变,流动资产也不变,流动负债的增加会降低流动比率,增加酒店筹资风险。

四、酒店资本结构的优化

酒店在筹资过程中,需要综合考虑各种筹资方式的成本及筹资组合,以尽量减少筹资成本,降低筹资风险,实现酒店筹资结构的最优和酒店价值最大化。

(一)资本结构优化的标准

资本结构标准:合理的资本结构是各种筹资方式在时间和空间上相互搭配组合,使筹资成本降低、筹资风险减少,以实现酒店整体筹资目标。

资本成本标准:资本结构的合理性在于判断资本结构及其变动是否有利于资本成本的

降低。

资本收益率标准：资本收益率是指酒店净利润与所有者权益之间的比率。采用此标准判断资本结构的合理性，就是判断资本结构多大时酒店的资本收益率最大。

评价酒店资本结构是否优化，标准不一样，评价的结果也不尽相同。资本结构到底为多少最好，没有统一的数量界限，需要综合考虑成本、风险、收益等因素。而且，判断资本结构是否优化，还需考虑资产结构、偿债能力、资本市场环境、风险偏好等因素。

(二) 优化资本结构的有效途径

酒店优化资本结构可以从调整资本存量和资本增量两个方面进行。

1. 调整资本存量

资本存量是指酒店已投入的各类资产的总称，包括正参与再生产的资产存量和处于闲置状态的资产存量。调整资本存量，是通过对酒店资产存量的重新配置，提高资本运营效率。其主要方法是：

（1）对酒店各部门经营结构进行调整。随着市场经济的发展，人们生活水平的提高，人们的旅游消费模式也发生了相应变化，对酒店各项服务的需求也随之发生变动。人们对酒店某些服务项目需求的改变会造成酒店部分服务能力不足，而另一部分服务能力可能相对过剩，尤其是固定资产和人才的闲置，会形成资本沉淀和利用效率低下。为此，酒店需根据市场的变动，在保障酒店经营的前提下，将资产存量在不同部门之间进行转移，以提高资产使用效率。

（2）通过出售、拍卖、产权转让等形式对酒店内部沉淀资本以及利用效率低下的资产进行调整。对酒店永久性沉淀资本，即使其回收价值远低于成本价值，酒店也应及时转让出售，以便加速资金周转；对酒店暂时性沉淀资本，酒店需要综合考虑这部分资产的现金净流量，并结合对市场变动的合理预测和科技的进步，慎重选择出售、转让或是进行更新改造。

2. 调整资本增量

调整资本增量就是通过新增投资的方式，对存量资产的重组，实现资本优化。调整资本增量不能盲目乐观进行，需要综合考虑市场需求的变化、酒店经济效益的增长以及规避风险的需要等因素，带动酒店现有资产的重组，以提高资产的使用效率。

思考与练习

一、单项选择题

1. 一定时期内每期期初等额收付的系列款项称为（   ）。

A. 永续年金　　　B. 预付年金　　　C. 普通年金　　　D. 递延年金

2. 为在第三年末获本利和10000元，每年末应存款多少，应用（   ）。

A. 年金现值系数　　B. 年金终值系数　　C. 复利现值系数　　D. 复利终值系数

3. 现在开始每年末存入银行10000元，年复利率7%，则第五年末得到本息和是（   ）。

A. 53500　　　　B. 14030　　　　C. 57500　　　　D. 41000

4. 某项存款年利率为6%，每半年复利一次，其实际利率为（   ）。

A. 12.36%　　　B. 6.09%　　　C. 6%　　　D. 6.6%

5. 某酒店实际需要筹集资金50万元，银行要求保20%的补偿性余额，则向银行借款的总额应为( )万元。

  A. 50   B. 60   C. 65   D. 62.5

 6. 商业信用筹资方式筹集的资金只能是( )。

  A. 银行信贷资金   B. 国家财政资金   C. 其他企业资金   D. 本企业自留资金

 7. 下列不属于权益筹资的方式是( )。

  A. 普通股票   B. 留存收益   C. 融资租赁   D. 吸收直接投资

 8. 下列不属于普通股优点的是( )。

  A. 没有固定到期日   B. 没有分散控制权

  C. 没有固定利息负担   D. 筹资风险小

 9. 在计算个别资金成本时需要考虑所得税抵减作用的筹资方式有( )。

  A. 银行借款   B. 发行普通股   C. 发行优先股   D. 留存收益

 10. 如果企业的资金来源全部为自有资金,且没有优先股存在,则企业财务杠杆系数

( )。

  A. 等于 0   B. 等于 1   C. 大于 1   D. 小于 1

 11. 下列资金结构调整的方法中,属于减量调整的是( )。

  A. 债转股   B. 发行新债券

  C. 提前归还借款   D. 增发新股偿还债务

 12. 当在计算下列资金成本时,可以不考虑筹资费用影响的是( )。

  A. 发行债券   B. 发行普通股   C. 留存收益   D. 发行优先股

二、多项选择题

 1. 酒店因借款而增加的风险称为( )。

  A. 经营风险   B. 财务风险   C. 市场风险   D. 筹资风险

 2. 酒店筹资管理的目标是( )。

  A. 筹措最多的资金

  B. 以较低的筹资成本获得同样多或较多的资金

  C. 以较小的筹资风险获取同样多或较多的资金

  D. 控制筹资风险使之最小

 3. 普通年金终值系数表的用途有( )。

  A. 已知年金求终值   B. 已知终值求年金

  C. 已知现值求终值   D. 已知终值和年金求利率

 4. 下列表述中正确的是( )。

  A. 复利现值系数与复利终值系数互为倒数

  B. 普通年金终值系数与已知终值求年金的系数互为倒数

  C. 普通年金终值系数与普通年金现值系数互为倒数

  D. 普通年金现值系数比预付年金现值系数期数和系数各差1

 5. 融资租赁与经营租赁相比,具有以下特点( )。

  A. 租赁期长

  B. 租赁期满,租赁资产必须还给出租者

  C. 租赁合同稳定

D. 租赁期间出租人提供设备维修和保养服务

6. 下列各项中,属于筹资决策必须考虑的因素有( )。

A. 取得资金的渠道 　　　　　　　　B. 取得资金的方式

C. 取得资金的总规模 　　　　　　　D. 取得资金的风险与方式

7. 下列各项中,属于"吸收直接投资"与"发行普通股"筹资方式所共有的缺点有( )。

A. 限制条件多 　　B. 财务风险大 　　C. 控制权分散 　　D. 资金成本高

8. 股份有限公司与责任有限公司相比,具有以下特点( )。

A. 股东人数不得超过规定的限额

B. 公司的资本分为等额股份

C. 股东可依法转让持有的股份

D. 股东以其所持股份为限对公司承担有限责任

9. 负债筹资的方式是( )。

A. 银行借款 　　B. 融资租赁 　　　C. 商业信用 　　　D. 留存收益

10. 下列各项费用属于筹资费用的有( )。

A. 支付的借款手续费 　　　　　　　B. 向股东支付股利

C. 支付的股票发行费用 　　　　　　D. 支付借款利息

11. 下列各项中影响财务杠杆系数的因素有( )。

A. 息税前利润 　　B. 所得税税率 　　C. 固定成本 　　D. 财务费用

12. 下列筹资活动会加大财务杠杆作用的是( )。

A. 增发公司债券 　　B. 增发优先股 　　C. 增发普通股 　　D. 增加银行借款

13. 资金结构减量调整的途径有( )。

A. 进行企业分立 　　B. 融资租赁 　　C. 提前归还借款 　　D. 股票回购

14. 酒店资金结构中,合理地安排负债资金对酒店的影响有( )。

A. 负债资金会增加酒店的经营风险 　　　B. 负债资金会加大酒店的财务风险

C. 负债筹资具有财务杠杆作用 　　　　　D. 一定程度的负债有利于降低资金成本

三、计算分析题

1. 某酒店将收到的一张面额为 20000 元的现金支票存入银行,银行同期存款年利率为 5%,按单利计算,问 3 年后酒店可从银行取回多少元?

2. 某酒店 3 年后将更新一套价值为 23000 元的厨房设备,银行同期存款年利率为 5%,按单利计算,问现在酒店应该存入银行多少元?

3. 某酒店向银行借款 50000 元,银行同期贷款年利率为 6%,按复利计算,问 5 年后酒店应归还银行多少元?

4. 某酒店现有闲置资金 10000 元,拟寻找投资机会,使其在 12 年后能达到 30000 元,问选择投资机会时,可接受的最低报酬率为多少?

5. 某酒店现有闲置资金 12000 元,拟选择报酬率为 8% 的投资机会,经过多少年后能使资金翻倍?

6. 某酒店从企业公益金中提出 150000 元存入银行作住房基金,银行同期存款年利率为 8%,经过 9 年后取出用于建设住房。如按复利计算,试问存款利息为多少元?

7. 某酒店每年年末将客房租金收入 10 万元存入银行,银行同期存款年利率为 8%,3 年为期,年金终值和现值各为多少?

8. 某酒店拟在 5 年后还清 10000 元的债务,从现在起每年等额存入银行一笔钱,假定银行同期存款年利率为 10%,每年需要存入多少元?

9. 某人出国 3 年,请你代付房租,每年租金 100 元,设银行存款利率 10%,他应当现在给你多少钱。

10. 酒店购买一台设备,买价 8000 元,可用 10 年,如果租用,则每年年初需付租金 1000 元,如果银行年利率为 6%,请计算说明购买与租赁孰优。

11. 若每年年初存入银行 600 元,银行存款年利率 7%,问到第 18 年末为止,该笔存款是否足以支付孩子上大学所需的 20000 元学费。

四、案例分析题

1. 某酒店欲购置一套音响设备,供货商提供了 4 种付款方式,如下:

方式一:从现在起,每年年末支付 1000 元,连续支付 8 年。

方式二:从现在起,每年年初支付 900 元,连续支付 8 年。

方式三:从第三年起,每年年末支付 2000 元,连续支付 5 年。

方式四:现在一次性付款 5500 元。

假定资金成本为 10%,请你帮该酒店提出可行性建议。

2. 某酒店 2008 年销售收入 100 万元,现有剩余生产能力,销售净利率 12%,2009 年预计销售收入 120 万元,假定利润分配给股东 60%。2008 年末资产负债表简要资料如表 2-8 所示。

表 2-8　某酒店 2008 资产负债表

资　产	金额(元)	负债及所有者权益	金额(元)
货币资金	50000	应付账款	100000
应收账款	150000	预提费用	50000
存　货	300000	应付债券	100000
固定资产净值	300000	实付债券	550000
合　计	800000	合　计	800000

请你采用销售百分数法分析计算,2009 年该公司需要对外筹集资金多少元?

3. 某酒店 2008 年 6 月拟发行 1000 万元的债券,期限为 5 年。根据当时情况,公司认为利息率为 8% 是合理的,每年付息一次,债券已交付印刷。如果债券正式发行时,市场上的利率发生变化,公司就决定调整债券发行价格。

该公司于 2008 年 12 月债券正式发行时,市场利率为 6%,请你测算公司债券发行价格应为多少,是溢价发行还是折价发行?

4. 某饭店拟发行债券,债券面值为 1000 元,5 年期,票面利率为 8%,每年付息一次,到期还本,若预计发行时债券市场利率为 10%,债券发行费用率为 2%,该饭店适用的所得税税率为 25%,计算债券的发行价格和债券筹资的资金成本为多少?

5. 某股份有限公司目前拥有资金 2000 万元,其中,长期借款 800 万元,年利率 10%;普通股 1200 万元,第一年预计每股股利 2 元,预计每年股利增长率为 5%,发行价格为 20 元,目前价格也为 20 元,所得税税率为 25％。该公司计划筹集资金 100 万元扩大经营,有两种筹资方案可供选择。

方案一:增加长期借款 100 万元,借款年利率 12％,普通股市价降至 18 元,其他条件不变。

方案二:增发普通股 4 万股,普通股市价增加到 25 元。

假设无筹资费用,采用比较资金成本法做出筹资决策。

能力训练

搜狐发展史上的融资故事

1986 年,清华大学物理系毕业的张朝阳赴美留学,当时他凭借的是李政道奖学金,他的梦想是为中国人赢得诺贝尔奖。1993 年,张朝阳在麻省理工学院念了几个月的物理学博士之后,突然感到学了很多年的物理学并不太适合自己,于是决定改行。

开始时张朝阳在美国寻找投资。寻找投资的第一部分是给自己定个价,张朝阳当时给自己的标价是 200 万美元,这个定价首先被张朝阳母校麻省理工学院的爱德华·罗伯特教授接受了。爱德华·罗伯特教授是麻省理工学院出了名的投资专家,他愿意个人给张朝阳投资 5 万美元,买张朝阳的股份。但罗伯特不愿意立即投资,他要等张朝阳说服另一个投资者投钱,才愿意一块投。与此同时,麻省理工学院一个名叫邦德的学生表示愿意给张朝阳投资 5 万美元。

几个月后,老辣的罗伯特电话告诉张朝阳:"已经四五个月过去了,你也找不到什么人给你投资,在什么都没有的时候,你给自己定价 200 万美元,是不是太高了? 4 月的时候,我就说给你投资 5 万美元,说你值 70 万美元。现在,算你值 100 万美元,我给你投资 7.5 万美元,你看怎样?"张朝阳听后既兴奋又心疼。此刻已经尝尽融资辛苦的张朝阳忍痛同意了罗伯特的杀价。麻省理工学院的学生邦德听说罗伯特杀掉了张朝阳一半的身价,很高兴,立即同意给张朝阳签 7.5 万美元的支票。

1996 年 11 月下旬,张朝阳共筹资 17 万美元,去掉 4 万美元的律师费,还剩 13 万美元,并靠这些钱开始了自己的事业。

到了 1997 年 12 月,张朝阳进入了一个艰难的阶段,他第一次融来的钱所剩无几,已经到了连工资都开不出来的地步。张朝阳迫不得已,向给他投资的人发出了紧急求救,告知他们 ITC 为了竞争 169 网页制作,停下了其他网页制作业务,一时没了收入。三位投资者商量了一下,为张朝阳提供了 10 万美元的"桥式"贷款。这笔贷款不是投资,只作为张朝阳融到下一笔资金的"救济",但归还时要给他们一些 ITC 的股份。

费了很多周折,搜狐不断融资,但从许多地方融到的资金不到 250 万美元。

搜狐为什么每次的融资都这样少? 张朝阳说,他是有意这样做的。"公司还很小的时候,要很多钱,过早地把它变成大公司的结构是很有害的。上次融资融到 300 万美元也没有问题,但我不能要,否则,就会让投资人占的股份太多了"。

他还说:"搜狐今后的股份会更值钱。早期,公司必须保持创业的结构,这样才能给未来留下发展的余地。"

问题:

1. 在一无所有的情况下,张朝阳为什么可以给自己定价 200 万美元? 你认为企业的价值取决于哪些方面?

2. 通过了解本案例,你认为财务管理在企业中的地位如何?

3. 向投资者融资和借钱有什么显著的区别?

4. 为什么张朝阳没有通过资本市场大量融资?你认为他的考虑对吗?

酒店筹集资金实训

一、实训教学目的

通过本部分实践,使学生进一步了解酒店筹资的渠道和方式,各种筹资方式的优缺点,酒店筹资过程中的影响因素以及如何控制筹资的成本和风险。通过筹资方案的制订,也能提高学生分析问题和解决问题的能力、独立思考能力、实际操作能力及成员的相互合作能力。

二、实训教学要求

(一)校内实训教学要求

1. 针对一个可行的投资额为100万元的项目,学生应提出自己或小组筹集资金的方案。方案应尽可能涉及多种筹资方式。

2. 能利用筹资管理知识对筹资方案进行论证,以支持或不断修正方案。

3. 制定企业筹资计划书(计划书要目标明确、内容完整、理由充分、步骤严密、文字精练有条理)。

4. 在教师指导下,对计划书进行讨论评价。

(二)校外实训教学要求

1. 在校外实训基地兼职教师的带领下,了解酒店的筹资方式和筹资渠道。

2. 分析计算各种筹资方式的资金成本。

3. 分析计算各种筹资方式的利弊。

三、实训教学设计

(一)实训教学内容

1. 企业筹资渠道和方式。

2. 各种筹资方式的优缺点。

3. 企业筹资时应考虑的有关因素(环境、投资项目、法律规定等)。

4. 筹资成本和筹资风险。

(二)实训教学步骤

1. 校内实训教学步骤

(1)划分实训教学小组。

(2)各小组针对一个可行的投资额为100万元的项目,提出可能的筹资方式。

(3)分工调查每组筹资方式实现环境、资金成本、风险大小、取得的难易程度、取得的速度、不同来源性质资金对酒店控制权的影响以及各种筹资方式可能遇到的法律问题。

(4)根据上述调查,写出酒店筹资计划书。

(5)课堂讨论。针对不同的计划书,由各小组代表进行论证,全班展开各方案优劣的比较。

(6)教师对计划书进行评阅。

2．校外实训教学步骤

（1）划分实训教学小组。

（2）在实训基地兼职教师带领下到实训基地查阅企业财务资料。

（3）列出筹资渠道和筹资方式明细表。

（4）在兼职教师指导下分析各种筹资方式的资金成本。

（5）在兼职教师指导下分析各种筹资方式的风险程度。

（6）在兼职教师指导下了解各种筹资方式的基本程序。

（7）在兼职教师指导下了解各种筹资方式对控制权和企业日常经营活动的影响。

（8）写出关于实训基地单位筹资情况的分析和建议书。

（9）教师审阅。

四、实训考核要点

1．各种筹资方式的优缺点。

2．资金成本的确定和财务风险的评价。

3．筹资计划书。

模块三

酒店营运资金管理

知 识 目 标	能 力 目 标
1. 了解酒店营运资金的概念与特点。 2. 熟悉酒店营运资金三个主要项目(现金、应收账款、存货)的功能与成本。 3. 熟悉现金、应收账款、存货的日常管理。 4. 掌握最佳现金持有量的确定。 5. 掌握应收账款的信用政策。 6. 掌握存货经济批量的决策方法。	1. 运用酒店营运资金管理的方法解决具体问题,提高酒店营运资金的管理水平。 2. 帮助酒店测定最佳现金持有量、制定合理的应收账款信用政策及计算存货经济订货量等。

项目一 酒店现金管理

【案例导入】　刘某所在的酒店年利润仅 50 万元左右,而刘某连续四年贪污人民币累计达 100 万元以上,而且连续被评为先进工作者。刘某既为财务科长,又兼做出纳员。其惯用的手法是用转账支票进行贪污,如刘某能用转账支票轻易一次将 50 万元的巨款顺利汇出。用刘某自己的话说:"如果有严格的汇款审批制度,这笔款是汇不出去的,因为这笔款既无合同,又没有取得对方的实物和供货证明。"

千元左右的小额贪污,常常是银行对账单上有,而酒店银行存款日记账上没有,财务科没有建立银行存款清查制度。如果该酒店有定期将银行存款日记账与银行对账单进行核对的制度,刘某也就不能直接用这种方法进行贪污了。刘某曾从一个 200 万元的工程项目中,一次就贪污了 20 万元,竟没有引起酒店领导和有关人员的觉察。

任务一 酒店现金的日常管理

请结合上述案例资料,讨论回答以下问题:

1. 刘某屡次贪污巨款却没有被察觉,从中我们应该吸取哪些教训?

2. 该酒店在货币资金的内部管理上存在哪些问题,应如何加强?

一、酒店现金及其特点

（一）酒店现金的定义

现金是指可以立即投入流通，用于购买商品、货物、劳务或者偿还债务的交换媒介，具体包括库存现金、各种形式的银行存款、银行本票和银行汇票等。它的首要特点就是普遍的可接受性。对于酒店而言，现金是其流动性最强的资产，并且是唯一能够直接转化为其他任何资产形态的流动性资产，而且还是唯一能够代表酒店现实购买力的资产。

现金是保持酒店生产经营活动正常进行必不可少的资源。酒店购买物资、缴纳税款、发放工资、支付股利或进行投资等都需要一定数量的现金。酒店拥有现金的数量也是分析、判断酒店偿债能力与支付能力的重要指标。

（二）酒店现金的范围

酒店的现金按照存放的地点和用途的不同，可分为库存现金、银行存款和其他货币资金。

1. 库存现金

库存现金是存放在会计部门、由出纳员保管、作为零星开支用的款项，包括人民币现金和外币现金。

2. 银行存款

银行存款是酒店存放在银行或其他金融机构的款项。酒店一般在银行或其他金融机构开立结算账户，除留存供日常零星开支用的现金外，其余货币资金一般应存入其结算存款户。银行存款包括人民币存款和各种外币存款。

3. 其他货币资金

其他货币资金是指除现金和银行存款以外的各种货币资金，主要有外埠存款、银行汇票存款、银行本票存款、信用卡存款等。外埠存款是指酒店到外地进行临时采购或零星采购时，汇往采购地银行开立采购专户的款项；银行汇票存款是指酒店为取得银行汇票而按照规定存入银行的款项；银行本票存款是指酒店取得银行本票按照规定存入银行的款项；信用卡存款是指酒店因业务人员所需而存到各种信用卡上以备随时支付的款项。

（三）酒店现金的特点

1. 流动性强

现金是酒店流动性最强的一项资产，随时可以用于购买所需物资或支付有关费用。另外，现金也是最容易导致非法挪用和侵吞等犯罪行为的资产。因此，无论是酒店的投资者、债权人，还是管理层，都非常关心、重视现金的管理。

2. 同其他业务联系广泛

酒店的一切生产经营业务都与现金相联系，都可以通过现金表现出来，抓住了现金的管理，也就抓住了生产经营业务管理的主要方面。

3. 受到国家严格管理

通过国务院颁布的《现金管理暂行条例》以及中国人民银行发布的《银行账户管理办法》和《支付结算办法》等相关规定，对现金进行严格管理。

二、酒店现金管理的内容

酒店现金管理的内容主要包括：

（1）编制现金收支计划，以便合理地估计未来的现金需求。

（2）对日常的现金收支进行控制，力求加速收款，延缓付款。

（3）用特定的方法确定理想的现金余额。当酒店实际的现金余额与最佳的现金余额不一致时，采用短期融资策略或采用归还贷款和投资有价证券的策略来达到理想状态。

三、酒店持有现金的动机

一般而言，酒店持有现金的动机主要有三种。

1. 交易动机

交易动机是指酒店为了满足经常发生的业务需要而持有现金。酒店经常会发生现金收入与支出，但是很难使两者在时间与数量上保持一致。如果收入大于支出，形成现金置存，就会影响酒店的盈利能力；如果收入小于支出，形成现金短缺，就会使酒店不能正常经营。因而，酒店必须保持适当的现金余额，以保证其业务正常进行。

2. 预防动机

预防动机是指酒店为了应付意外的现金需求而持有现金。置存现金用于支付意想不到的开支。酒店时常会碰到一些意料之外的现金需要，这就使酒店不得不持有若干现金以防不测。预防性需要所持有的现金量，取决于现金收支预测的可靠程度、酒店临时借款能力以及酒店愿意承担的风险程度三个方面。

3. 投机动机

投机动机是指酒店为了能趁机利用潜在的获利机会而持有现金。例如，购买廉价的材料和其他资产，或者在适当时机购入价格有利的股票和其他有价证券等。

四、酒店现金的回收与支出管理

（一）现金回收管理

为了提高现金的使用效率，加速现金周转，企业应尽量加速收款，即在不影响未来销售的情况下，尽可能地加快现金的收回。加速收款的关键在于，如何既利用应收账款吸引顾客，又缩短收款时间。酒店要在两者之间找到适当的平衡点，并需实施妥善的收账策略。

（二）现金支出管理

酒店在收款时，应尽量加快收款速度。而在支出款项时，应尽量延缓现金支出的时间。控制支出的方法有以下几种。

1. 合理使用"现金浮游量"

所谓"现金浮游量"就是银行存款账面余额与银行的企业存款账面余额的差额。从酒店开出支票，到收款人收到支票并存入银行，至银行将款项划出酒店账户，中间需要一段时间。现金在这段时间的占用称为"现金浮游量"。在这段时间里，尽管酒店已开出了支票，却仍可动用活期存款账户上的这笔资金。一般来讲，如果浮游量充分利用的话，会给酒店带来相当可观的经济效益。

2. 控制支出时间

为了最大限度地利用现金流，在不影响酒店自身的形象和信誉，不影响本酒店与信用提供者关系的前提下，酒店可采用一定措施来延缓应付款的支出时间。合理地控制现金支出的时间是十分重要的。例如，酒店在采购物资时，付款条件是"2/10，n/30"，如果酒店现金充裕,应尽量争取享受折扣,那么应该在第 10 天付款,而不是第 9 天或者第 11 天。这样,酒店可以最大限度地利用现金而又不丧失现金折扣。如果现金比较紧张,酒店可以放弃现金折扣,而在第 30 天付款。

3. 工资支出模式

酒店可以为支付工资设立一个专门的存款账户,并对未来一段时间内的情况做出合理的预计和结算,以相对准确的数字和时间将现金转存至工资账户,从而保证工资的如期支付,又尽量减少工资账户对现金的占用。

任务二　酒店最佳现金持有量的测定

现金是酒店主要的支付手段,又是一种非盈利性的资产。现金持有不足,则可能影响酒店的正常经营,加大酒店的财务风险;现金持有过多,则会降低酒店的整体盈利水平。因此,酒店企业确定最佳现金持有量具有重要的意义。确定最佳现金持有量的方法很多,酒店企业经常使用的确定最佳现金持有量的方法有成本分析模式和存货模式。

一、成本分析模式

成本分析模式是通过分析持有现金的成本,寻找持有成本最低的现金持有量。酒店持有现金的成本主要有以下几种。

1. 机会成本

现金作为一项资产使用是有代价的,这种代价就是它的机会成本。酒店为了经营业务,需要拥有一定量的现金,付出相应的机会成本代价是必要的。但现金拥有量过多,机会成本就会大幅度上升,这对酒店也是不利的。

2. 管理成本

酒店拥有现金会发生管理费用,如管理人员工资、安全措施费等。这些费用是现金的管理成本。管理成本是一种固定成本,与现金持有量之间无明显的比例关系。

3. 短缺成本

现金的短缺成本,是因缺乏必要的现金,不能支付业务开支所需,而使酒店蒙受损失或为此付出的代价。现金的短缺成本随现金持有量的增加而下降,随现金持有量的减少而上升。

上述三种成本之和最小的现金持有量,就是最佳的现金持有量,如图 3-1 所示。

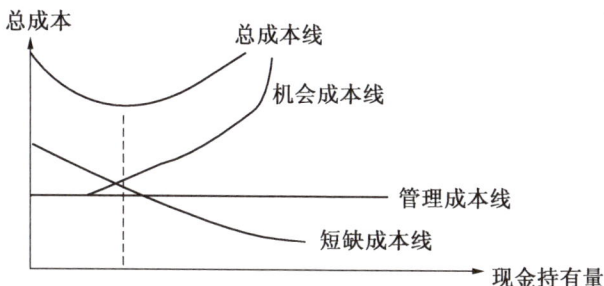

图 3-1　成本分析模式

最佳现金持有量的具体计算：可以先分别计算出各种方案的机会成本、管理成本、短缺成本之和，再从中选出总成本之和最低的现金持有量，即为最佳现金持有量。

例3-1 钱江酒店现有四种现金持有方案，它们各自的机会成本率、短缺成本和管理成本如表3-1所示。

表3-1　现金持有量备选方案

项　目 ＼ 方　案	A	B	C	D
现金持有量(元)	20000	30000	40000	50000
机会成本率(%)	10	10	10	10
管理成本(元)	1000	1000	1000	1000
短缺成本(元)	6000	4000	2000	1200

注：假设该公司向有价证券投资的收益率为10%。

根据表3-1编制公司最佳现金持有量测算表，如表3-2所示。

表3-2　最佳现金持有量测算表　　　　　　　　　　单位：元

项　目 ＼ 方　案	A	B	C	D
机会成本	2000	3000	4000	5000
管理成本	1000	1000	1000	1000
短缺成本	6000	4000	2000	1200
总成本	9000	8000	7000	7200

通过比较可知，C方案的总成本最低，因此40000元即为最佳现金持有量。

二、存货模式

现金持有量的存货模式又称鲍曼模型，它可以用来解决酒店现金的最佳存量和一定时期内有价证券的最佳变现次数问题。

酒店每次以有价证券转换回现金是要付出代价的(如支付经纪费用)，这被称为现金的交易成本。假定现金每次交易成本是固定的，在一定时期现金使用量确定的前提下，每次以有价证券转换回现金的金额越大，平时持有的现金量便越高，转换的次数便越少，现金的交易成本就越低。

现金的机会成本和交易成本是两条随现金持有量成不同方向发展的曲线，两条曲线交叉点为相应的现金持有量，即为总成本最低的现金持有量(见图3-2)，它可以由现金持有量存货模式求出。

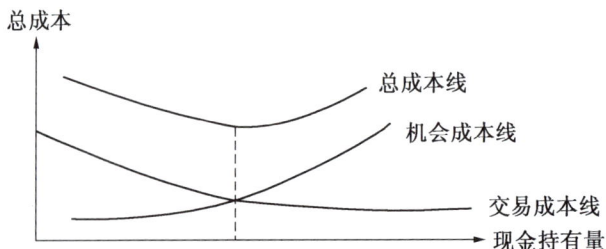

图3-2　现金持有量的存货模式

设：T 为一定期间内现金需求量；b 为每次出售有价证券以补充现金所需的交易成本；r 为持有现金的机会成本，即有价证券的利率；TC 为总成本。假定酒店的现金使用量是均衡的，以 Q 代表酒店各循环期之初的现金持有量，$Q/2$ 代表各循环期内的现金平均持有量，Q^* 为最佳现金持有量，则一定时期内出售有价证券的总交易成本为：

$$交易成本 = (T/Q) \times b$$

持有现金的机会成本表示为：

$$机会成本 = (Q/2) \times r$$
$$总成本(TC) = 机会成本 + 交易成本$$
$$= (Q/2) \times r + (T/Q) \times b$$

最佳现金持有量 Q^* 应当满足 $d(TC)/dQ = 0$，即：

$$(T/Q) \times b = (Q/2) \times r$$

整理得：$Q^* = \sqrt{\dfrac{2bT}{r}}$

现金持有量的存货模式是一种简单、直观的确定最佳现金持有量的方法。但它也有缺点，就是假定现金的流出量稳定不变，而这在实际中是很少见的。

三、现金的综合管理

1. 力争现金流入和流出同步

如果酒店能合理编制其现金预算，就能尽量使它的现金流入与现金流出发生的时间趋于一致，就可以使其所持有的交易性现金余额降到较低水平，从而达到现金流入量和流出量的同步。

2. 遵守国家关于库存现金使用范围的管理规定

我国有关制度规定，企业使用人民币现钞，只能在一定范围内进行。该范围包括：支付职工工资、津贴；支付个人劳务报酬；根据国家规定颁布给个人的科学技术、文化艺术、体育等各种奖金；支付各种劳保、福利费用以及国家规定的对个人的其他支出；向个人收购农副产品和其他物资的价款；出差人员必须随身携带的差旅费；结算起点（1000 元）以下的零星支出；中国人民银行确定需要支付现金的其他支出。

项目二　酒店应收账款管理

【案例导入】　酒楼遇到大客户或者频繁用餐的顾客，往往会遇到顾客提出签单的请求。为了留住顾客，很多酒楼就同意了签单，但是往往发现结果事倍功半，经常有顾客对单时习难酒楼、单据不明确引起纠纷和损失甚至还有大量的坏账难以收回。

L 酒楼是一家开业 6 年的酒楼，以中高档为主要顾客市场，顾客结构呈现明显的橄榄形。酒楼有大量的签单顾客，每年的坏账损失占总营业额的 6.7%，这是一个惊人的数字。为了减少损失，必须有效地管理签单。L 酒楼主要做了 5 项工作：

1. 确定了签单风险责任制。规定在签单没有收回时一律不计入营业额，而签单收回时计入当月营业额。这样每个员工管理签单的积极性都被调动了起来。

2. 做好顾客的信誉分类。从领位到服务员,从财务核算到吧台收银,将这四个岗位紧密相联起来,随时更新顾客的信誉程度,顾客未出现任何签单问题的定为5A级顾客,当顾客变为3A级时,就取消顾客的签单权。

3. 签单实行同意权限管理。能否同意顾客签单必须由店经理报经营副总经理审核才能备案,顾客第一次签单情况必须反馈给备案的市场营销部。当顾客签单时,服务员必须报知前厅经理或者店经理,前厅经理的权限和店经理的权限有所不同,前厅经理只能同意每次300元以下的签单,并且每月不能超过15次,而店经理可以签字认可备案同意最高金额的签单。

4. 建立风险预警机制。市场营销部必须每月更新签单顾客的信息,拜访签单顾客,既了解顾客意见,又要通过所见所闻(如顾客公司的运转情况、办公环境甚至与顾客的顾客聊天透漏出的信息)来综合评价签单顾客的信誉动态,对签单顾客的权限和资料也要及时更新。

5. 加强财务日常监控的操作。主要是支票的及时核对,避免支票印鉴不清引起的纠纷或者账上无款,对于第一次打交道的签单顾客通常预估消费金额予以支票倒送;另外,对于经理没有签字认可的签单,财务人员有权不予承认,并向上级反映追索。

应收账款是指酒店已经销售但款项尚未收回的赊销营业收入。它是一种以商业信用提供商品(或劳务)而被买方占用的一项资金。酒店提供商业信用,一方面有利于增加销售,使市场占有率扩大,另一方面又可减少存货,使存货管理成本降低,减少存货过期贬值的可能性。但对因提供商业信用而产生的应收账款,酒店应加强控制,以确保营业收入款项的回收,避免产生坏账损失。

酒店应收账款的大小,通常取决于企业外部的大环境和企业内部自身的营销方针。对于酒店的外部环境,宏观经济情况会影响企业应收账款数额的大小,如在经济不景气时,就往往会有较多的客户拖欠付款。当然,也可以通过内部的管理以及自身和政策的变化来改变或调节应收账款的数额,控制应收账款,但是这种控制往往会使酒店销售收入减少。

酒店的信用政策包含了信用期限、现金折扣、信用标准和收款方针等内容。信用的松紧直接决定了企业赊销数额的大小,决定了应收账款数额的大小。尽管信用政策的放松能刺激销售,增加收入,但同时也增加了应收账款的数额和一些信用管理上的费用;而信用的紧缩,虽然能减少应收账款和信用管理费用,但也相应地减少了收入。酒店应通过对采取信用政策后收入和成本费用变化的分析,从而制定出合理的信用政策。

酒店通过信用政策对应收账款实施控制,同时对应收账款的回收工作进行分析检查,对本酒店的信用政策的松紧程度进行考察,检查应收账款的回收、管理情况,也可据此考核有关部门的工作实绩。

任务一　应收账款对酒店的影响

调研酒店应收款的账龄、数额,了解应收账款对酒店的影响。

一、应收账款产生的原因

1. 商业竞争

在市场经济条件下,为在激烈的商业竞争中生存和发展,酒店需要采用各种手段扩大销售,除依靠服务质量、服务价格、广告等手段外,赊销也是酒店扩大销售常用的手段之一。对于同等星级的酒店,如果服务、价格相差无几,那么实行赊销的酒店销售额将大于实行现销的酒店销售额,因为酒店的客户将从这一商业信用中获得优惠。

2. 销售与收款的时间差

由于酒店提供服务和收取货款的时间不一致,产生应收账款。这是由结算手段决定的。结算手段越落后,结算所需时间越长,产生的应收账款就越多;如果结算手段先进,结算所需时间就会缩短,产生的应收账款就会相应减少。

二、产生应收账款的利弊

1. 应收账款对酒店的有利影响

(1)扩大销售,提高市场占有率。为增加市场竞争能力,酒店需要想方设法采用各种促销手段,促进酒店服务的提供。商业信用是酒店常用的促销手段之一,它能有效吸引资金周转暂时不好或不愿及时付款的客户,扩大酒店销售,提高酒店市场占有率。

(2)增加盈利,增强实力。采用商业信用,能扩大酒店销售收入,尽管不可避免会相应增加酒店费用的开支,但只要酒店应收账款管理得当、及时,仍能为酒店带来可观的收益。

(3)减少存货,加速营运资金的周转。扩大销售,能使酒店经营过程中所消耗的存货增加,减少存货占用资金,加速酒店营运资金周转。

2. 应收账款对酒店的不利影响

(1)占用酒店资金。应收账款的存在,无偿占用了酒店的周转资金,酒店需要为此筹集相应的资金,承担筹资费用,甚至可能使酒店承担资金周转不灵的风险。

(2)增加收款支出。产生应收账款,酒店需要相应发生收款支出,如电话传真费、办公用品费、人员工资费、催款人员的差旅费,甚至可能包括法律诉讼费用等。

(3)承担坏账损失风险。如果酒店收款不及时,或是客户有意拖欠、赖账,尤其是客户破产,酒店就要承担坏账损失的风险。

三、酒店持有应收账款的成本

酒店持有一定量的应收账款,会产生管理成本、机会成本、坏账损失。

1. 管理成本

管理成本是指从应收账款产生到收回期间,所有与应收账款管理有关的费用总和。包括因制定信用政策产生的费用、对客户资信调查与跟踪费用、信息收集费用、应收账款记录与监管费用、收账费用等。

2. 机会成本

酒店应收账款被客户占用,酒店就丧失将该笔资金用于投资其他项目获取收益的机会,从而产生机会成本。这是一种隐含的观念成本,酒店不需现实支付,但酒店在进行应收账款决策时需加以考虑。

3. 坏账损失

坏账损失是指应收账款无法收回给酒店带来的损失,坏账成本一般与应收账款余额成正比,与应收账款的收回时间成反比。

酒店在进行应收账款决策时,需充分考虑各项成本的构成,尽量使应收账款总成本最低。

任务二 酒店信用政策及应收账款日常管理

1. 请调研酒店签单情况、坏账发生情况及其相关管理措施。

2. 对顾客的信誉分类应如何进行？实际操作中的可行性如何？

3. 对上述案例中的欠单管理,你还有更好的管理措施吗？

一、酒店的信用政策

信用政策是旅游企业财务管理的一个重要组成部分,它是指企业为对应收账款投资进行规划与控制而确立的基本原则与行为规范,一般由信用标准、信用条件和收账政策三部分组成。制定合理的信用政策是加强应收账款管理,提高应收账款投资效益的重要前提。酒店为减少应收账款带来的损失,需要认真、详细地进行信用分析,慎重选择信用对象,合理确定信用条件。

(一)信用标准

信用标准是酒店同意向客户提供商业信用而要求对方必须具备的最低条件,一般以坏账损失率表示。

酒店在制定信用标准时,主要考虑以下三个方面的因素:① 同行业竞争对手的情况。如果竞争对手实力很强,酒店就应考虑采取较低的信用标准,增强对客户的吸引力;反之,则可以考虑制定较严格的信用标准。② 酒店承担违约风险的能力。当酒店具有较强的违约风险承担能力时,就可以考虑采用较低的信用标准,以提高酒店产品的竞争能力;反之,如果酒店承担违约风险的能力较弱时,则应制定较严格的信用标准,谨防坏账的发生。③ 客户的资信程度。酒店应在对客户的资信程度进行调查、分析的基础上,判断客户的信用状况,并决定是否给该客户提供商业信用。客户的信用状况通常可以从以下五个方面来评价,简称"5C"评价法。

(1)品质(character):指客户履约或违约的可能性。酒店需要设法了解客户过去的付款记录,评价其以前是否一贯能按期如数付款,客户是否愿意按期支付款项与该客户在以往的交易过程中所表现出来的品质有很大的关系。因此,品质是评价客户信用的首要因素。

(2)能力(capacity):指客户支付款项的能力。客户支付款项的能力取决于其资产特别是流动资产的数量、质量、流动比率以及现金的持有水平等因素。一般来说,流动资产数量越多,质量越好,流动比率越高,持有现金越多,其支付应付账款的能力就越强;反之,就越弱。对客户偿债能力的评价,主要依据客户的资产负债表、偿债记录以及对客户的实地考察等。

(3)资本(capital):指客户的经济实力和财务状况。该指标主要是根据有关的财务比率来测定客户净资产的大小及其获利的可能性。

(4)抵押品(collateral):指客户拒付款项或无力支付款项时能被用作抵押的资产。当对客户的信用状况有怀疑时,如果客户能够提供足够的抵押品,就可以向其提供商业信用。这不仅对顺利收回款项比较有利,而且一旦客户违约,也可以变卖抵押品,挽回经济损失。

(5)经济状况(conditions):指可能影响客户付款能力的经济环境,包括一般经济发展趋势和某些地区的特殊发展情况。当发现客户的经济状况向不利的方向发展时，给其提供商业信用就应十分谨慎。

"5C"评价法是对酒店客户的定性分析。为对客户信用能力进行定量分析，酒店可建立数学模型，进一步分析客户的信用水平。

（二）信用条件

1. 信用条件的构成

所谓信用条件，就是指企业要求客户支付货款所提出的付款要求和条件，主要包括信用期限、折扣期限及现金折扣等。信用条件的基本表现方式一般是赊销时在信用定单上加以注明，如"2/10，n/30"就是一项信用条件，它表明的意思是：若客户能够在发票开出后的 10 日内付款可以享受 2% 的现金折扣；如果放弃折扣优惠，则全部款项必须在 30 日内付清。在此，30 天为信用期限，10 天为折扣期限，2% 为现金折扣率。

信用期限是酒店为客户规定的最长的付款时间界限，并在赊销合同中加以明确。越长的信用期限，能给客户更多的优惠，吸引越多的客户消费，增加酒店销售。但信用期限过长，会给酒店带来各项相关支出，如应收账款的管理成本、机会成本和坏账损失等。为在赊销过程中获取收益，酒店需要合理确定信用期限，合理预计收益和相应的成本损失，在成本效益原则的要求下，使酒店总收益最大。

酒店合理确定信用期限，可以采用边际分析法、净现值流量法进行测算，针对不同客户科学合理地确定不同的信用期限。边际分析法是通过计算应收账款的边际收益和边际成本，比较边际收益的大小来确定信用期限。净现值流量法是通过计算应收账款带来的现金流入净现值和现金流出净现值，比较现金净流量来确定信用期限。

折扣期限是指客户可享受现金折扣的付款期限。现金折扣是酒店对客户在商品价格上所作的扣减，目的在于给客户适当的折扣，吸引客户提前付款，以缩短酒店收款期。现金折扣通常表示为："2/10，1/20，n/30"，即客户履约最迟付款期为 30 天，如果客户能在 10 天内付清货款，就可享受 2% 的现金折扣，只需支付 98% 的货款；如果客户能在 20 天内付清货款，就可享受 1% 的现金折扣，只需支付 99% 的货款。现金折扣期限与现金折扣率的大小成反比例关系。

企业提供比较优惠的信用条件往往能增加销售量，但同时也会增加现金折扣成本、收账成本和应收账款的机会成本及管理成本。在进行信用条件决策时，就应综合考虑上述因素，选择可最大增加企业利润的信用条件。

2. 信用条件的选择

信用期限的长短与企业制定的信用标准是密切相关的，信用标准高，则信用期限短，应收账款的机会成本及坏账损失都相应低，但利于扩大销售；反之，信用标准低，则信用期限长，表明客户享受了更加优越的信用条件，节约了融资成本，对客户有较大的吸引力。信用条件优惠，可以增加销售额，但同时也增加了应收账款的成本。因此，确定信用条件也需要进行成本效益分析。

例 3-2　某旅行社长期从事"沙漠探险七日游"的接团工作，现在采用 30 天按发票金额付款（即不给折扣），拟将信用期放宽至 60 天，仍按发票金额付款，该旅行社的最低报酬率要求达到 15%，其他数据如表 3-3 所示。

表 3-3　旅行社部分财务数据

项　目	信用期 30 天	60 天
旅行团人数(人)	200	300
营业收入(每人 2000 元)	400000	600000
营业成本(元)		
其中：变动成本(每人 1200 元)	240000	360000
固定成本	100000	100000
毛利	60000	140000
可能发生的收款费用	5000	15000
可能发生的坏账损失	2000	6000

（1）收益的增加

收益增加＝增加游客人数(销售量)×单位边际贡献

即：(300－200)×(2000－1200)＝80000(元)

（2）占用资金的利息增加(应收账款的机会成本)

应收账款的机会成本＝应收账款平均占用×资金成本率

　　　　　　　　　＝平均每日营业收入×营业收入成本率×平均收款期×资金成本率

（旅行社的报酬率即资金成本率）

30 天信用期机会成本＝400000/360×240000/400000×30×15％＝3000(元)

60 天信用期机会成本＝600000/360×360000/600000×60×15％＝9000(元)

机会成本增加：9000－3000＝6000(元)

（3）收账费用和坏账损失增加

收账费用和坏账损失增加：(15000－5000)＋(6000－2000)＝14000(元)

（4）改变信用期的税前损益＝收益增加－成本费用增加

即：80000－(6000＋14000)＝60000(元)

即实行 60 天的信用期要比 30 天的信用期多付出成本 20000 元，但收益增加了 80000 元，两者之差为＋60000。由此看来，企业在可能的情况下应该实行 60 天信用期这一方案。

现金折扣是企业为了鼓励客户及早付款而给予客户的折扣优惠，它可以加速账款收回，减少应收账款投资的机会成本与坏账损失，但由于提供现金折扣，企业也付出了代价，即当客户接受现金折扣优惠时，就会导致企业原来计算的销售收入额的相对减少。现金折扣额相当于企业提早收回账款的成本。企业应当采用多长的现金折扣期限以及多大的现金折扣，必须要与信用期限、加速收款所得的收益、付出现金折扣成本结合起来分析。

例 3-3　接例 3-2，旅行社选择了 60 天信用期，但为了加速应收账款的收回，决定将除销条件改为"2/15、1/30、n/60"，估计将有 60％的客户会利用 2％的现金折扣，10％的客户会利用 1％的现金折扣，坏账损失下降一半，收账费用下降一半，试问企业该项决策是否有益？

解　应收账款周转期＝60％×15＋10％×30＋30％×60＝30(天)

应收账款周转率＝360/30＝12(次)

应收账款平均余额＝600000/12＝50000(元)

维持赊销业务所需资金＝50000×60％＝30000(元)

应收账款的机会成本＝30000×15％＝4500(元)

现金折扣＝600000×(2％×60％＋1％×10％)＝7800(元)

表 3－4 信用条件分析评价表　　　　　　　　　　　单位：元

赊销条件 项　目	n／60	(2/15,1/30,n/60)
年赊销款	600000	600000
减：现金折扣	———	7800
年赊销净款	600000	592200
减：变动成本	360000	360000
信用成本前收益	240000	23200
应收账款周转次数（次）	6	12
应收账款平均余额	100000	50000
维持业务订货资金	60000	30000
应收账款机会成本	11500	4500
坏账损失	6000	3000
收账费用	15000	7500
信用成本小计	32500	15000
信用成本后收益	207500	217200

由表 3－4 可见,采用现金折扣方案后比 n/60 方案增加收益 9700(217200－207500)元,所以企业改变信用条件的决策是正确的。

（三）收账政策

收账政策是指企业对各种逾期应收账款所采取的对策、措施以及准备为此而付出代价的策略。为了加速回收应收账款,酒店财务管理人员必须注意以下两点。

（1）确保账单能及时寄出。

（2）注意那些逾期不交款的客户,及时催收账款。

一般,企业可行的收账措施有信函和电话催收、派人上门催收、聘请法律顾问协助催收及提起法律诉讼等。

收账费用是企业对拖欠的应收账款催收,需要付出一定的代价。如收款所花费的邮电通信费、派专人收款的差旅费和不得已时的法律诉讼费等。一般来说,收账费用越大,收账措施越有力,可收回账款的数额越大,坏账损失就越少。因此,制定收款政策,即要在收账费用和减少的坏账损失之间做出权衡。制定有效的、恰到好处的收账政策应当是使收账成本最小化,可以通过比较各收账方案成本的大小,选择成本最小的收账方案。

二、酒店应收账款日常管理

对于已经发生的应收账款,应进一步强化日常管理工作,以有力的措施进行分析控制。

这些措施主要包括应收账款的追踪分析、账龄分析、收现率分析以及根据有关会计法规建立应收账款坏账准备金制度。

(一) 应收账款的追踪分析

一般来说,企业的客户赊销了产品,能否按期偿还主要取决于以下三个因素:① 客户的信用品质;② 客户的财务状况;③ 客户是否可以实现该产品的价值转换或增值。赊销企业为了达到按期足额收回账款的目的,就有必要在收账之前,对该项应收账款的运行过程进行追踪分析。

在通常情况下,主要以金额大或信用品质较差的客户的欠款进行重点考察,如果有必要也有可能的话,也可对客户的信用品质与偿债能力进行延伸性调查和分析。

(二) 应收账款的账龄分析

应收账款的账龄是指未收回的应收账款从产生到目前的整个时间。企业已发生的应收账款的账龄有长有短,有的在信用期内,有的已逾期。企业进行应收账款账龄分析的重点是已逾期拖欠的应收账款。

应收账款的账龄分析就是对应收账款的账龄结构的分析。所谓应收账款的账龄结构,是指各类不同账龄的应收账款余额占应收账款总额的比重。在应收账款的账龄结构中,可以清楚地看出企业应收账款的分布和被拖欠情况,便于企业加强对应收账款的管理。

(三) 应收账款收现保证率分析

为了适应企业现金收支匹配关系的需要,企业必须对应收账款的收现水平制定一个必要的控制标准,它就是应收账款收现保证率。应收账款收现保证率所确定的是有效收现的账款占全部应收账款的百分比,即

$$应收账款收现保证率 = \frac{当期必要的现金支付总额 - 其他稳定现金流入额}{当期应收账款总额}$$

公式中的其他稳定现金流入额,是指从应收账款收现以外的途径可以取得的各种稳定可靠的现金流入数额,包括短期有价证券变现净额、可随时取得的银行贷款等。

计算应收账款收现保证率的意义在于:应收账款未来是否可能发生坏账损失对企业并非最为重要,更为关键的是实际收现的账款能否满足同期必须的现金支付要求,特别是满足具有刚性约束的纳税债务及偿付不得展期或调换的到期债务的需要。

(四) 应收账款坏账准备金制度

只要有应收账款就有发生坏账的可能性。按照权责发生制和谨慎性原则的要求,必须对坏账发生的可能性预先进行估计,并计提相应的坏账准备金。坏账准备金的计提比例与应收账款的账龄存在着密切的关系。应收账款坏账准备金的具体计提比例可由企业根据自己的实际情况和以往的经验加以确定。不过,我国现行的会计制度对股份有限公司计提坏账准备金做了一些详细的规定,例如,当公司计提的比例高于 40% 或低于 5% 时,应该在会计报表附注中说明计提的比例及理由。

(五) 酒店应收账款管理的具体措施

1. 对住店客人应收账款管理的措施

(1) 如是 VIP 客人,应由有关部门经理签批。

(2) 如是信用卡支付,需查看是否超过信用卡限额,如果超过,需要进一步取得授权,记录授权号码。

（3）如是支票结算，需核查是否超出支票备注内容、金额范围。

（4）如是现金结算，一般及时签发催款信，或去客人房间催收。

2．对非住店客户的应收账款收款时需注意的要点

（1）收账员不办理应收账款的现收。

（2）应收账款的总账和明细账定期核对。

（3）现金收入、非现金收入、应收账款的记账分别由不同的人员担任。

（4）有争议的账款须经财务经理处理。

（5）无法收回的账款须经财务总监审批后才可转为坏账处理。

项目三　酒店存货管理

【案例导入】　某公司预计 2009 年原材料共需 360000 千克，该原材料的单位采购成本为 10 元，单位存货年储存成本为 10 元，平均每次进货费用 2000 元。为了使存货成本达到最低，公司决定每次进货 20000 千克。请分析该决定的合理性。

任务一　酒店存货的分类及控制

1．对酒店存货进行分类，明确存货管理的目标。

2．了解存货经济批量的确定。

一、酒店存货的概念及特点

（一）酒店存货的概念及内容

存货是指企业在生产经营过程中为销售或者为耗用而储备的物资，包括材料、燃料、低值易耗品、包装物、在产品、外购商品、自制半成品、产成品等。酒店内的存货主要包括各种原材料、燃料、材料物品、低值易耗品、商品等。

原材料主要包括食品原材料，即食品原料、调料、配料等；各种维修材料，如水暖、电器、照明、电机的维修材料；涂料、小五金等日常消耗材料。

燃料指酒店消耗的各种液体、固体、气体燃料的储备。

材料物品指酒店用来服务、办公及日常管理等的日常用品。比如，在客房内为客人准备的洗漱用品、客用拖鞋、包装用品、针棉织品及一次性餐具等一次性耗材，各种办公物品，营业部门的日常用品及其他物品。

低值易耗品指酒店内不够固定资产标准的各种工具、用品及家具等。如客房内的玻璃器皿、摆设挂饰及小家具，办公用品，工具，仪器仪表，金属餐具等。

商品是指商品部销售的商品储备。

（二）酒店存货的特点

酒店存货中包含大部分的食品原材料。这些原材料大部分都是鲜活食品，具有易腐烂变质的特点；这些原材料的供应价格变化较快，供应市场不固定，供应厂商一般都很零散;食品原材料的使用没有规律性和计划性,即对这些原材料的需求量很难准确估计。

酒店存货中也包括大量提供给客人使用的用品,如客房中的洗漱用品、餐厅中的一次性餐具等。这些物品的配备是酒店良好服务的重要组成部分,直接影响客人对酒店的评价,所以对这些物品的管理是十分重要的。但它极其零散,种类繁多,不易保管。

酒店存货中还包含大量的低值易耗品。对这些物品的保管保护也是酒店存货管理中需要注意的。

酒店设施是否先进直接影响酒店经营的好坏,所以及时对酒店各种设备进行改进、对房间进行装修修缮,也是酒店存货管理中重要的一环。

二、酒店存货管理的目标

酒店的储存业务一般存在以下特点:

(1) 储存量的大小直接影响着产品生产或商品销售的顺利进行。

(2) 非常容易产生日久变质或者存货缺损现象。

(3) 存货的种类繁多,流动性强,进出频繁,极易产生管理疏漏。

鉴于酒店存货的以上特点,存货管理的目标是:

(1) 对酒店存货进行正确计价并保持账实相符,合理揭示存货的财务状况。

(2) 保证恰当的存货储备量,实现既能满足生产、销售的需要,又能减少资金占压,促进企业的资源优化配置。

(3) 保证存货的安全。

三、存货的储存管理

酒店储存存货,一方面是为了保障酒店经营需要,以便在为客人提供服务的过程中随时使用存货,不至于因物资短缺而使服务中止,从而影响酒店服务质量。另一方面是为了获得价格上的优惠,物资采购通常都是零星购买价格高,批量购买价格相对便宜。然而,酒店储存存货是要付出一定代价的。所以,进行存货管理,就是要在存货成本与存货效益之间作出权衡,以实现存货管理的最优化。

(一) 存货成本

存货成本包括以下几个方面。

1. 进货成本

进货成本是酒店为取得存货而支出的成本,主要包括存货的购置成本和订货成本。购置成本是酒店购买存货的价值,等于购买存货的数量与存货单价的乘积。订货成本是指酒店为组织进货而支付的有关费用,如办公费、差旅费、邮资费、电信费、运输费、检验费、入库搬运费等。在订货成本中有些与订货次数无关,是固定成本,如酒店采购部的基本办公支出、人员工资等;有些与订货次数有关,是变动成本,如酒店采购部人员的差旅费等。

2. 储存成本

储存成本是指酒店为持有存货而发生的成本费用支出,主要包括存货资金占用的机会成本、仓储费用、保险费用、存货库存损耗等。其中,存货资金占用的机会成本主要是指以现金购买存货而失去的其他投资机会可能带来的投资收益,一般可以用证券投资收益来衡量。

储存成本中也有固定成本和变动成本之分,固定成本有仓库的折旧、职工的工资等;变动成本有存货的应计利息、破损和变质损失、保险费用等。

3. 缺货成本

缺货成本是指由于存货供应不足而给酒店造成的损失,包括由此而丧失的销售机会、对酒店商誉的影响等。缺货成本因其计量十分困难常常不予考虑,但如果缺货成本能够准确计量的话,也可以在存货决策中考虑缺货成本。

(二)存货经济批量

酒店存货的经济批量是指能够使一定时期存货的总成本达到最低的采购数量。存货的总成本由进货成本、储存成本、缺货成本构成。这些成本中有些是固定性的,有些是变动性的。显然,只有变动成本才是经济批量决策时的相关成本。与经济批量决策相关的成本主要包括:变动性进货成本、变动性储存成本及允许缺货时的缺货成本。不同的成本项目与进货批量有着不同的变动关系。订购的批量大,储存的存货就多,储存成本就高;同时,采购次数多,进货费用和缺货成本多。经济批量决策就是要权衡这些成本和费用,使得它们的总和最低。为了将问题简化,在进行经济批量决策时,常常作如下假设:① 酒店一定时期的进货总量可以较为准确地预测;② 存货的流转比较均衡;③ 存货的价格稳定,且不考虑商业折扣;④ 进货日期完全由酒店自行决定,并且采购不需要时间;⑤ 仓储条件及所需现金不受限制;⑥ 不允许出现缺货;⑦ 所需存货市场供应充足,并能集中到货。

在满足以上假设的前提下,存货的买价和短缺成本都不是决策的相关成本,此时,经济批量考虑的仅仅是使变动性的进货费用(简称进货费用)与变动性的储存成本(简称储存成本)之和最低。

假设:Q 为存货的经济批量;A 为某种存货的全年需要量;B 为平均每次进货费用;C 为单位存货年度平均储存成本。则:

$$Q = \sqrt{2AB/C}$$

$$经济批量的变动总成本(T) = \sqrt{2ABC}$$

$$最佳进货次数(N) = A/Q = \sqrt{AC/2B}$$

$$经济批量的资金平均占用额(W) = QP/2$$

例 3-4　某酒店每年耗用甲材料 14400 千克,该材料每千克的采购价格为 10 元,每千克材料年储存成本平均为 2 元,平均每次进货费用为 400 元。试作出经济批量决策。

解　依条件:$A = 14400$ 千克　$B = 400$ 元　$C = 2$ 元

则:$Q = \sqrt{2AB/C} = \sqrt{2 \times 14400 \times 400/2} = 2400(千克)$

$\quad T = \sqrt{2ABC} = \sqrt{2 \times 14400 \times 400 \times 2} = 4800(元)$

$\quad N = A/Q = 14400 \div 2400 = 6(次)$

$\quad W = QP/2 = 2400 \times 10 \div 2 = 12000(元)$

可见,该材料的最佳经济批量为 2400 千克。

酒店计算存货经济订货量指标,目的在于通过确定合理的进货批量和进货时间,使酒店存货总成本最低。但这种分析是在市场需求与供给比较稳定、酒店现金充足、市场价格相对稳定、订货能随时补充的前提下进行的。这些条件对旅游企业来讲,有时很难做到。因此,在运用经济订货批量时,不能生搬硬套,而要结合旅游企业的淡旺季特点,分不同情况控制最佳订货量,可以将不同方案的存货费用进行比较,选出总成本最低的方案。在这一比较分析的过程中,考虑的因素越全面,所选出的存货控制方案准确性就越高。

在实际工作中,通常还存在着数量优惠,即商业折扣或称价格折扣。企业必须同时结合价格折扣进行具体分析,灵活运用经济订货批量法。所谓数量折扣,是指每次订购某种物资的数量达到或超过某一限度后所享受的价格优惠。购买越多,所获得的价格优惠越大。接受供应商的数量折扣,对旅游企业来讲利弊共存。从利上说,接受数量折扣可以降低进价成本,并使订货费用降低;从弊上说,接受数量折扣会使资金占用量增加,储存费用也会随着订货量的增加而增加。此时,进货企业对经济进货量的确定,除了要考虑进货费用,还应考虑存货的进价成本,因为此时存货的进价成本已经与进货数量的大小有了直接的联系,属于决策的相关成本了。正因为如此,进货企业是否接受数量折扣就要看存货上花费的总成本孰高孰低了,总成本最低的便是最佳方案。

(三) 存货 ABC 分类控制

存货品种繁多,收发频繁。按存货的重要程度、消耗数量、价值大小、资金占用等情况,划分为 A、B、C 三类,对不同的物资采用不同控制方法,就是 ABC 控制法。其中 A 类物资的品种不多,数量只占企业存货总量的 10%～20%,但其所占价值份额却最大,是价值高、重要性大的存货,是企业存货控制的重点,如果将 A 类物资管好,就等于管好了库存存货总额的大部分。要随时核对物资的库存状况,采取定量订货方式管理,加强资金管理。B 类物资占企业存货总量的 30%左右,占有一定价值份额,重要性一般,对它在管理上给予一定重视,并在管理方法上投入适当力量。C 类物资占企业存货总量的 50%或更多,价值低、重要性差,但种类繁多,对它只需要较少的管理和关注,就可以收到耗费少、收效大的效果。这种对物资实行区别对待、重点管理的方法,便于管理人员抓住存货管理的重点,保证存货管理的效率,同时能有效地减少存货资金的占用,还可以使管理者把重要精力从繁琐的工作中解脱出来。因此,ABC 控制法是合乎经济原则的。

任务二　存货的日常管理

在存货管理过程中,不仅需要考虑存货的购入对酒店资金的占用,而且需要对酒店存货形成及使用的全过程,包括定额管理、采购管理、仓储管理、发放管理、报废管理的全过程进行监控,以便有效管理存货、合理使用存货,提高存货利用效率。

一、定额管理

存货定额是指酒店在一定时期、一定技术水平和管理水平下,为完成经营服务所必须消耗的存货数量标准。存货定额包括存货消耗定额和存货仓储定额。酒店在经营过程中对存货进行定额管理,目的在于找出存货消耗的规律,降低存货消耗量,节约成本,促进酒店增加经济效益。

1. 存货消耗定额管理

存货消耗定额管理是指酒店在一定时期和一定经营条件下,为提供服务所必须消耗的存货数量标准。

确定酒店存货消耗定额的工作程序:

（1）首先将存货消耗定额任务下达到各部门，详细说明存货消耗定额的意义和内涵，根据酒店各部门存货消耗工作的要求，确定存货消耗定额标准。

（2）各部门根据工作特点，详细制定单位产品或商品、单位接待能力所需存货配备表。

（3）确定一次性用品单位时间或单位产品消耗定额，注意按照不同用品的不同特性选用不同计算单位和计算标准。

（4）确定多次性用品在寿命期内的损耗率或一段时间的更新率。

（5）综合汇总。

在确定酒店存货消耗定额的过程中，要注意区分客用存货和店用存货。客用存货消耗定额制定时尽量从宽，以应付特殊情况的发生；而店用存货消耗定额制定时应从严，这样可以在员工中树立节约观念。

2. 存货资金定额的确定

（1）客房用品资金定额的确定。酒店客房用品一般分为一次性用品和多次性用品。一次性用品，如供客人使用的牙膏、牙刷、香皂、拖鞋、纸、笔、洗衣袋等；多次性用品，如毛巾、浴袍、床单、被套等。客房用品的消耗取决于客房的数量、出租率、每间客房用品配备量、用品的使用时间等。计算公式为：

一次性客用品日均消耗量＝客房间数×平均出租率×每间房用品配备量

（2）餐饮用品资金定额的确定。餐厅用品主要是指餐具、桌布、餐巾、牙签等。国家从节约能源的角度出发，提倡餐厅尽量使用多次性使用的物品。所以，酒店除牙签、餐巾纸以外，大部分用品都是多次性使用的。其计算公式为：

一次性餐厅用品日均消耗量＝餐位数量×餐位平均利用率×每餐位用品配备量

（3）食品原材料资金定额的确定。食品原材料是酒店用于制作餐饮食品的各种原材料。食品原材料资金定额受客人消费水平的影响。

二、采购管理

酒店存货采购是参照既定存货定额，在一定时间段内购入不同品种、不同数量的存货，以维持酒店正常运转。采购管理是建立在酒店存货定额基础上的，是对采购过程的管理和控制要求。酒店制定合理的采购计划，挑选合适的采购人员，督促他们比较采购价格，选择合适的供应商和支付方式。

1. 采购管理的内容

（1）认真分析酒店各项经营业务的存货需要，依据市场存货供应情况，科学合理地确定采购存货的种类和数量。

（2）根据酒店业务部门对存货的数量和质量需求，通过比较存货供给价格，选择合适的供应商，及时订货或直接采购。

（3）控制采购活动全过程，使存货采购保质、保量、按时完成。

（4）制定严密的存货采购程序，规定严格的手续和制度，使采购工作前后衔接、相互监督，并保证采购过程中的所有原始凭证得以妥善收集、整理和保存。

（5）交易合同真实有效，交易合同保管完整。

（6）协助财务部门做好货款的清算工作。

2. 采购计划的编制内容

采购计划以书面(比较多的情况是表格)形式规定采购的项目、规格、单位、数量以及质量要求等,是采购活动的工作说明书,能起到周密安排采购工作、严格监控采购质量、科学比较采购价格的作用。存货采购计划的内容主要包括:

(1)存货采购规格书。采购规格书具体包括以下内容:① 货物的确切名称。采购规格书上应标明存货的确切名称和酒店需要的正确类型。这部分信息越详细越好,以免和近似物品相混淆,不符合使用要求。② 采购存货的基本用途。③ 所购存货的品牌。除鲜货外,一般酒店所购存货都有品牌,采购规格书中应注明1~2种品牌或"类似"的字样,给采购人员一定的选择范围,以减少采购时间。④ 存货的质量等级。⑤ 所购存货的单位、规格和形状。⑥ 可取净料的最低限。⑦ 包装要求。⑧ 存货的来源或产地。

(2)存货的采购数量、采购频率、采购批量和计划采购时间。其中采购批量是指一次采购的数量;采购频率是指计划期存货采购的次数。根据存货的采购频率、采购批量,就可合理确定采购的最佳时间。

(3)大宗存货采购的最佳供货渠道及供应商。

(4)理想采购价格和可能的资金占用量。市场上同类商品的价格有时高低不等,需要根据品牌、质量等级、规格、产地等指标,合理确定理想采购价格,有时价格并不是越低越好。依据采购价格和采购数量,可以合理预测可能的资金占用量。

(5)储运方式。酒店采购的存货中,依据有些存货的特性,对运输方式有特殊要求,在编制采购规格书时有必要说明其储运方式。

3. 采购计划的编制程序

(1)部门起草。酒店采购计划首先应由存货的使用班组组织研究,依据酒店对本部门下达的营业额和利润指标、各类存货以往的耗用量,提出计划所需求存货的品种、规格、品牌、数量、质量等级等。使用部门对班组意见进行分析、审核、归类、统计,提出本部门计划期内对各类存货的需求,上报采购部门。

(2)采购部汇总。每个部门编制的存货采购计划由采购部汇总,采购部逐项检查每种存货的库存量和实际需要采购量,对有疑问之处作补充调查研究,配合使用部门进行修改,并补充采购渠道、供应商、储运方式等内容,编制出完整的采购计划。

(3)财务审批。酒店财务部将采购计划与酒店预算比较,修正采购计划中不符合酒店预算的部分,使采购计划更为合理、可行。

(4)总经理审批。采购计划编制的最后一步是酒店总经理或采购审核小组对财务部修改后的采购计划进行审核,综合平衡整个采购计划,根据酒店新的经营策略修改采购计划。经总经理审批后的存货采购计划就可以最终交采购部实施采购。

三、验收管理

验收管理是指酒店对整个验收过程进行的系统管理。它是酒店存货入库前必经的一个步骤和存货管理关键环节之一。

1. 验收内容

验收是酒店存货采购任务完成以后,由酒店验收人员根据订货单以及交货通知单,检查所购存货交货是否按时,存货数量、质量、价格是否准确,并详细记录检查结果,对合格的存货准予入库或直接拨到使用部门,对不合格的存货予以拒收。验收包括检验和收货两部分。

（1）检验。检验是检查有关存货采购的凭证、质量、数量、价格、时间等项目。

（2）收货。收货部验收合格后,收货员需要作详细记录,填制收货单,并将当日收货单内容汇总填制进货日报表,然后将验收合格的存货分类及时入库或分发给使用部门。

2. 验收程序

（1）验收前的准备工作。采购员订货后,需要及时将订货单转给收货部。通过订货单,收货员可以及时了解所购物资的基本情况。收货员将订购单与请购单相核对,若两者不一致,需要及时通知财务部。在酒店所购物资到店前,需要安排好验收人员,准备好验收工具、验收场地,合理确定验收范围,并将订货单准备好,以备使用。

（2）验收操作。酒店所购物资到店的同时,一般附有交货通知单。收货员依据订货单和交货单详细核对到店物资的名称、规格、数量、单价、金额等,逐个检查外包装是否密实,测试外观和内在质量是否符合要求。验收完成后,发现问题当场向供货商反映,并做出全部拒收或部分拒收的处理,填写双方认可的拒收单。

（3）存货入库。检验合格的存货需要及时存入仓库或发放到使用部门。

（4）记录验收结果。收货人员最终以书面形式记录验收情况,包括填制验收单、填写验收报告和汇总收货日报。

四、仓储管理

酒店所有购入后未及时使用、储存在仓库的存货,都需要进行仓储管理。其目的在于确保仓储存货的安全完整,尽量减少因治安不力、防火不严、仓储条件简陋等原因导致的库存存货数量短缺或质量低下。仓储管理主要包括以下工作内容:

（1）安排合适的仓储场所。酒店要对所购存货安排合适的仓储场所,就必须首先对存货进行合理的分类,可以从横向和纵向两方面进行。横向分类是根据存货的基本特征分类,以确定存货选择仓库的方向;纵向分类是在同一类存货内进行,以确定存货储存的位置。对所购存货安排合适的仓储场所,还需要就近选库,尽量减少存货的搬运,加快存货发放速度,提高存货质量。

（2）入库存放。存货入库首先需要进行合理的堆放,根据存货的性质、形状、包装、轻重等特征,考虑合理、牢固、定量、整齐、节约、方便等因素,从方便存放、方便盘点、方便领料、方便清扫等角度出发,堆放存货,以便对存货进行妥善保管,提高仓库利用率,减少仓储成本。存货入库后还需填制入库单。

（3）货位编码。货位编码是指对入库的存货进行定位。将仓库、货架按一定的顺序统一编码,做出明显的识别性标志,以方便登记和准确找寻每一件存货。

（4）存货保管。存货保管是指酒店尽量采取各种有效可行的措施,确保存货的数量、质量,尽量降低存货储存成本。

在保障存货数量方面,酒店对收入的存货详细登记存货保管卡,以货架、货垛为单位或以物资种类为单位,详细记录每批存货的进出数、结存数、存储位置等信息,做到卡物相符,将保管卡挂在货架或货垛上,便于寻找存货。同时,登记存货保管账,做到账卡相符,并作为存货清点盘存的主要依据。为了保障存货数量,酒店要采取对仓库上锁,妥善保管钥匙,只允许专人进仓,设闭路电视监控等防范措施。

在保障存货质量方面,酒店应尽量做到:

(1)先进先出。先入库的先发出,尽量缩短存货的在库时间,以减少存货腐烂变质的可能。

(2)保持良好的仓储环境。从温度、湿度、通风、照明、卫生等方面尽量使仓储条件符合存货的特征。

(3)做好存货的遮盖、衬垫工作。遮盖存货可以防止存货直接暴露,并达到防尘效果。衬垫存货有防潮效果。

(4)加强存货的养护工作。采用科学的养护方法,可以尽量降低存货变质的速度。

(5)做好存货的清查盘点工作。根据存货的特性、仓储条件、季节交替等因素定期或不定期盘点存货,尤其是对易变质存货、包装潮湿的存货、已有变质征兆的存货、接近保质期的存货、储存条件差的存货,更需要严格检查,并及时编制存货盘存表,将盘存结果日报。

五、发放管理

存货发放是酒店存货的出口。酒店购入存货后直接拨给使用部门,或经仓库储存后在部门领用时发放给使用部门,使存货进入酒店的经营过程。

1. 存货发放程序

(1)请领单汇总。存货使用部门依据酒店存货的实际消耗情况,编制请领计划,经部门审核后形成请领单,交酒店仓库。请领单的内容是存货实际申领的情况。仓库依据对请领单的汇总,及时准备存货。这样可以使使用部门在需要存货时能及时领到,避免存货出库时才发现存货短缺,减少因此而导致的差错和损失。

(2)核对发放凭证。主要核对:

● 请领单上存货的品名是否和在库的存货登记册上一致;

● 请领量是否超过成本控制计划限额;

● 请领手续是否齐备。

(3)备料。仓库管理员在备料时要注意检查:

● 库存存货的品种、规格、型号是否符合请领要求;

● 质量是否有问题;

● 仓储数量是否足够;

● 对散装存货进行包装,对包装规格不一或包装过大的存货改换包装;

● 对请领单要求的特定等级、花色、式样、规格的搭配事先进行挑选。

(4)点交。存货发货前,再次检查请领单上的规格、型号、数量、等级等指标是否与备料一致,凭证字迹是否清晰、有无涂改,签章是否齐全,日期是否正确等。核对无误后即可发货,并填制出库单。

(5)清理。存货点交结束后,仓库管理员应进行内部清理:

1)账面清理。对存货的变动及时在账面上加以反映。

2)地面和货架清理。存货领用后搞好地面和货架卫生,保证仓库整洁。

3)存货管理。对开箱开包的存货及时整理。

(6)复核。随时对发放过程中的每一环节进行自查、复查,主要复核出库单与实发存货是否相符,包括数量、质量、规格、型号等各项经济指标。凡未经复核、手续不全、账实不符的存货不予出库。

(7) 原料计价。及时在出库单上标注存货单价,计算存货总价,计入领用部门成本中。

2. 存货数量短缺的处理

出现存货短缺,酒店需要及时查明原因,明确责任,按照规章制度进行处理。

思考与练习

一、单项选择题

1. 各种持有现金的动机中,属于应付未来现金流入和流出随机波动的动机是(　　)。

A. 交易动机　　　　B. 预防动机　　　　C. 投机动机　　　　D. 长期投资动机

2. 营运资金是指(　　)。

A. 流动资产减去流动负债后的余额　　　B. 营业收入减去变动成本后的余额

C. 全部资产减去全部负债后的余额　　　D. 全部资产减去流动负债后的余额

3. 下列对信用期限的表述中正确的是(　　)。

A. 信用期限越长,企业坏账损失越少

B. 信用期限越长,表明客户享用的条件越优

C. 延长信用期限,不利于销售收入的扩大

D. 信用期限越长,应收账款的机会成本越低

4. 所谓应收账款的机会成本,是指(　　)。

A. 应收账款不能收回而发生的损失　　　B. 调查顾客信用情况的费用

C. 应收账款占用资金的应计利息　　　　D. 催收账款发生的各项费用

5. 下列属于每次订货的变动成本的是(　　)。

A. 长设采购机构的管理费用　　　　　　B. 采购人员的计时工资

C. 订货的差旅费、邮费　　　　　　　　D. 存货的搬运费、保险费

二、多项选择题

1. 流动资产的特点主要有(　　)。

A. 投资回收期短　　　　　　　　　　　B. 流动性强

C. 存在形态的多样性　　　　　　　　　D. 灵活性

2. 在下列各项中,属于信用政策的有(　　)。

A. 信用条件　　　　　　　　　　　　　B. 现金折扣

C. 收账政策　　　　　　　　　　　　　D. 现销政策

3. 为了提高现金使用效率,企业应当注意做好的工作有(　　)。

A. 推迟应付款的支付　　　　　　　　　B. 尽可能使用汇票付款

C. 使用现金浮游量　　　　　　　　　　D. 力争现金流量同步

4. 评估客户赖账可能性,可以通过"5C"系统来进行,包括(　　)。

A. 品质　　　　　B. 偿债能力　　　　C. 资本　　　　　　D. 抵押

5. 存货的有关成本包括(　　)。

A. 订货成本　　　B. 购置成本　　　　C. 储存成本　　　　D. 缺货成本

三、案例分析

1. 某旅行社预计全年经营所需现金为 20000 元,准备用短期有价证券变现取得,证券每一次变现的转换成本为 400 元,有价证券的市场利率为 10%,试分析该旅行社最佳现金持有量是多少?它的最佳现金管理成本是多少?有价证券需转换几次才能达到全年经营所需的现金量?

2. 假定某公司 2008 年度实际营业收入总额为 850000 元,获得税后净利 42500 元,并以 17000 元发放股利,该公司 2008 年末资产负债简表如下:

2008 年 12 月 31 日资产负债表 单位:元

资　　产	金　　额	负债及所有者权益	金　　额
库存现金	20000	应付账款	100000
应收账款	150000	应交税费	50000
存货	200000	长期借款	230000
固定资产净值	300000	普通股股本	350000
长期投资	40000	留存收益	40000
无形资产	60000		
资产总计	770000	负债及所有者权益合计	770000

若该公司计划年度(2009 年)预计营业收入总额将增至 1000000 元,并仍按 2009 年度股利发放率支付股利,销售利润率假定不变。

计算:采用销售百分比法为该公司预测计划年度需要追加多少资金?

3. 某旅游企业年固定成本总额为 50 万元,变动成本率为 40%,当该企业不对客户提供现金折扣时,年营业收入额能达到 120 万元,应收账款的平均回收期为 60 天,坏账损失率是 4%,若该企业给客户提供信用条件为"2/10,n/30"。预期影响如下:销售将会增加 15%,客户中利用 2% 现金折扣的有 60%,40% 的客户平均收款期为 40 天,坏账损失率降为 1%,资金成本为 10%。试分析,该企业是否应当采用新的信用条件?为什么?

4. 某旅游饭店全年需要饮料为 4000 件,每件的购买价格为 60 元,每次订货成本为 40 元,每件年储存费用需 8 元,而供应商又提出,若每次订货数量为 500 件时,可给予 5% 的价格折扣。试分析该企业是否会接受数量折扣,为什么?

能力训练

酒店营运资金管理实训

一、实训教学目的

通过本次实训活动的开展,让学生了解现金、应收账款、存货等营运资金在企业的作用及相关的成本情况,懂得加速企业营运资金周转的重要意义;把握现金、存货和应收账款的管理方法和技巧,获取企业营运资金政策的相关信息。

二、实训教学的要求

(一)校内实训要求

1. 根据提供的资料分析现金成本类型及相关成本。

附相关资料：某公司每个月需要支付现金约 800000 元,公司在有价证券上投资的平均收益率为 6.5％,每笔证券的交易费用为 85 元,公司的现金支付固定且连续(也可以是存货或应收账款)。

2. 确定现金持有量及成本。

3. 分析企业现金的流转速度及对企业的影响。

（二）校外实训要求

1. 在实训教师带领下对企业流动资金周转情况进行计算、比较和分析,分析中要充分应用理论教学中的知识和方法。

2. 收集并了解实训单位所在行业的平均水平,并确定实训单位在行业中的排位情况。

3. 选择主要方面进行因素分析。

4. 写出对营运资金筹资的认识。（字数 800 左右）。

三、实训教学内容

1. 现金管理。

2. 应收账款管理。

3. 存货管理。

4. 营运资金的持有和筹集政策。

四、实训教学步骤

（一）校内实训教学步骤

1. 分析成本类型及相关成本。

2. 确定计算持有量的方法。

3. 计算最佳持有量和持有成本。

4. 分析持有量的流转速度及对企业流动资金产生的影响。

5. 教师点评。

（二）校外实训教学步骤

1. 在实训基地兼职教师带领下,分析现金、应收账款和存货的构成比例,了解流动资产的质量状况。

2. 了解实训单位现金、应收账款和存货的成本水平、主要作用或功能。

3. 通过资料查证,了解实训单位所处行业的平均水平。

4. 计算确定实训单位与行业平均水平的差异。

5. 结合行业情况和实训单位具体情况,进行差异的因素分析。

6. 分小组写出实训单位营运资金管理情况分析报告。

7. 根据分析报告,为实训单位提出相应的建议措施。

8. 比较营运资金管理中理论和实训(践)的差异,进一步体会营运资金管理在企业财务管理中的重要作用。

五、实训教学考核

1. 过程考核。实训的各个步骤的执行与完成情况。

2. 结果考核。分析报告与建议。

模块四
酒店资金投资管理

知 识 目 标	能 力 目 标
1. 熟悉项目计算期的构成和项目投资的资金构成。 2. 掌握项目投资的现金流量的构成内容,计算项目投资的现金净流量。 3. 熟悉项目投资的决策评价指标,对各评价指标比较分析。	1. 分析项目投资的现金流量。 2. 准确计算项目投资评价的动、静态指标。 3. 结合项目投资的财务资料,对项目投资进行财务可行性评价。

项目一 现金流量的计算

【案例导入】

一年吃掉上亿美食 黄金项目赚翻天

过去,人们都喜欢摆谱,聚会也好,请客也罢,非得选择个有排场的大餐厅,以示不凡。现在,生活改善了,大家却偏偏避开"大餐正餐",选择"风味特菜",家中宴客,并亲手精挑美食。

民以食为天,食以味为先,"廖排骨"以独具特色的民族配方,结合现代科技,创出无激素、无防腐剂、口感好的五香卤排骨、糖醋排、卤鸡翅等风味产品,迅速火爆全国,红遍大江南北,掀起新一轮的"食"尚风暴!"廖排骨"特色卤菜崇尚美味、别致,特色,年轻人称这是一种时尚的休闲之举!

任务一 项目投资额的确定

某酒店拟新建一项目,需要在建设起点一次投入固定资产投资100万元,无形资产投资10万元。建设期为1年,建设期资本化利息为6万元,全部计入固定资产原值,投产后需要流动资金20万元,试计算项目的建设投资、原始投资和项目投资总额。

一、项目投资的概念及特点

项目投资是一种以特定建设项目为对象,直接与新建项目或更新改造项目有关的长期投资行为。从性质上看,它是酒店直接的、生产性的对内实物投资,通常包括固定资产投资、无形资产投资、其他资产投资和流动资产投资等内容。

与其他形式的投资相比,项目投资具有投资金额大、影响时间长、发生频率低、变现能力差和投资风险大等特点。

项目计算期是指投资项目从投资建设开始到最终清理结束整个过程的全部时间,即该项目的有效持续期间。完整的项目计算期包括建设期和运营期。其中,建设期是指从项目资金正式投入开始到项目建成投产为止所需要的时间,建设期的第一年初称为建设起点,建设期的最后一年末称为投产日。项目计算期的最后一年末称为终结点,从投产日到终结点之间的时间间隔称为运营期。项目计算期、建设期和运营期之间有以下关系:

$$项目计算期=建设期+运营期$$

二、项目投资的资金构成

1. 原始投资

原始投资又称为初始投资,是反映项目所需现实资金水平的价值指标。从项目投资的角度看,原始投资是酒店为使项目完全达到设计生产经营能力、开展正常经营而投入的全部资金,包括建设投资和流动资金投资两项内容。

(1)建设投资。建设投资是指在建设期内按一定生产经营规模和建设内容进行的投资,包括固定资产投资、无形资产投资和其他资产投资三项内容。

固定资产投资是项目用于购置或安装固定资产应当发生的投资,也是任何类型项目投资中不可缺少的投资内容。计算折旧的固定资产原值与固定资产投资之间可能存在差异,原因在于固定资产原值可能包括应构成固定资产成本在建设期内资本化了的借款利息。两者之间的关系是:

$$固定资产原值=固定资产投资+建设期资本化借款利息$$

无形资产投资是指项目用于取得无形资产而发生的投资。

其他资产投资是指建设投资中除固定资产投资和无形资产投资以外的投资,包括生产准备和开办费投资。

(2)流动资金投资。流动资金投资是指项目投产前后分数次或一次投放于流动资产项目的投资增加额,又称垫支流动资金或营运资金投资。

2. 项目投资总额

项目投资总额是一个反映项目投资总体规模的价值指标,它等于原始投资与建设期资本化利息之和。其中,建设期资本化利息是指在建设期发生的与购建项目所需的固定资产、无形资产等长期资产有关的借款利息。

任务二 项目投资的现金流量分析

结合酒店的某一投资项目,分析现金流量的内容。

一、现金流量的概念及作用

1. 现金流量的概念

现金流量又称现金流动量，在项目投资决策中，现金流量是指投资项目在其计算期内各项现金流入量与现金流出量的统称。这里的"现金"，不仅包括各种货币资金，而且还包括项目需要投入企业拥有的非货币资源的变现价值。

投资决策中的现金流量，从时间特征上看包括以下三个组成部分：

（1）初始现金流量。初始现金流量是指开始投资时发生的现金流量，一般包括固定资产投资、无形资产投资、其他资产投资、流动资金投资和原有固定资产的变价收入等。

（2）营业现金流量。营业现金流量是指投资项目投入使用后，在其寿命期内由于生产经营所带来的现金流入和现金流出的数量。

（3）终结现金流量。终结现金流量是指投资项目完成时所发生的现金流量，主要包括固定资产的残值收入和变价收入、收回垫支的流动资金等。

2. 现金流量的作用

企业在项目投资决策中并不是以利润评价项目经济效益的高低，而是以现金流入作为项目的收入，以现金流出作为项目的支出，以现金净流量作为项目的净收益，以此来评价投资项目的净收益。这是因为现金流量在项目投资决策中有以下两个方面的作用：

（1）采用现金流量指标有利于考虑资金时间价值因素。

（2）采用现金流量指标评价投资项目的经济效益更符合实际情况。

二、现金流量的内容

现金流入量是指能够使投资方案的现实货币资金增加的项目，简称现金流入；现金流出量是指能够使投资方案的现实货币资金减少或需要动用现金的项目，简称现金流出。

不同的投资项目，其现金流入量和现金流出量的构成内容有一定的差异。

1. 单纯固定资产投资项目的现金流量

（1）现金流入量。单纯固定资产投资项目的现金流入量包括增加的营业收入和回收固定资产余值等内容。

（2）现金流出量。单纯固定资产投资项目的现金流出量包括固定资产投资、新增经营成本和增加的各项税款等内容。

2. 完整投资项目的现金流量

（1）现金流入量。完整投资项目的现金流入量包括营业收入、补贴收入、回收固定资产余值和回收流动资金等内容。

（2）现金流出量。完整投资项目的现金流出量包括建设投资、流动资金投资、经营成本、营业税金及附加和调整所得税等内容。

其中，经营成本是指在经营期内为满足正常生产经营而动用现实货币资金支付的成本费用，又称付现成本。它与筹资方案无关，不包括借款利息。其计算公式为：

$$某年经营成本＝该年总成本费用－该年利息费用－该年折旧额$$
$$－该年无形资产和开办费的摊销额$$

3. 固定资产更新改造投资项目的现金流量

（1）现金流入量。固定资产更新改造投资项目的现金流入量包括因使用新固定资产而增加的营业收入、处置旧固定资产的变现净收入和新旧固定资产回收余值的差额等内容。

（2）现金流出量。固定资产更新改造投资项目的现金流出量包括购置新固定资产的投资、因使用新固定资产而增加的经营成本、因使用新固定资产而增加的流动资金投资和增加的各项税款等内容。其中，因提前报废固定资产所发生的清理净损失而发生的抵减当期所得税税额用负值表示。

三、现金净流量的计算

现金净流量，又称为净现金流量，是指在项目计算期内由每年现金流入量与同年现金流出量之间的差额所形成的序列指标。它是计算项目投资决策评价指标的重要依据。其计算公式为：

$$某年现金净流量＝该年现金流入量－该年现金流出量$$

为简化现金净流量的计算，可以根据项目计算期不同阶段上的现金流入量和现金流出量的具体内容，直接计算各阶段现金净流量。

1. 固定资产投资项目

（1）建设期净现金流量的计算。若单纯固定资产投资项目的固定资产投资均在建设期内投入，则建设期净现金流量可按以下简化公式计算：

$$建设期某年的净现金流量＝该年发生的固定资产投资额$$

（2）运营期净现金流量的计算。运营期净现金流量的计算公式为：

$$运营期某年净现金流量＝该年因使用该固定资产新增的净利润＋该年因使用该固定资\\产新增的折旧＋该年回收的固定资产净残值＋该年因使用该\\固定资产新增的利息$$

2. 更新改造投资项目

（1）建设期净现金流量的计算。如果更新改造投资项目的固定资产投资均在建设期内投入，则建设期净现金流量的简化公式为：

$$建设期某年净现金流量＝该年发生的新固定资产投资－旧固定资产变价净收入$$

（2）运营期净现金流量的计算。运营期净现金流量的简化公式为：

$$运营期某年净现金流量＝该年因更新改造而增加的净利润＋该年因更新改造而增加的\\折旧额＋该年回收新固定资产净残值超过假定继续使用的旧\\固定资产净残值之差额＋该年因更新改造而增加的利息$$

例 4 - 1　假定某酒店拟进行一项目投资，其预计的有关资料如下：

（1）该项目建设期两年，分别于第 1 年初和第 2 年初各投资 500 万元建造固定资产，第 2 年末（投产前）再投入流动资金 100 万元（该项投资属于垫支，项目结束时全部收回）。

（2）预计项目投产后经营六年，期满残值 16 万元，每年按直线法折旧。

（3）投产后第一年产品销售收入为 300 万元，以后五年均为 600 万元，假定第一年的付现成本为 80 万元，以后五年均为 160 万元。假定所得税税率为 30%。

要求：计算项目计算期内各年的净现金流量（NCF）。

解 项目计算期为 8 年,年折旧额＝(1000－16)/6＝164(万元)

$NCF_0 = -500$(万元)

$NCF_1 = -500$(万元)

$NCF_2 = -100$(万元)

$NCF_3 = [300-(80+164)] \times (1-30\%) + 164 = 203.2$(万元)

$NCF_4 = [600-(160+164)] \times (1-30\%) + 164 = 357.2$(万元)

NCF_5、NCF_6、NCF_7 与 NCF_4 相同

$NCF_8 = 357.2 + 100 + 16 = 473.2$(万元)

项目二 项目投资决策评价指标分析

【案例导入】 东方酒店在进行固定资产投资项目决策中,有两个类型的方案(贴现率均为 10%),如表 4－1 所示。

表 4－1 两方案比较

指标 方案	最初投资额(万元)	净现值(万元)	现值指数
A	800	100	120.3%
B	950	108	118.2%

决策者认为,尽管方案 B 的净现值大于方案 A,但方案 A 的投资额小于 B 的投资额。从相对数上看,方案 A 的现值指数(获利指数)高于方案 B,所以方案 A 优于方案 B。你认为这样的分析一定正确吗? 为什么?

任务一 静态评价指标的计算与分析

对项目投资决策评价指标的静态评价指标进行计算,比较各自的优缺点。

一、项目投资决策评价指标及其类型

(一) 项目投资决策评价指标的含义

项目投资决策评价指标是指用于衡量和比较投资项目可行性、据以进行方案决策的定量化标准与尺度,是由一系列综合反映投资效益、投资产出关系的量化指标构成的。

项目投资决策评价指标很多,从财务评价的角度看,主要包括投资利润率、静态投资回收期、净现值、净现值率、获利指数、内部收益率等。

(二) 项目投资决策评价指标的分类

1. 按是否考虑资金时间价值分类

评价指标按是否考虑资金时间价值分,可分为静态评价指标和动态评价指标两大类。

静态评价指标又称非贴现指标,是指在计算过程中不考虑资金时间价值因素的指标,主

要包括投资利润率和静态回收投资期等指标。

动态评价指标又称贴现指标,是指在计算过程中必须充分考虑和利用资金时间价值的指标,主要包括净现值、净现值率、获利指数和内部收益率等指标。

2. 按指标性质不同分类

评价指标按其性质不同分,可分为在一定范围内越大越好的正指标和越小越好的反指标两大类。投资利润率、净现值、净现值率、获利指数和内部收益率属于正指标,静态投资回收期属于反指标。

3. 按指标的数量特征分类

评价指标按其数量特征不同分,可分为绝对量指标和相对量指标。前者包括以时间为计量单位的静态回收期指标和以价值量为计量单位的净现值指标;后者包括投资利润率、净现值率、现值指数、内部收益率等指标,除获利指标用指数形式表现外,其余指标为百分比指标。

4. 按指标在决策中所处的地位分类

评价指标按其在决策中所处的地位分,可分为主要指标、次要指标和辅助指标。净现值、内部收益率等为主要指标;静态投资回收期为次要指标;投资利润率为辅助指标。

二、静态的项目投资决策评价指标

静态的项目投资决策评价指标主要包括静态投资回收期和投资利润率。

(一)静态投资回收期

1. 含义

静态投资回收期简称回收期(P),是指在不考虑资金时间价值的情况下,收回原始投资额所需要的时间。该指标一般以年为单位。投资回收期越短,则说明投资所承担的风险越小。企业为了避免出现意外情况,就要考虑选择能在短期内收回投资的方案。

2. 计算方法

如果每年的经营现金净流量相等,则投资回收期可按下式计算:

$$投资回收期(P)=\frac{原始投资额}{每年的经营现金净流量}$$

如果每年的经营现金净流量不相等,那么计算投资回收期要根据每年年末尚未收回的投资额加以确定。

例 4-2　酒店某项目拟投资 2000 万元,每年可获得 280 万元的净利润,该项目预计可经营 10 年,按直线法计提折旧,假定借款年利率为 10%。试计算项目投资的回收期。

解　投资回收期 $=\dfrac{2000}{280+200}=4.17$(年)

3. 决策标准

只有静态投资回收期指标小于或等于基准投资回收期的投资项目才具有财务可行性。

4. 优缺点

静态投资回收期能够直观地反映原始投资的返本期限,便于理解,计算也不难,是应用较广泛的传统评价指标,但由于它没有考虑资金时间价值因素,也没有考虑回收期满后继续发生的现金流量的变化情况,故存在一定弊端。单纯应用静态投资回收期作为投资项目的评价方法,很可能会形成错误的决策。

(二)投资利润率

1. 含义

投资利润率又称投资报酬率,是指投资项目达产期正常年度的年息税前利润或运营期年均息税前利润与项目投资总额的比率。

2. 计算方法

投资利润率的计算公式为:

$$投资利润率 = \frac{年息税前利润或年均息税前利润}{项目投资总额} \times 100\%$$

例 4-3 根据例 4-2,计算项目投资的利润率。

解 投资利润率 $= \frac{280}{2000} = 14\%$

3. 决策标准

只有投资利润率指标大于或等于无风险收益率的投资项目,才具有财务可行性。

4. 优缺点

投资利润率与静态投资回收期一样,具有简单、便于理解的优点,同时又克服了静态投资回收期没有考虑全部现金净流量的缺点。其缺点是没有考虑资金时间价值。

例 4-4 已知宏达酒店拟于 2008 年初用自有资金购置设备一台,需一次性投资 100 万元。经测算,该设备使用寿命为 5 年,税法也允许按 5 年计提折旧;设备投入运营后每年可新增利润 20 万元。假定该设备按直线法折旧,预计的净残值率为 5%。不考虑建设安装期和所得税。求:

(1)该设备的静态投资回收期。

(2)该投资项目的投资利润率。

解 (1)静态投资回收期 $= 100/39 = 2.56$(年)

(2)投资利润率 $= 20/100 \times 100\% = 20\%$

任务二 动态评价指标的计算与分析

> 对项目投资中的动态评价指标,如净现值、净现值率、获利指数和内部收益率等进行比较与分析。

一、动态的项目投资决策评价指标

动态的项目投资决策评价指标主要包括净现值、净现值率、获利指数和内部收益率。

(一)净现值

1. 含义

净现值(NPV)是指在项目计算期内,按行业基准收益率或企业设定的贴现率计算的各年现金净流量现值的代数和。

2. 计算方法

净现值的计算有多种方法,基本的计算方法是公式法。其计算公式为:

净现值(NPV) $= \sum$ (第 t 年的净现金流量 $\times$ 第 t 年复利现值系数) $-$ 初始投资

它的计算步骤是：

第一步,计算每年的营业净现金流量。

第二步,计算未来报酬的总现值。如果每年的营业现金净流量相等,则按年金折成现值;如果每年的营业现金净流量不相等,则先对每年的营业现金净流量进行贴现,然后加以合计。将终结现金流量折算成现值。计算未来报酬的总现值。

第三步,计算净现值。

净现值指标计算中有以下几种情况：

(1) 当全部投资在建设起点一次投入,建设期为零,投产后 $1 \sim n$ 年每年净现金流量相等时,投产后的净现金流量表现为普通年金,简化公式为：

净现值 $=-$ 原始投资 $+$ 投产后每年相等的净现金流量 $\times n$ 年以 i 为折现率的年金现值系数

或

$$NPV = NCF_0 + NCF_{1 \sim n}(P_A/A, i, n)$$

(2) 当全部投资在建设起点一次投入,建设期为零,投产后每年经营净现金流量(不含回收额)相等,但终结点第 n 年有回收额 R_n (如净残值),可将 $1 \sim (n-1)$ 年每年相等的经营净现金流量视为普通年金,第 n 年净现金流量视为第 n 年终值。公式如下：

$$NPV = NCF_0 + NCF_{1-(n-1)}(P_A/A, i, n-1) + NCF_n(P/F, i, n)$$

(3) 若建设期为 s,全部投资在建设起点一次性投入,投产后 $(s+1) \sim n$ 年每年净现金流量相等,则后者具有延期年金形式,其现值之和可按延期年金现值求得。简化公式为：

$$NPV = NCF_0 + NCF_{(s+1) \sim n}[(P_A/A, i_c, n) - (P_A/A, i_c, s)]$$

或

$$= NCF_0 + NCF_{(s+1) \sim n} \cdot [(P_A/A, i_c, n-s) \cdot (P/F, i_c, s)]$$

(4) 若建设期为 s,全部投资在建设期内分次投入,投产 $(s+1) \sim n$ 年每年净现金流量相等,则公式如下：

$$NPV = NCF_0 + NCF_1 \cdot (P/F, i, 1) + \cdots + NCF_s \cdot (P/F, i, s) +$$
$$NCF_{(s+1) \sim n} \cdot [(P_A/A, i, n) - (P_A/A, i, s)]$$

收益率作为折现率；以行业平均收益率作为项目折现率。

净现值是折现绝对值正指标,其优点是考虑了货币时间价值,增强了投资经济性的评价。它可用于单一方案可行性的评价和投资额及项目计算期相等的多方案比较决策。但不能直接用于投资额或项目计算期不相等的多方案比较决策。

3. 决策标准

只有净现值指标大于或等于零的投资项目,才具有财务可行性。

4. 优缺点

净现值指标的优点有：① 考虑了资金时间价值,增强了投资评价的经济实用性；② 运用了项目计算期的全部现金净流量,体现了流动性和收益性的统一；③ 考虑了投资风险,项目投资风险可以通过提高贴现率加以控制。其缺点是不能揭示各个投资方案本身可能达到的实际报酬率,当多个备选方案的投资额不相等时,如果只根据各个投资项目净现值的绝对额进行决策,往往难以准确判断。

例 4-5　酒店某建设项目的净现金流量如下：项目投资额为 100 万元,投产后的十年内每年产生的现金净流量为 25 万元,假设项目寿命期为 10 年,要求的投资回报率为 10%。请计算该项目的净现值。

解 由于项目要求的投资回报率为 10%,因此,计算净现值时以 10% 作为折现率,如果项目的净现值大于零,则表明方案的投资回报率将大于 10%。计算如下:

$$项目的净现值(NPV)=250000×年金现值系数-1000000$$
$$=250000×6.144-1000000=536000(元)$$

(二)净现值率

1. 含义

净现值率(NPVR)是指投资项目的净现值占原始投资现值总和的百分比,也可理解为单位原始投资的现值所创造的净现值。

2. 计算方法

净现值率的计算公式为:

$$净现值率(NPVR)=\frac{净现值}{原投资额的现值}$$

3. 决策标准

只有净现值率指标大于或等于零的投资项目,才具有财务可行性。

4. 优缺点

净现值率是一个动态的相对量评价指标,其优点是可以动态反映项目投资的资金投入和净产出之间的关系,可用于投资额不同的多个方案间的比较。其缺点是不能直接反映投资项目的实际收益率,且必须以已知净现值为前提。

例 4-6 根据例 4-5 的资料,计算项目的净现值率。

$$项目的净现值率(NPVR)=536000/1000000×100\%=53.6\%$$

(三)获利指数

1. 含义

获利指数又称现值指数(记做 PI),是指投产后按基准收益率或设定贴现率计算的各年净现金流量的现值合计与原始投资的现值合计之比。

2. 计算方法

获利指数的计算公式为:

$$现值指数=\frac{未来报酬的总现值}{原投资额的现值}$$

从净现值率和获利指数的含义可知,两者之间存在以下关系:

$$获利指数=1+净现值率$$

3. 决策标准

只有获利指数指标大于或等于 1 的投资项目,才具有财务可行性。

4. 优缺点

获利指数也是一个动态的相对量评价指标,其优点是可以从动态的角度反映投资项目的资金投入与总产出之间的关系,可用于投资额不同的多个方案间的比较。其缺点是不能直接反映投资项目的实际收益率,其计算过程比净现值率指标复杂,计算口径也不一致。

（四）内部收益率

1. 含义

内部收益率是指在投资决策中,以项目的内部收益率指标作为评价投资方案是否具有财务可行性标准的一种决策方法。按照这种方法,只要内部收益率大于资金成本,投资项目就是可取的。在若干个可取的投资项目中,应选择内部收益率较高的投资项目。

内部收益率又叫内含报酬率或内部报酬率,即指项目投资实际可望达到的报酬率,亦可将其定义为能使投资项目的净现值等于零时的折现率。

内部收益率用 IRR 可表示为:

$$\sum_{t=0}^{n} \frac{\mathrm{NCF}_t}{(1+\mathrm{IRR})^t} = 0$$

2. 计算方法

内部收益率的计算分为两种情况:

（1）全部投资于建设起点一次投入,建设期为零,项目投产后的现金净流量表现为普通年金的形式,这时可以直接利用年金现值系数计算内部收益率。具体步骤如下:

1）计算年金现值系数。

2）查年金现值系数表,在相同的期数内,找出与上述年金现值系数相邻的较大和较小的两个数值及相应的两个贴现率。

3）根据上述两个相邻的贴现率和已求得的年金现值系数,采用内插法计算出该投资方案的内部收益率。

（2）各年现金净流量不相等时,采用逐步测试法计算内部收益率。具体步骤如下:

1）先估计一个贴现率,并按此贴现率计算净现值。如果计算出的净现值为正数,则表明估计的贴现率小于该项目的内部收益率,应提高贴现率,再进行测算;如果计算出的净现值为负数,则表明估计的贴现率大于该项目的内部收益率,应降低贴现率,再进行测算。经过如此反复测算,找到净现值由正到负并且比较接近于零的两个贴现率。

2）根据上述两个相邻的贴现率再采用内插法,计算出该方案的内部收益率。

3. 决策标准

只有内部收益率指标大于或等于基准收益率或资金成本的投资项目,才具有财务可行性。

4. 优缺点

内部收益率指标的优点是能从动态的角度直接反映投资项目的实际收益率,不受行业基准收益率或企业设定的贴现率高低的影响,比较客观。其缺点是计算过程比较复杂;当经营期大量追加投资时,可能出现多个 IRR,或偏高或偏低,缺乏实际意义。

例 4 - 7　仍以 4 - 5 为例,计算项目投资的内部收益率。

解　（1）计算年金现值系数。

要使　　　　　　　　　250000×年金现值系数＝1000000

则　　　　　　　　　　年金现值系数＝4

（2）查年金现值系数表有:$i=20\%$,　年金现值系数＝4.192

　　　　　　　　　　　　　　$i=22\%$,　年金现值系数＝3.923

（3）运用内插法有:$i=20\%+2\%\times(4.192-4)/(4.192-3.923)=21.42\%$

(五) 动态指标之间的关系

净现值 NPV、净现值率 NPVR、获利指数 PI 和内部收益率 IRR 指标之间存在以下数量关系：

当 NPV>0 时，NPVR>0，PI>1，IRR>i；

当 NPV=0 时，NPVR=0，PI=1，IRR=i；

当 NPV<0 时，NPVR<0，PI<1，IRR<i。（i 为投资项目的行业基准收益率）

例 4－8 某酒店有 A、B、C 三种投资方案，其相关资料如表 4－2 所示。若折现率为 10%，计算三种投资方案的净现值、净现值率、内部收益率。

表 4－2 三种投资方案比较　　　　　　　　　单位：元

方案 ＼ 年度	0	1	2
A	(10000)	3000	12000
B	(10000)	5000	7000
C	(10000)	12500	——

解 （1）计算净现值。

方案 A 的净现值=3000×0.9091+12000×0.8264－10000=2644.1(元)

方案 B 的净现值=5000×0.9091+7000×0.8264－10000=330.3(元)

方案 C 的净现值=12500×0.9091－10000=1363.75(元)

（2）计算净现值率。

方案 A 的净现值率=(3000×0.9091+12000×0.8264－10000)÷10000=26.44%

方案 B 的净现值率=(5000×0.9091+7000×0.8264－10000)÷10000=3.30%

方案 C 的净现值=(12500×0.9091－10000)÷10000=13.64%

（3）计算内部收益率。

方案 A：

当 i=28%，NPV_1=3000×0.7813+12000×0.6104－10000=－331.3(元)

当 i=24%，NPV_2=3000×0.8065+12000×0.6504－10000=224.3(元)

由内插法可知：IRR_A=28%+331.3×(24%－28%)/(224.3+331.3)=25.6%

方案 B：

当 i=14%，NPV_1=5000×0.8772+7000×0.7695－10000=－227.5(元)

当 i=12%，NPV_2=5000×0.8929+7000×0.7972－10000=44.9(元)

由内插法可知：IRR_B=14%+227.5×(12%－14%)/(44.9+227.5)=12.4%

方案 C：

当 i=28%，NPV_1=12500×0.7813－10000=－233.75(元)

当 i=24%，NPV_2=12500×0.8065－10000=81.25(元)

由内插法得：IRR_C=28%+233.75×(24%－28%)/(81.25+233.75)=25.0%

二、项目投资评价指标的应用

为了全面理解长期投资方案的静态、动态评价指标的计算原理，结合以下例题进行分析说明。

例 4-9　某酒店假定有甲、乙、丙三种投资方案可供选择,有关资料如表4-3所示。

表4-3　三种投资方案比较

方案\年度	甲		乙		丙	
	年净利润	净现金流量	年净利润	净现金流量	年净利润	净现金流量
0	—	(100000)	—	(100000)	—	(100000)
1	5000	25000	16000	50000	25000	45000
2	10000	30000	17000	50000	20000	40000
3	15000	35000	17000	50000	15000	35000
4	20000	40000			10000	30000
5	25000	45000			5000	25000

要求:

1.投资利润率

(1)计算各个方案的平均利润;

(2)计算各个方案的平均投资额;

(3)计算各个方案的投资利润率;

(4)结果分析。

2.静态投资回收期

(1)计算各个方案的静态回收期;

(2)结果分析。

3.净现值

(1)计算各方案的净现值;

(2)结果分析。

4.净现值率

(1)计算各方案的净现值率;

(2)结果分析。

5.内部收益率

(1)计算各个方案的内部收益率;

(2)结果分析。

解　1.投资利润率

(1)计算各个方案的平均利润。

方案甲:(5000+10000+15000+20000+25000)÷5=15000(元)

方案乙:(16000+17000+17000)÷3=16667(元)

方案丙:(25000+20000+15000+10000+5000)÷5=15000(元)

(2)计算各个方案的平均投资额。

方案甲:[(100000+80000)÷2+(80000+60000)÷2+(60000+40000)÷2+(40000+20000)÷2+(20000+0)÷2]÷5=50000(元)

方案乙:[(100000+66000)÷2+(66000+33000)÷2+(33000+0)÷2]÷3=49667(元)

方案丙：与方案甲相同。

（3）计算各个方案的投资利润率。

方案甲：$15000 \div 50000 = 30\%$

方案乙：$16667 \div 49667 = 33.56\%$

方案丙：$15000 \div 50000 = 30\%$

（4）结果分析。该指标没有考虑"货币的时间价值"，把若干年后的1元同当前的1元等量齐观。例中方案甲和方案丙，各个年份的净利润和5年净利润合计，数字相同，但方案甲逐年的净利润表现为递增数列，方案丙逐年的净利润表现为递减数列。显然，方案丙比方案甲有更好的效益，但这种差别，并不能从投资利润率得到反映。

2. 静态投资回收期

（1）计算各个方案的静态回收期。

方案甲：$3 + (100000 - 90000) \div (130000 - 90000) = 3 + 0.25 = 3.25$（年）

方案乙：2（年）

方案丙：$2 + (100000 - 85000) \div (120000 - 85000) = 2 + 0.43 = 2.43$（年）

（2）结果分析。从上述计算可知，方案乙的静态投资回收期最短，其次是方案丙，最后才是方案甲。从投资利润率看不出方案甲与方案丙之间的差别，但静态投资回收期这个指标却可以把它们之间的差别具体地反映出来。

3. 净现值

（1）计算各方案的净现值。

$$NPV(甲) = (25000 \times 0.909 + 30000 \times 0.826 + 35000 \times 0.751 + 40000 \times 0.683 \\ + 45000 \times 0.621) - 100000 = 29055（元）$$

$$NPV(乙) = 50000 \times (P/A, 10\%, 3) = 50000 \times 2.487 - 100000 = 24350（元）$$

$$NPV(丙) = (45000 \times 0.909 + 40000 \times 0.826 + 35000 \times 0.751 + 30000 \times 0.683 \\ + 25000 \times 0.621) - 100000 = 36245（元）$$

（2）结果分析。三种方案的净现值都是正值，说明它们的收益率都在10%以上。其中方案丙的净现值最大，其次是方案甲，最后是方案乙。如果原始的投资额相同，净现值越大，说明投资的收益率越高。上例中方案甲和方案丙，虽然原始的投资额和"累计的净现金流入量"相同，但现金流入的先后时间不同，方案丙的现金流入量早期大于后期，而方案甲正与此相反，这种差别是投资利润率无法反映的，却可通过净现值指标具体地反映出来。

4. 净现值率

（1）计算各方案的净现值率。

$NPVR(甲) = 129055 \div 100000 = 1.29$

$NPVR(乙) = 124350 \div 100000 = 1.24$

$NPVR(丙) = 136245 \div 100000 = 1.36$

（2）结果分析。由计算可知，方案丙的净现值率最大，其次是方案甲，最后是方案乙。由于这3个方案的原投资额相同，因而其排序同上述净现值指标是一致的。净现值率与净现值之间存在着如下的关系：

净现值＞0　　　净现值率＞1

净现值＝0　　　净现值率＝1

净现值＜0　　　　净现值率＜1

5. 内部收益率

（1）计算各个方案的内部收益率。从上述计算可知，方案甲的内部收益率介入19％与20％之间，用"内插法"计算其近似值：

方案甲：$IRR(甲)＝19\%＋1750÷(1750＋720)×1\%＝19.71\%$

方案乙：$IRR(乙)＝25\%$

方案丙：$IRR(丙)＝23.38\%$

（2）结果分析。投资的内部收益率的计算比较复杂，但可以得到较精确的结果。

如原投资额不是一次同时投入，而是分次于不同期间投入，分次投入的资金也要按照同样的方法统一换算为现值。能使其净现值等于零的折现率就是所要求的内部收益率。

思考与练习

一、单项选择题

1. 项目投资的特点有（　　）。

A. 投资金额小　　　　　　　　　　B. 投资时间较长

C. 投资风险小　　　　　　　　　　D. 变现能力强

2. 在项目投资决策中，现金流量是指投资项目在其计算期内各项（　　）的统称。

A. 现金流入量　　　　　　　　　　B. 现金流出量

C. 现金流入量与现金流出量　　　　D. 净现金流量

3. 付现经营成本与经营成本的关系是（　　）。

A. 经营成本＝付现经营成本＋折旧等　　B. 付现经营成本＝经营成本＋折旧等

C. 经营成本＝付现经营成本　　　　　　D. 经营成本与付现经营成本没有任何关系

4. 已知某投资项目的某年收现营业收入为1000万元，该年经营总成本为600万元，该年折旧为100万元，在不考虑所得税情况下，该年营业净现金流量为（　　）。

A. 400万元　　　B. 500万元　　　C. 600万元　　　D. 700万元

5. 已知某新建项目的净现金流量：$NCF_0＝－100$万元，$NCF_1＝－50$万元，$NCF_2～NCF_5$为25万元，$NCF_6～NCF_{10}$为40万元。计算包括建设期的投资回收期为（　　）。

A. 5年　　　　　B. 5.25年　　　C. 6年　　　　　D. 6.25年

6. 能使投资方案的净现值为0的折现率是（　　）。

A. 净现值率　　　B. 内部收益率　　C. 投资利润率　　D. 资金成本率

7. 下列指标中，属于绝对指标的是（　　）。

A. 净现值　　　　B. 净现值率　　　C. 投资利润率　　D. 内部收益率

8. 在只有一个投资方案的情况下，如果该方案不具备财务可行性，则（　　）。

A. 净现值＞0　　　　　　　　　　B. 净现值率＜0

C. 内部收益率＞0　　　　　　　　D. 现值指数＜1

9. 如果其他因素不变，折现率提高，则（　　）将会变小。

A. 净现值率　　　　　　　　　　　B. 内部收益率

C. 投资回收期　　　　　　　　　　D. 投资利润率

10. 动态指标之间的关系是( )。

A. 当净现值>0时,净现值率>0,内部收益率>基准收益率或资金成本

B. 当净现值>0时,净现值率<0,内部收益率>基准收益率或资金成本

C. 当净现值<0时,净现值率>0,内部收益率>基准收益率或资金成本

D. 当净现值<0时,净现值率<0,内部收益率>基准收益率或资金成本

11. 下列指标中,属于财务综合评价主要指标的是( )。

A. 投资回收期　　　B. 投资利润率　　　C. 净现金流量　　　D. 净现值

12. 下列表述不正确的是( )。

A. 净现值是未来报酬的总现值与初始投资额的现值之差。

B. 当净现值大于0时,净现值率小于0。

C. 当净现值等于0时,此时的折现率为内部收益率。

D. 当净现值大于0时,说明该投资方案可行

13. 某投资项目若选用15%的折现率,其净现值为500,若选用18%的折现率,其净现值为−250,则该项目的内部收益率为( )。

A. 17%　　　　　B. 20%　　　　　C. 16.5%　　　　　D. 21.5%

14. 下列指标中,属于折现评价指标的是( )。

A. 投资回收期　　　B. 内部收益率　　　C. 剩余收益　　　D. 投资利润率

15. 如果净现值为负数,则表明该投资项目( )。

A. 为亏损项目,不可行

B. 报酬率小于零,不可行

C. 报酬率没有达到预定的折现率

D. 报酬率不一定小于零,因此也有可能是可行的项目

二、计算分析题

1. 已知光大集团拟于2009年初用自有资金购置设备一台,需一次性投资1000万元。经测算,该设备使用寿命为10年,税法也允许按10年计提折旧;设备投入运营后每年可新增利润200万元。假定该设备按直线法折旧,预计的净残值为5%;已知,$(P/A,10\%,5)=3.7908$,$(P/F,10\%,5)=0.6209$。不考虑建设安装期和公司所得税。求:

(1) 使用期内各年净现金流量。

(2) 该设备的静态投资回收期。

(3) 该投资项目的投资利润率。

(4) 如果以10%作为折现率,其净现值为多少?

2. 某投资项目的每年净现金流量及相关资料如表4−4所示。求:

(1) 投资回收期、净现值、净现值率(假定折现率为10%)。

(2) 判断该投资项目的财务可行性。

表4−4　某项目年净现金流量及相关资料 单位:万元

年　度 项　目	建设期		生产经营期								
	0	1	2	3	4	5	6	7	8	9	10
净现金流量	−400	−100	80	100	120	150	100	95	95	90	60

能力训练

酒店项目投资实训

一、实训教学目的

通过本次实训教学,加深学生对投资项目决策的基本程序和方法的理解和认识,进一步熟悉项目投资的目的,掌握项目投资的现金流量的评估方法与决策指标的运用技巧,分析影响项目投资的主要因素,能应用项目投资决策的基本财务指标进行项目可行性评价。

二、实训教学要求

（一）校内实训要求

1. 根据教师给定的资金限额（如 30 万元）,根据自己的了解,确定自己的计划投资项目。

2. 合理预测和估计项目投资计划的现金流量。

3. 计算投资项目的相关财务指标。

4. 应用主要财务评价指标对项目进行财务决策。

5. 根据上述资料写出内容完整、目标明确、步骤严密、文字通顺、条理精练的投资计划书。

（二）校外实训要求

1. 在实训教师指导下了解酒店近三年的项目投资情况,包括投资环境分析、投资决策中的财务决策方法和投资相关资料等。

2. 了解财务决策中使用的各项指标的计算过程。

3. 写出实训活动报告。

三、实训教学内容

1. 项目投资的目的。

2. 项目投资时应考虑的因素。

3. 项目投资的现金流量的评估。

4. 项目决策的财务评价指标。

四、实训教学步骤

（一）校内实训教学步骤

1. 设立金额分别为 30 万元和 50 万元的模拟创业基金。

2. 划分实训教学小组,并以小组为单位选定投资项目。

3. 对投资项目的影响因素进行分析。

4. 分析评估投资项目的现金流量。

5. 计算投资项目的主要财务指标。

6. 对投资进行财务可行性评价和财务决策。

7. 对投资方案进行阐述与辩论。

8. 选定最优投资项目方案。

（二）校外实训教学步骤

1. 在实训教师指导下，了解实训基地单位近三年的项目投资情况。

2. 在实训教师指导下，了解这些投资项目的可行性分析情况（包括技术可行性、经济可行性、财务可行性，以财务可行性分析情况为主）。

3. 在实训教师指导下，了解这些投资现金流量估计的依据和计算方法。

4. 选定一个投资项目，了解其贴现率确定的原则和方法。

5. 观察和验证选定投资项目的各种财务评价指标的计算过程。

6. 如果你认为选定投资项目需要调整的话，提出调整的建议或方案。

五、实训教学考核

1. 过程考核：实训的各个步骤的执行与完成情况。

2. 结果考核：模拟投资方案和建议项目调整方案。

5

模块五

酒店财务控制

知 识 目 标	能 力 目 标
1. 掌握酒店收入的定价方法。 2. 掌握酒店收入的内部控制制度。 3. 了解酒店成本费用管理各环节的相关内容。	1. 结合影响酒店的内外因素,对酒店客房、餐饮进行定价。 2. 制定酒店收入控制的管理制度。 3. 根据酒店成本费用管理的内容,制定成本费用控制的管理制度。

项目一 酒店的价格确定及收入控制

【案例导入】 随着市场经济下商务、旅游业的快速发展,经济型连锁酒店在我国已渐成规模:2004—2007 年,国内共有品牌经济型连锁酒店近百家,开业店数超过 1000 家,开店规模 3 年翻 3 番,大大超过行业不到 10% 的增速。

经济型连锁酒店的外观造型与内部设施都有统一标准,这既利于品牌打造,又便于管理模式复制。如杭州"如家快捷"的外观是"紫十黄",而"假日之星"则是绿色。再如内部家具的摆放、相应配套设施的设置,经济型连锁酒店都有统一模式。以空调选择为例,经济型连锁酒店一般不使用中央空调,而是在每间房内单独安装空调。这是因为中央空调成本很高,一些低星级酒店安装中央空调后,出于节约成本考虑,到了夜间会把空调关上,反而影响了客房的舒适度。

连锁经营、快速扩张几乎是近年来经济型连锁酒店大面积扩张的主要方式。以杭州"万好万家"为例,该公司曾计划"1~2 年内开店 100 家;3~5 年内开店 300 家","2008 年实现 100 家的开店量(包括签约在内),2011 年实现 300 家的开店目标,未来争取进入行业前三"。"万好万家"模式代表了大部分经济型连锁酒店的发展模式——快速扩张,达到一定规模后,上市融资。

思考:经济型酒店在收入控制方面有哪些措施?

任务一　酒店价格的确定

1. 了解不同城市的酒店房价。
2. 调研某一酒店,了解酒店房价的制定原则,评价酒店房价的合理性。

酒店盈利能力的决定因素是价格。价格确定是否合理首先影响酒店销售,进而影响酒店成本费用开支,最终影响酒店利润的形成。定价过高,会使酒店销售减少,难于实现利润;定价过低,会使酒店实现的收入少于正常经营所得,从而难于维持酒店正常运转。

一、酒店定价因素分析

酒店管理人员在进行定价时,需要充分考虑、认真分析与定价相关的各方面因素,以帮助其合理定价。相关因素主要有以下一些。

1. 目标定价

酒店在定价之前首先需要明确自己的接待对象,了解接待对象的需求、偏好、饮食习惯、消费能力、文化习俗和客人所感受的服务价值以及所期待的服务水准等,以使酒店的服务能尽量满足其接待对象的需求。

2. 市场形势分析

酒店在定价之前需要合理评估酒店类型、所处地理位置等。酒店类型主要是酒店的星级,尤其是酒店的服务水平必须与其星级相适应;酒店所处地理位置主要决定酒店所面向的服务对象是否与其目标定位相吻合,对酒店周围的消费水平、客源数量进行合理估测,并对酒店周围经济发展趋势进行合理预计,以评价酒店的发展能力。

3. 竞争形势分析

酒店管理人员需要重视酒店竞争对手的相关信息,包括竞争对手的活动、竞争对手的定价、服务差异及竞争对手的未来发展方向等。酒店需要在尽量降低价格的基础上不断推出自己的特色服务,以吸引更多的顾客,在竞争中求得长足发展。

4. 行业分析

酒店需要对自己经营的全过程有详尽的认识,尤其是对成本费用耗费,需要从不同的方面,如总成本和平均成本、实际成本和潜在成本、标准成本和预算成本、固定成本和变动成本、可控成本和不可控成本等,进行全面分析,并对经营过程进行不断改进,以减少消耗与浪费。

5. 目标利润分析

酒店在定价时需要明确酒店要创造多少利润才能使投资得到足够的回报,并根据酒店目标利润来确定销售目标,使定价与销售目标有机地结合起来,帮助酒店科学、合理定价。

二、酒店定价方法

从对酒店定价的相关因素分析可以看到,影响酒店定价的主要因素是成本、需求与市场竞争。酒店定价的基本方法主要有以下两种。

1. 以成本为基础的定价方法

这种定价方法是以酒店成本的耗费为基础,适当增加一定比例的收益,以此确定酒店服务价格。由于酒店成本根据管理需要的不同可以有不同的划分,以成本为基础的定价方法主要有成本加成定价法。当酒店能合理确定成本耗费和毛利率时,酒店常采用这种方法。

成本加成定价法的优点:酒店获取成本耗费信息较为方便,能简化定价过程;消费者感觉定价较为公平,当市场需求增加时酒店不乘机提价;保证经营者获得平均利润。成本加成定价法的缺点:没有充分考虑市场需求与市场竞争。

2. 以需求为导向的定价方法

由于产品价格最终是市场供求双方相互作用的结果,所以酒店定价应对产品需求做出准确估计,以此确定产品价格与产量。以需求为导向的具体定价方法有:

(1)需求估计定价法。这种方法首先要求对酒店市场需求做出准确估计,得出相应的需求曲线,然后依据该曲线及定价目标确定产品价格。所以,运用该方法第一步需要逆行需求估计,以建立价格与产品需求数量之间的关系,需求估计时常可以采用调查表法、室内实验法、现场实验法、统计法等;运用该方法的第二步则根据定价目标的不同(如利润最大化、营业收入最大化等)决定产品定价。

(2)直觉价值定价法。这是一种以消费者价值偏好为导向的定价方法。运用该方法定价,酒店首先应对产品直觉价值做出估计,然后根据市场对该产品的反应,估算该产品在市场上能够出售的价值及销量,按预期销售数量计算所能获得的收入及需要相应发生的耗费,以此来确定是否能实现预期的利润目标。直觉价值定价法的关键在于对产品直觉价值做出估计。

例5-1 某酒店有80间客房,该酒店对2008年成本、费用的预测如表5-1所示。

表5-1 某酒店成本和费用的预测表

指　标	费　用
利润指标	产权筹资1000000元,要求达到20%税后投资收益率
所得税税率	18%
折旧费	600000元
利息	应付抵押借款为4000000元,年利率为14%
财产税和保险费	32000元
管理费	41000元
维修保养费	63200元
能源费	73000元
客房部营业费用	210000元
餐厅营业收入	640000元
餐厅部门利润	占营业收入的15%
其他营业部门的部门利润	38500元

该酒店估计2008年的客房出租率为75%,即2008年全年客房出租间天数为:

全年客房出租间天数=可供出租的客房数×客房出租率×365天

=80×75%×365=21900(间·天)

由上可以算出客房部的营业收入需达1824202元,该酒店才能实现利润200000元,具体分析如表 5－2 所示。

表 5－2　某酒店的营业收入计算表

指　标	金　额
举债筹资	4000000 元
产权筹资	1000000 元
合计	5000000 元
预计全年客房出租间天数（75％出租率）	21900 间·天
利润指标（1000000×20％）	200000 元
所得税（243902×18％）	43902 元
税前利润［200000÷（100％－18％）］	243902 元
利息（4000000×14％）	560000 元
税前、利息前利润指标	803902 元
折旧费	600000 元
财产税和保险费	32000 元
扣除固定费用前的收益指标	1435902 元
未分配营业费用	312800 元
管理费	135600 元
营销费	41000 元
能源费	73000 元
维修保养费	63200 元
营业部门利润指标	1748702 元
减：餐厅部门利润（640000×15％）	96000 元
其他营业部门的利润	38500 元　134500 元
客房部部门利润指标	1614202 元
客房部营业费用	210000 元
客房部营业收入指标	1824202 元
平均房价（1824202÷21900）	83.30 元

例 5－2　某酒店有客房 400 间，每天应分配的固定费用 51400 元，出租一间客房的变动费用是 52 元，每间客房的标准房价为 320 元，那么该酒店：

$$保本出租量 = \frac{51400}{320-52} = 192（间）$$

$$保本出租率 = \frac{192}{400} \times 100\% = 48\%$$

从上面计算可以得出，如果每天出租 192 间客房，也就是客房的出租率达到 48％，其客房的固定费用就得到了补偿，就可以保本了。当客房出租率超过 48％，每间的收入只要能收回变动成本就可以保本。因此，当客房实际出租率超过保本出租率时，将多余的房间按超过变动费用的售价出租,如钟点房、特价房等形式,对酒店和消费者都有好处。

阅读材料

一、酒店业价格战的必然性

酒店经营的显著特点是:固定成本较大,而变动成本较小。固定成本是指成本总额在一定期间和一定业务量范围内,不受业务量增减变动的影响而保持相对稳定的成本。变动成本是指成本总额在一定时期和一定业务量范围内,与业务量的增减变动保持正比例关系的成本。

从酒店业来看,单位变动成本较小,而售价则相对高得多,之所以如此,是为了弥补较大的固定成本。在酒店业充分供给的情况下,酒店业的价格战有其必然性,甚至有愈演愈烈之势,这是由酒店的成本构成所决定的,尤其是固定成本相对较小的酒店,其更有能力进行降价。

二、酒店的定价

面对价格战,酒店应如何定价? 酒店的定价需要考虑的因素很多,概括而言,三个方面的因素是价格战之前必须考虑的。

1. 成本。在价格战中,考虑的是变动成本而不是全部成本,否则会做出错误的决策,在有剩余供给的情况下,任何高于变动成本的销售价格都将增加酒店的营业收入。

2. 竞争者。关键是看同档次酒店的价格策略,如果大多数酒店都在打折,那么就有必要采取跟进策略,否则会失去市场份额。

3. 客户。参与价格战必须考虑对现有和未来的客户及价格的影响。

几个关键的问题是:

(1) 降价是否会影响形象,从而改变目标市场,影响未来的销售。

(2) 降价是否对未来的价格造成冲击,从而一蹶不振。

(3) 对尚未出租的房间降价销售,是否会对原有的客户造成负面影响。

在实践中还有两点值得注意。一是要尽可能留住自己上门的散客,对这部分客人可根据当天的客房出租率给予一定的折扣,也即:当天的散客售价＝当天的客房出租率×门市价。这样可以将客房的空置比例和打折的比例有机地结合起来。如果客人还嫌高,对酒店而言,仍有巨大的降价空间,底线则是房间的变动成本。因此,留不住上门的散客绝对是不可取的。二是对长期客户不能轻易降价,否则会长期影响酒店的收入,但可以采取一定的奖励方式以及更优质的服务,从而保持客户的稳定。

三、行业利益与企业利益关系的平衡

风物长宜放眼量。酒店行业利益与单个酒店的利益息息相关,但并不总是一致的。有些酒店的经理人员喜欢用较低的价格来扩大市场份额以增加收入,这无可厚非,但谬误和真理仅一步之遥,不恰当的降价对行业具有较强的杀伤力,最后也会祸及自身。因此,加强酒店行业自律组织的建设十分迫切,否则会在市场的盲动中伤害了整个酒店业。同时,酒店的经理人员应具有一定的行业责任感,行业的健康发展是单个酒店长期稳定发展的基础,失去了这一基础,单个酒店的发展也会步履维艰。

任务二　酒店收入的控制

收入是指企业在销售商品、提供劳务及让渡资产使用权等日常中形成的经济利益的总流入。酒店营业收入主要来自酒店各营业部门在经营中得到的劳务收入。

根据企业业务的主次之分，企业营业收入可以分为主营业务收入和其他业务收入。企业经常性、主要业务所产生的收入为主营业务收入，非经常性、兼营业务交易所产生的收入为其他业务收入。通常，企业收入中主营业务收入占企业收入的比重大，对企业的经营效益产生较大的影响。其他业务收入则占企业收入的比重较小。

现代酒店是经营提供食宿为主兼营其他多种服务的旅游接待设施。收入来源众多，但主要以提供服务为主，非经常性业务较少。可分为：客房收入、餐饮收入、康乐收入，酒店又可按需要划分为若干个项目。例如，客房收入包括房费租金收入、房内食品饮料收入、洗衣收入等；餐饮收入可按各餐饮销售点（如中餐厅、西餐厅、酒吧、咖啡厅等）划分；可以按康乐种类划分康乐收入；商品收入可按所销商品种类划分等。以下主要对酒店客房收入、餐饮收入控制进行说明。

一、酒店客房收入的控制

客房收入控制主要包括登记、预收保证金、入数、结账、稽核等环节。

1. 登记

客人入住酒店时，首先要在总服务台办理住宿手续，从酒店客房收入控制角度来看，其目的主要是为客人建立档案以及防止和减少客房收入的潜在损失。

2. 预收保证金

客人入住酒店必须预交保证金。收银员根据酒店的规定向客人收取保证金时，应开具保证金收据，并在摘要栏内填写清楚保证金的用途。

3. 入数

对客人在酒店的各项消费建立消费账户，使客人在酒店的各项消费数记入客人的账上，这就是入数。为了保证入数的及时性，大部分酒店都用计算机进行入数，凡是有条件的地方，都应与总台收银处的计算机联机。只有这样，客人在任何营业点、任何时间的消费，才能随着收银机的操作及时输入到客人的消费账户中去。

4. 结账

客人离店结账，收银员应立即通知客房中心，以便楼层服务员检查客房情况，如客房小酒吧是否动用，客房物品是否齐备、损坏，核对客人的全部账单是否已输入客人的账户等。

二、酒店餐饮收入的控制

由于酒店具有餐厅多、服务项目多、人员流动大、收银点多等特点，酒店餐饮收入控制会有一定难度。酒店财务部应合理设置岗位,建立完善的内部牵制制度,使餐饮收入相关工作人员相互监督、相互制约。

(一)餐饮收入控制过程中容易出现的问题

(1)走单。走单是指故意走失整张单据,以达到私吞餐饮收入的目的。其作弊手段有:故意丢弃或毁掉账单,私吞相应收入;不开账单,私吞账款;一单重复收账等几种表现。

(2)走数。走数是指账单上的某一项目的数额或该项目数额中的一部分走失。其作弊手段有:擅改菜单或漏计收入。

(3)走餐。走餐是指不开账单也不收钱,白白走失餐饮收入。其作弊通常是服务人员与客人串通一气。这种现象在餐厅服务人员的亲朋用餐时易发生。

(二)餐饮营业收入控制程序

酒店餐饮活动涉及货币收入、物品消耗及餐单传递三个方面,为此酒店设计"三线两点"的控制方法,既把钱、单、物三者有机联系起来,综合考虑,又将三者单独分开进行考察和控制。"三线两点",即把钱、单、物分离成三条相互独立的线进行传递,在三条传递线的终端设置两个核对点,以联络三线进行控制。凡经手物品的人不经手账单和货币,仅从事物品的传递,形成一条传递线;同样,货币和餐单的独立传递形成另外两条传递线。同时,每一条传递线又由许多紧密相连、缺一不可的传递链条或传递环节组成。每向前传递一步,就对上一步的传递核查、总结一次,以保证每条传递线传递结果的正确。最后再将三个传递结果互相核对、比较,形成两点,以提高控制系统的可靠性。

1. 物品传递线

餐饮食品的传递从厨房开始,送至客人消费为止。这一传递线由代表实物的单据传递所构成。其单据称"取菜单"、"点菜单"或"出品单"等。物品传递具体步骤如下:

(1)餐厅服务员根据客人的需要开出取菜单。取菜单通常一式三联。

(2)餐厅服务员把一式三联的取菜单交给收银员盖章,收银员留一联,用于打印账单,服务员留一联用于上餐,另一联交给厨房或酒吧。

(3)厨房或酒吧根据取菜单制作菜品或准备酒水。

(4)菜品或酒水准备就绪,由服务员送到餐桌。

(5)每班结束后,厨师或调酒师把取菜单分餐厅按顺序整理好,送交主管。

(6)厨房或酒吧主管将取菜单进一步汇总整理,交财务部。

2. 餐单传递线

餐单是餐费账单的简称。餐单传递具体步骤如下:

(1)收银员将取菜单内容输入收银机,打出餐单,并把取菜单附在其后,等客人结账。

(2)客人结账时,统计并打印餐单的合计金额。根据餐单合计金额向客人收款。

(3)每班结束时,根据餐单编制本班收银报告,并在收银机上打印本班收入情况,两者核对后,连同餐单一并交夜间稽核处。

3. 货币传递线

(1)收银员根据餐单向客人结算收款。

(2)收银员下班时,按币种、票面清点现金,填写交款袋,将现金装进封妥后,投进指定的保险箱内。

(3)总出纳员与监点人一起打开保险箱,点收当日全部收银员投交的现金等,并将现金等送存银行。

（4）根据银行的回单，编制"总出纳员报告"，并把银行回单附在此报告上，送交日间收入稽核员审核。

4. 取菜单与餐单核对点

收入稽核人员将厨房交来的取菜单与收银员交来的餐单进行核对，以检查餐单上的项目是否与取菜单的项目相符，即餐单是否完全根据菜单的内容开立。

5. 编制现金收入控制表

收入稽核人员将根据餐单编制的餐费收入每日报表中的现金结算数与总出纳员交来的总出纳员报告及银行存款回单等有关单据的数据进行核对，根据核对结果，编制现金收入控制表。

三、酒店营业收入的稽核

酒店营业收入的稽核分为夜间稽核和日间稽核。夜间稽核，又称夜审，是夜间进行的核数工作。酒店一般白天入住、退房的客人较多，酒店各项经营活动较繁忙，到了深夜，入住、退房的客人很少，很多营业活动也陆续结束，全天的营业收入基本可以确定下来。夜间是收入稽核的最佳时间。夜审的工作对象是各收银点的收银员及各营业部门交来的单据、报表等。日间稽核，又称日审，是酒店营业收入的第二次稽核。日审的工作对象是夜审员审核后交来的账单、报表以及夜审员未审核到的个别部门交来的账单、报表。日审也是对夜审工作质量的监督和检查。

1. 酒店客房营业收入的夜间稽核

客房收入夜审是检查酒店客房出租及前厅收款情况，审核酒店客房营业收入。其收入夜间稽核工作流程为：

（1）审查前厅收银员交来的账单，核查客人在酒店的消费是否全部计入。

（2）将账单与收款员收银报告中的有关项目进行核对，检察账单金额与收银报告金额是否相等。

（3）核对客房出租单据，明确所有出租客房均已登记入账，尤其是特殊情况要有相关手续。

（4）用电脑将新一天的房费资料自动计入到住客账户中。

（5）对当天客房收益进行试算。

（6）编制当天房客收益结账表。当天客房收益结账表一经编出，当天的收益活动即告结束，以后还有业务发生就只能记入下一工作日业务中。

2. 酒店餐饮营业收入的夜间稽核

餐饮收入夜审是检查各餐厅及各营业点的营业收入，审核各收银员交来的餐费单、日报等。餐饮收入的夜审工作流程为：

（1）清机。将收银机当天输入的数据全部清理出来，打印在收银机纸带上，也就是收银机打印的当天营业日报。

（2）核查餐厅当日收银工作。通过四项核对，即餐单与取菜核对、餐单与收银报告相核对、收银报告与收银机纸带相核对、银机纸带与清机报告相核对，以检查当日收银数据是否正确。

餐单与取菜单核对：检查餐单是否清晰、整洁；检查餐费账单制作是否符合规定，挂账的账单是否符合手续，应酬费账单是否符合规定，作废账单是否有经理签字等；检查餐费账单与取菜单项目是否相符。

餐单与收银报告核对：核对收银报告的项目与总金额；核对账单使用情况。

收银报告与收银机纸带相核对：核查收银报告是否正确。

收银机纸带与清机报告相核对：进一步验证收银报告的正确性。

（3）编制餐饮收入日报。四项核对无误后，夜审员将各餐厅、各班次的全部收银报告汇总，填制餐饮营业收入日报表。

3. 酒店营业收入的日间稽核

酒店日审员每日稽核工作主要有：

（1）审核酒店所有夜间稽核编制的报表，复核所有收银员、记账员的营业报表。

（2）核对客房状态日报表是否与前厅客房出租状况统计表相符，如有不符，需查明原因，并书面报告。

（3）审核对外结算账目和单据。

（4）统计上一日收益报告。

（5）稽核客房收益结账表、餐饮营业收入日报表。稽核工作内容主要包括：复核各类账单的汇总；用账单核对报表；检查报表计算是否有误。

（6）编制酒店营业收入日报表。日审员稽核餐饮收入日报表，编制酒店营业收入日报表。

（7）检查账单号码控制情况。主要内容：检查收银报告中账单使用情况以及收银员填写的账单号码控制表；复核夜审员编制的账单使用情况汇总表；检查因打印错误而作废的单据是否有经理签字。

（8）检查折扣数。对给予折扣的账单，检查是否符合相关规定。

（9）核对现金。

（10）负责保管所有收银、记账凭单及稽核报告。

附：某酒店的收入控制管理制度

第一章　总　　则

第一条　为加强集团酒店业收入环节的控制，杜绝收入流失，同时又能够充分满足酒店灵活高效的经营管理，制定本制度。

第二条　本制度所指收入仅指酒店因提供商品或服务产生的、需要向消费者收取的各项收入和费用，包括变卖财产及废旧物品、往来单位进场费及罚没款收入等。具体包括：

1. 客房收入中的房租收入、电话费收入、迷你吧收入、商务吧收入、洗衣费、赔偿金及杂项（麻将、麻将桌）等。

2. 餐饮收入中的食品收入、香烟酒水收入、服务费、茶位费、宴会收入以及因宴会产生的场租和主持等。

3. 康乐收入中的桑拿收入、美容美发、足疗收入、按摩收入、小费收入等。

4. 娱乐收入中的厅租收入、门票收入等。

5. 免单、其他收入等。

第二章　商品定价

第三条　为确保酒店毛收益，规范定价程序，制定食品、酒水和香烟毛利率标准及制价程序。

第四条　制价原则：参考相近星级酒店售价,结合酒店指导毛利率。特殊情况,可由销售部、餐饮部等部门会同财务部进行市场调查后定价。

第五条　制价部门先由业务部门(厨部或餐饮部)提出建议价,再由酒店财务部成本稽核负责商品的定价审核,最后由财务负责人和酒店总经理签字确定。必要时,还应报集团批准。

第六条　制价程序

1. 食品类。厨部每推出一个新菜品,应先以标准价格单的形式,详细注明该菜品所须原、辅材料名称和用量(毛重及净重),并提出各餐厅的建议售价,然后将其结果送交财务部成本会计。财务部成本会计根据其标准成本和上述规定中的理论毛利率,测算理论售价,同时参照业务部门的建议价,拟定该商品售价,最后由总经理核准定价。财务部成本会计将该定价输入电脑,并通知厨部、餐饮部和收银员。

2. 酒水香烟类。酒水及香烟应由餐饮部根据该商品的行业价格,适时提出建议价交财务部。财务部成本会计根据各商品的理论毛利率,测算出理论售价,同时参照部门建议价,拟定该商品的售价,最后请总经理核准定价。电脑录入等工作同食品定价等程序。

3. 迷你吧。客房部房务中心将推出的新品名称、进价(仓库领料单已注明)送交财务部成本稽核员,成本稽核员根据成本价按平均毛利率65%制定出参考售价。

4. 其他定价。商品部除香烟、酒水外,其他商品原则上按30%毛利率制定售价。

第七条　价格变动。业务部门对食品、酒水和香烟等市场价格信息应及时进行跟踪反馈;各部门在执行过程中对上述毛利率标准及制价程序如有建议,应及时以书面形式反馈财务部,以便财务部适时进行调整。

第三章　折扣规定

第八条　折扣管理按照以下范围和程序进行办理:

(一)折扣范围

折扣范围仅限于餐饮食品(不包括海鲜)、客房房租的夜租和洗浴中心的全天房租。其他如客房日租、钟点房租、香烟、酒水、厅租、服务费及杂项均不在折扣范围。特殊情况下的折扣,必须有酒店总经理亲笔签字。

(二)折扣审签

1. 原则上要求账单上有相应折扣权限人当场亲笔签字。如当事人不在现场,可电话委托值班经理代签。如果是收银员接到折扣权限人电话指示的,收银员必须在账单上注明"××电话指示×折"字样。发生委托代签行为的折扣权限人,第二天早上11：00之前必须到财务部亲笔签字,否则,对折扣权限人每次处以20元罚款。

2. 信贷回收货款折扣由往来账会计审核实际消费当日是否享受折扣后,报酒店管理公司总经理审签。对于应收账款收回困难,需要部分或全额确认呆死的,必须经应收账款专题会议或例会讨论通过后报集团审批。

(三)折扣额度

1. 对集团内各单位消费实行8.5折,与其他单位一样,挂账必须签订协议。

2. 酒店部门经理以上人员个人消费实行住房5折、餐饮8折。

3. 以上优惠及权限仅限本人使用,若发现非本人使用的一律按规定收费。

（四）折扣签批权限

1. 酒店部门经理签字实行 8.5 折。

2. 酒店总经理、酒店管理公司部门负责人和酒店管理公司总经理签字实行 8 折。

第四章　免单控制

第九条　因服务质量或者菜品质量等引起客人投诉,需要对账单或点菜单免单的,根据实际情况,酒店总经理现场或电话委托部门经理免单,详细注明原因,并亲笔签字或最迟次日补签,费用记入酒店交际费。

第十条　因服务质量或者菜品质量等引起客人投诉,需要免单奉送菜肴的,按照费用管理制度执行。

第十一条　因服务质量或者菜品质量等引起客人投诉,需要赔偿的,根据实际情况,酒店总经理现场或电话委托部门经理免单,详细注明原因,并亲笔签字或最迟次日补签,费用记入酒店交际费。

第五章　收银控制

第十二条　酒店消费除房租收入、电话费收入、门票收入、服务费外,其他酒店各项消费事项或收入包括退酒水或其他退还服务都必须由相关营业部门落单。要严厉杜绝内部人员采用自用房、维修房名义或福利名义消费,否则,作贪污处理。

食品收入落单填写一式四联的食品单,一联交收银、一联交地喱、一联交厨房、一联留存。

香烟酒水收入落单填写一式两联的酒水单,一联交收银、一联交水吧。

客房收入中的迷你吧、杂项收入(麻将、麻将桌)落单由客房部服务员填写一式两联的租借条或酒水单,经客人签字认可后,一联交前台收银、一联交客房房务中心提货。客房房务中心必须对所经管的物品由专人进行登记。

对于退酒水或其他退还服务还必须有相关营业部门签字认可或签收。

所有单据必须由相关部门按序号保留齐全,次日交财务部稽核会计。

第十三条　收银人员必须保证酒店所有收入款项全额收取,对于折扣手续不全、少输漏输、少收漏收造成损失的,由相关经手收银员全额赔偿。

第十四条　每班收银结束后,收银员都应打印当班交班报表,一式两联,一联随当班账单一起交夜审,一联交营业部门存档。

餐饮账单要求按账单号从小到大顺序整理,不得遗失账单;餐饮作废账单和零账单必须详细注明理由。

第十五条　收银员每日必须及时将押金收入、消费收入及各项其他预收收入款项(含 IC 卡、贵宾卡预售收入)上缴。

收银员每日交(下)班清账时,必须清点本日所收现金、信用卡、转 AR 账和转招待账等,并与当班报表核对一致。

收银员在当日下班前,必须将当班营业款在至少有另一名员工在场的情况下投入指定保险箱中,并在缴款表上填写清楚,同时要求见证人签字证明。

第十六条　收银员必须将备用金与个人款项严格区分,保证备用金结构合理,不得以白条充抵,不得挪用。

第六章　夜审控制

第十七条　夜审人员每日对当天收入进行全面审核：

1. 必须对餐饮账单数目和金额进行核对。检查已收档收银点账单、报表是否上交，是否存在少交漏交账单现象。如有上述现象应及时登记，以便上级进行处理。

打印菜单统计报表与每张账单进行逐项核对。查看账单金额与报表对应统计数量是否一致，是否存在账单不全或有效账单没有放在最上面。如有上述现象应及时登记，以便日审人员及上级主管及时进行处理。

2. 检查餐娱账单的消费明细是否与酒水单、食品单一致，单据是否联号，数量、金额是否相同，退菜是否符合手续；检查前台账单的消费项目与底单是否一致，是否存在多计少计现象。

3. 打印餐娱、服务费变动表、赠免单及单品折扣报表、免零报表、冲减报表、异常账单报表、前台优惠对冲明细账，审查其折扣、免服、免零是否符合手续，审批各种优惠券、免费券及有价证券的使用是否符合规定，是否在有效期内。

4. 核对登记招待、转账：打印前台、餐娱招待明细表、转账明细表，与实际账单进行核对。查看招待，转 AR 账是否符合手续并整理造表。

5. 核对房态：与接待、楼层核对房价、房态，查看是否存在房态、房价不符现象，是否存在已入住未开房、客人已退电脑未退等现象，如有应及时进行登记，并通知有关部门进行补救。

客房部一般应于每日早 10 点、下午 2 点和下午 6 点由领班现场查房，做手工房态报表。与前厅部进行核对一致后，由两个部门签字认可。双方部门负责人对报表真实性负全部责任。

财务部负责人每月不少于三次亲自对维修房、空房进行现场查房，发现弄虚作假的，属工作失职的，应分别对前厅部和客房部经理处于每次不少 2000 元的经济处罚。问题严重的报集团给予降级或降职处分。

6. 审核当日退房结账：打印前台实际结账、退房报表，审核前台入住、退房、结账时间，查看房租、杂项单据是否联号，是否全部计入，应加收半价、全价房租是否加收，免收或少收是否有规定批准手续，核对已结账账单是否有客人签名，是否存在押金收据未收回已结账现象，是否符合有关手续，即由客人出示身份证，登记身份证号码，其签名与登记表是否一致。

7. 核对宾客账：核对餐娱收入及报表、客房收入日报及报表上宾客账数是否一致，是否存在餐娱已发生前台未达或未计前台已达的现象，并查明原因。

8. 核对储值卡：打印当日储值卡消费明细表与营业日报相核对，核对储值卡消费数是否一致，是否存在多下账、未下账现象，检查储值卡消费明细表上的每一笔消费是否有储值卡消费回执单，并有客人签名。

9. 审核客房报表：将每日客房交来的当日迷你吧、杂项租金报表、商务吧消费报表、赔偿报表与日报表中数字进行核对，如有不一致，则打印一份明细账，根据其时间、房号、单据号一一核对，查看是否存在少报、漏报的现象。

10. 稽核报告：夜审要将每日夜审过程中所发现的问题详细记录下来，作出一份稽核报告，以便收银主管及时核实处理。

第七章　日审控制

第十八条　日审人员按照下列程序和办法进行稽核：

1. 核对水吧账：进入水吧系统，分吧台打印当日进销存报表，与当日仓库出库、收银当日销售进行核对，检查其当日账务是否真实准确。并不定期盘查实物，检查是否有白条抵货、借货不办理调拨手续的现象

2. 对夜审工作进行抽查：每日对夜审工作中的一两个工作项目进行审核，对夜审工作中的准确完整性进行抽查。

3. 对收银每日缴款数进行核对，对每日收银应缴数目与实缴数目进行核对。

4. 对夜审所交稽核报告中有关与相关部门、相关人员有关需要核实的事宜进行跟踪核实、督促解决，并作好记录；如属部门配合问题应及时向上级反映。

5. 对电话计费的抽查：日审每日应核查电话计费是否正常。如电话费收入偏低，应通知总机房与电脑房核数，查看是否有人为计时器终止或死机现象。

第八章　收入缴存控制

第十九条　开箱工作：除节假日开箱时间另行规定外，每日所有营业款应及时开箱清点，每日开箱时间定为早上8：30分；每日开箱时至少两人同时到场，当场清点当日缴款袋个数，与当日现金缴款汇总报表上是否一致。如所报数目少于登记表数目，应立即通知人员到场核实，查找原因。

第二十条　开箱完毕后，将缴款袋由开箱人员一同到财务室进行现场清点，核对总数。

第二十一条　清点完毕后，在不少于两人的情况下将营业款交到相关财务部指定开户银行。

第九章　其他收入

第二十二条　供应商因产品进入酒店销售而缴纳的进场费，由财务部、采购部、总经办联合进行市场调查后方可确定进场费额度，由采购部与供应商签订协议后执行。对收取的进场费，财务部作相应的账务处理。

第二十三条　酒店垃圾、废料等物资的变卖，采取竞标方式对外招标，由财务部、采购部对竞标人进行筛选，对中标人收取保证金，签订协议后按照协议执行。

第二十四条　对于已办理报损手续并可能有残值收入的资产、低耗品等，需要变卖的，由仓库领班根据《资产报废处置申请书》，注明处理物品名称、规格数量及处置建议价格，采取竞标方式变卖，由仓库保管、资产会计、总经办人员共同将实物变卖，交财务入账。

第二十五条　因客人损坏酒店物品而作出的赔偿，按照酒店门市价格收取，财务部视损坏物品的项目作相应的账务处理。

第二十六条　因员工损坏酒店物品，按照内部价格作出的赔偿，财务部视损坏物品的项目作相应的账务处理。

第二十七条　因员工违反酒店管理制度而缴纳的罚没款项，直接缴纳现金或从工资中扣除，财务部作相应的账务处理。

第十章　其他要求

第二十八条　以上收入控制环节需要相关部门提供报表资料的，相关部门必须及时、准确提供。否则，按照每次不低于50元对相关部门负责人进行经济处罚。情节严重的还要报集团相关部门进行纪律处罚。

第二十九条　以上相关人员未按时按质完成以上规定的,按照每次每条不低于20元进行处罚。

第三十条　对于涉及酒店收入的项目,尤其是客房租用物品、维修房,应该由财务经理或收银主管经常组织抽查,相应部门在不影响正常经营的前提下,必须给予无条件的支持与配合。

项目二　酒店成本费用控制

【案例导入】 "来两份麻团","对不起,今天只剩一份了";"招牌鱼头还有吗?""对不起,刚刚卖完"。由于面粉、食用油、鸡蛋、鲜鱼等食材涨价,一些酒楼不愿随意给招牌菜调价,就只得以"卖完了"托辞。中国连锁经营协会日前公布的一份最新中国连锁餐饮业发展战略趋势调查报告显示,有52%的被调查企业原材料成本增长率达10%～20%,16%的企业原材料增长率达到20%～30%。经营成本高涨主要体现在原材料、劳动力、房租和税收。半数以上的企业(56%)原材料成本占营业成本的30%以上。从成本增长率来看,劳动力、原材料、房租比例分别为53%、52%和32%。在原材料成本日益高涨的前提下,有47%的企业毛利率基本没变,另有16%和11%的企业分别增长5%以内和5%以上。

任务一　酒店客房成本费用控制

1. 结合上述案例,分析酒店如何控制成本费用。
2. 现有一个经济型的酒店,大概40间客房,两层,1100平方米左右。房间平均面积为20平方米。打算以锦江之星的风格装修,不过可能要比它低一点档次(资金问题)。使用分体空调、空气源热水器。请你计算,每间房每日的运营费用大概要多少呢?分别是哪一项?总的费用又是多少?

一、酒店客房成本控制管理

"开源节流"是酒店管理永远的话题,"挖潜创效"是酒店管理不变的主旋律。在酒店业竞争如此残酷的今天,作为酒店管理者,应如何将"开源节流"付诸实施,如何将"挖潜创效"变为现实,如何加强内部管理,提高经济效益?如何提高酒店核心竞争力?

一般来说,酒店客房成本管理涉及的部位、人员、环节较多,如不严格管理,容易出现失控,归纳起来,大致有如下几个方面。

1. 采购管理

客用品的采购是客房经营活动首要的物质基础,它直接决定着客房服务工作的质量和酒店的效益。但在采购管理这一环节中,常常出现不依据量本利的原则,不能合理、有效地确定最佳采购数量、价格、地点、时间等问题,无形中造成了成本核算的流失和浪费。如一次性用品属用量较大且有储存时限性的物品,确定其合理采购时间和数量就尤为关键。一次购量太大,既积压流动资金,又容易造成物品超期使用,属于花钱又误事的不良行为;若购量太少,虽加强了资金的流动,但这种化整为零的采购方式,在采购时所消耗的费用上,又出现了重复浪费现象,况且这些物品都具有酒店的标志,包装较为独特,在生产制作中又存在着制板问题,频繁地采购和更换厂家,仅在制板包装上,本身就是一个很大的浪费。再如,棉织品的采购,一次需购置大量,特别是床上用品,是采购成品,还是采料自加工,这就存在着成本计算问题。此外,进货质量(包括设备质量),如灯泡、水阀、吸尘器的使用寿命等都决定着成本的高低。由此可见,如何结合实际需要,实行优质采购,批量进货,以确保客用品成本有效控制,显得尤为重要。

2. 人力资源管理

由于客房部涉及酒店的范围较大,员工一般占全店总数的30%以上,人工费用是客房部经营管理费用中的大项,因此,人力资源管理工作也是不容忽视的。其失控原因主要表现在:① 人员的劳动效率不高。由于人员素质欠佳,缺乏严格的岗位培训,加之一些布局设施的不合理,先进设备使用量不够等,使劳动力的潜能不能得到很好的挖掘,造成人力资源的浪费,使得经营成本加大。作为经营管理者应该看到,提高员工的工作效率是控制人工成本的关键。② 管理水平欠佳。由于缺少完善的操作步骤和明确的岗位职责,使部门内出现了低效率区域,加之定员定额的不合理,不能根据需要实行满负荷工作量定员法以及劳动力调配的欠灵活性,导致不能根据劳动力市场的变化和淡旺季业务的需要,合理进行定员、安排班次和实行弹性工作制,这也是造成人工成本增加的一个主要原因。③ 随员工流动的频率加大而产生人工成本提高。由于人员流动的频繁,使客房在招聘、培训、督导等方面增加资金投入,也使得客房成本费用上升。人工成本的控制难度较大,必须认真落实、规范各项经营管理制度,充分调动员工的积极性,发挥人的主观能动性,挖掘人的潜能,达到降低成本的目的。

3. 物品控制

大多数酒店对一次性物品都是按照标准用量进行发放,虽然满足了客人的需求,但却存在着隐性成本浪费。如住店客人打开的香皂是否必须全部换掉,住客用剩的手纸、单人住客的牙刷是否都需一日一换等。另外,洁净完好的香皂盒、浴液若不回收和利用,更是一种成本的流失。总之,对一次性物品必须实行按实际用量发放,否则,就会造成物控失效,物品流失。

4. 设备设施的保养

客房部的设备不但种类多,数量大,使用频率高,而且设备的资金占用量也居酒店前列。在设备保养中,如果不坚持以预防为主的原则,不加强日常的保养和定期检修,就不能做到小坏小修,随坏随修,势必加剧设备的损坏速度,减少使用周期,增加设备更换频次,既造成大量的成本浪费,又严重影响酒店的服务质量。

另外,客房部应注意在本部门中培养兼职维修人员,通过专业知识培训,可对一些设备设施进行简单的维护、保养,也可对需要小修小补的设备,进行及时处理。这样,既提高了工作效率,又减少了维修费用的支出,还有利于延长设备设施的使用寿命。

5. 能源管理

客房部每日需消耗大量的能源,其中有些是必须的(客人的正常使用),有些则常因失控造成的,如面盆、浴盆、坐便的长流水;房间、卫生间的长明灯;空房空调和暖瓶热水蒸24小时都处于供应状态(可在客人到店前 4 小时做好准备);服务员清扫卫生间时,房间内的灯没及时关闭等,在无形的能源消耗中,也随之产生了无形成本浪费。

6. 备品管理

客房的备品管理是加强成本控制的一个重要环节,每日数以千计件用品的流动、使用和保管,稍有疏忽,便会出现如交叉污染、保洁不当,运送、洗涤过程中的划伤,保存过程中出现的潮湿发霉等问题,造成经营成本的加大。报废物品可否再利用? 如废弃床单改成枕套,单面破损枕套合二为一等。备品管理对成本的影响也是我们不可忽视的一个方面。

二、酒店客房成本费用控制方法

客房经营作为酒店经营的主要项目,其租金收入占整个酒店的 50% 左右,因此,加强客房成本费用的控制,对降低整个酒店的费用支出具有重要的意义。

客房经营过程中发生的各项支出是通过营业费用进行核算的。客房营业费用的高低与客房出租率的高低有着直接的关系。

客房费用可以分为固定费用和变动费用两部分。固定费用总额不会随出租率的高低而变化,但从每间客房分担的固定费用来讲,则会随着出租率的提高而减少。变动费用却与此相反,变动费用总额会随着出租率的提高而增加,但每间客房的变动费用在一定条件下和一定时期内却是个常数。因此,控制客房费用的支出,降低消耗,需从两方面入手。

1. 降低单位固定费用

降低单位固定费用的途径是提高客房出租率,通过出租数量的增加以降低每间客房分摊的固定成本费用。酒店出租客房,常因客源、季节、修理等因素出现一定的空房期。客房成本中固定的费用,不管客房出租多少都是一样的。因此,在计算每间客房成本时,应该制定合理的客房出租率,将空房间的费用消耗计算进去。具体可根据酒店历年客房出租情况,核定可靠的客房出租率和相应的合理利润率两项定额,也可核定保本出租率一项定额。

客房的保本出租率是指客房的营业收入减去变动费用等于固定费用时的客房出租率。即客房的利润刚够支付固定费用,处于不赔不赚状态。其公式为:

保本点客房出租数＝客房全部固定费用/(每间客房价格－每间客房变动费用)

保本点客房出租率(相对数)＝(保本点客房出租数/可供出租客房总间)×100%

客房每间日成本＝(客房使用面积×单位使用面积每天分摊固定成本)＋

每间每天分摊可变成本

客房单位使用面积每天分摊固定成本＝全年固定成本总额/(365 天×额定出租率×

客房总是要面积)

客房每间(套)每天分摊可变成本＝全年可变成本总额/(365 天×额定出租率×

客房间(套)总数)

2. 控制单位变动费用

控制单位变动费用主要是按照客房消耗品标准费用(即消耗品定额)控制单位变动费用支出。消耗品定额是对可变费用进行控制的依据,必须按酒店的不同档次,制定消耗品的配备数量和配备规定。对一次性消耗品的配备数量,要按照客房的出租情况落实到每个岗位和个人,领班和服务员要按规定领用和分发各种消耗品,并做好登记,以便对每人所管辖的客房消耗品数量进行对比和考核,对费用控制好的班组和个人要给以奖励,对费用支出超出定额标准的要寻找原因,分清责任,对由于主观因素造成的超标准支出要给以一定处罚。对于非一次性用品的消耗,要按酒店的档次和正常磨损的要求确定耗用量,尽量减少使用不当造成的损耗,加强领发料控制和安全保卫工作,减少丢失。通过对固定费用和变动费用的有效控制和管理,就能达到降低消耗、增加盈利的目的。

任务二　酒店餐饮成本费用控制

> 1. 根据原材料采购制度,设计某酒店餐饮原材料采购管理制度。
> 2. 根据酒店储存原料的控制要求,设计对某酒店原料的控制标准。

一、做好成本管理的基础工作

成本管理的基础工作,是成本管理工作能否见成效的重要环节。有些酒店成本管理效果不佳,成本总是降不下来,主要是其成本管理的基础工作薄弱、管理方法陈旧、管理手段落后,不能适应管理工作的要求,做好成本管理的基础工作,主要从以下几方面着手。

1. 建立健全成本管理的原始记录

建立健全成本管理的原始记录是正确计算费用、成本、考核的依据。因此,原始记录必须全面、完整、准确、及时,否则成本管理的考核、分析都将失去意义。

原始记录是直接反映酒店经营活动的最初记录资料。如原料的领用记录、工时耗用记录、考勤记录、费用开支记录等。原始记录要符合经营的需要,要加强对原始凭证,尤其是发票、支票收据的管理,以保证成本核算信息源头的真实、合法。做好原始记录工作,是酒店成本管理的一个重要方面。

2. 建立健全成本管理的物资收发、计量、验收和盘点制度

物资管理混乱、成本不实的重要原因,就是缺乏物资管理制度,或是物资管理制度不健全。

物资管理制度,就是对所有物资的收发都要进行计量、验收,办理必要的手续。有消耗定额的,应按消耗定额发料;没有消耗定额的,应按预算和计划的合理需要量发料,防止乱领乱用,造成积压浪费。定期对库存物质进行盘点,防止质变和呆滞积压,从而降低成本中的材料费用。

3. 建立健全钱、财、物的管理制度

根据酒店自身的实际情况,建立钱、财、物的管理制度,如成本计划、原料采购成本、消耗定额、收发料手续、费用开支标准、计量、计价等制度,从根本上扭转不讲成本、不计盈亏、采购无计划、用料无定额等无章可循的现象。

4. 采取先进的成本管理方法

管理方法落后,就不能充分发挥管理工作的作用,应创造条件积极采用一些先进的科学管理方法:① 实行目标成本管理。酒店应根据其具体情况,通过调查研究,制定出先进合理的标准成本作为企业的目标成本。目标成本确定后,再逐级分解,下达到责任单位、责任者,

认真落实并加强监督,定期检查目标的执行情况。目标成本管理有利于酒店之间的成本比较,发现自己管理工作的薄弱环节;也有利于酒店开展成本预测、决策、分析和比较。② 逐步形成科学的成本管理体系。采用成本预测、成本决策、成本计划、成本控制、成本分析以及考核的科学系统的方法体系,使成本预测能及时、准确地为成本决策提供所需要的数据;成本决策也能为成本计划提供科学的依据,成本核算提供的资料能够更好地为成本预测、成本决策、成本控制服务。

二、餐饮原料采购成本控制

餐饮成本控制的第一步是控制采购环节,采购环节的控制不仅仅是以低价格进行采购的问题,而是从总体上以最小的投入获得最大的产出。

(一)餐饮原料采购成本控制原则

1. 稳定原料质量原则

最佳时间和批量原则。使用部门和库房申购原料是有时间和数量要求的。采购部门必须保证按量采购供应。

2. 合理采购价格原则

一般来讲,批量购买价格低,而批量小、用货急、拖欠款,采购价格就高,采购部门必须想方设法以最合理的价格采购原料。

3. 提高采购效率原则

要能够及时应付临时采购的需要,以确保企业的正常经营,维护企业的形象,提高企业整体效益。

(二)制定科学合理的采购程序

餐饮采购工作程序就是通过设计科学合理的采购步骤,降低采购成本,增加企业效益。采购工作程序不仅包括采购部门内部的操作程序,还包括采购部门与其他相关部门的沟通程序,既要尽量减少中间环节,又要保持各环节的紧密联系和及时沟通,以节约采购时间、节省采购费用,避免因沟通不畅或不及时而导致采购原材料的损失浪费以及由于原材料供应不及时而影响企业的正常经营,直接降低企业的利润和效益。

采购程序的基本内容包括采购申请、采购审批、订货与采购、收货、采购经费的报销等。

(三)制定科学的采购标准

采购标准的基本内容一般有:编号、品名、类型;使用时间和入库时间要求;采购地点建议;质量、数量要求;最高限价及以往最低价格;填表人;使用部门。制定采购标准是一项比较复杂的工作,如果没有现成的资料和经验,可以借鉴优秀企业的采购标准,也可以参考政府或流通部门所颁布的有关质量标准,还可以借用供应商的原料标准,编写一整套符合企业具体要求的采购标准。

(四)采购环节的控制

采购环节控制的主要目的,是以最合理的价格购入最符合餐饮部门需要的餐饮原料。

1. 采购申请单

为了有效地加强采购控制,餐饮企业必须实行集中采购制度。即厨房日常经营所需的原料,应由厨师长本人或指定专人填写"采购申请单",提出采购申请;而厨师所需的所有仓储原料,则应由原料仓库保管员根据库存情况,并听取餐厅厨师长的建设后,填写"采购申请单",提出采购申请。"采购申请单"一式三联。其中,送交采购部门两联,申购部门留存一联,以备复查。采购中清单的基本格式如表5-3所示。

表5-3　采购申请单

申购部门:　　　　　　申请日期:　　　　　　用料日期:　　　　　编号:
申请人:　　　　　　　申请部门经理:　　　　采购部门经理:

原料编号	原料名称	原料规格	原料数量	建议供货商
合　计				

2. 采购订单

采购部门接到采购申请后,应立即着手订货。对鲜活原料,通常需由专人将各厨房的"采购申请单"汇总,得到批准后直接采购;对于库存原料,则要填写"采购订单",将"采购申请单"一联附后,经逐层审批后,再实施采购。"采购订单"一式四联。其中,一联交供货商订货、一联交申购部门作为申购回复、一联交财务部门验收员以交叉核对、一联采购部门自留,如表5-4所示。

表5-4　采购订单

申购部门:　　　　　　订货人:　　　　　　　用料日期:
订货日期:　　　　　　采购申请单编号:　　　供货商:

原料编号	原料名称	原料规格	原料数量	原料价格
合　计				

3. 质量控制

为了使采购的食品原材料能够达到使用要求,保证最经济地使用各种原材料,必须对所需原材料制定明确的规格标准,制定"原材料采购规格书"并加以说明,作为申购、订购、供货和验收的依据,以预先确定的原材料质量要求统一规格、保证质量,便于供货商供货和验收,减少差错和浪费。

4. 数量控制

餐饮原材料的数量关系到采购成本的高低、资金周转的速度和储存费用的多少,为了降低餐饮产品的成本,必须加强餐饮原材料的数量控制。

确定应采购数量的程序如下:

确定正常使用量。鲜活原材料具有易腐的特性,不宜库存。因而,厨房应根据需要每日或隔日申购。如果企业每两天采购一次鲜活和易变质的餐饮原料,厨师长应根据标准菜单和预测,确定每两天需使用多少数量容易变质的餐饮原料。据下列公式,可计算出每种原材料的申购数量。

某种原材料的申购数量＝某菜肴的预计销售份数×该菜肴标准菜单中的原材料标准用量
－厨房该原料的库存数量

确定现有数量。每天盘存容易变质的原料,可以对某些餐饮原料进行实地盘存,对另一些餐饮原料则只需通过实地观察确定一个估计存货量。

计算正常使用量与现有数量之差,确定应采购数量。

根据特殊宴会、节日或其他特殊情况调整正常使用量。

通常,餐饮企业每天或隔天都需要采购一些鲜活和容易变质的原料,包括海鲜、肉类、蔬菜等。每次采购数量可根据下列公式确定:

应采购数量＝需用数量－现有数量＋期末需存量

例 5-3 某餐饮企业现有库存牛肉罐头 100 听,平均日使用量为 15 听,规定采购周期为 20 天,平均订货期 4 天,安全系数为 50%。

从上述资料可知,该种罐头在采购周期 20 天内的使用量为 15×20＝300 听,订货期 4 天内的使用量为 15×4＝60 听,安全存量为 60×50%＝30 听。由此可以确定,该企业牛肉罐头的最低库存量应为 90 听(订货期内 60 听＋安全存量 30 听),最高库存量应为 360 听(采购周期内 300 听＋订货期内 60 听)。现有库存 100 听,已接近最低库存量,为了满足供应,应提出申购,最佳订购量为 290 听(300－100＋90)。

餐饮企业采购批量的确定应该精确,而且批量确定的依据要准确。餐饮企业管理人员应将批量确定工作用制度的形式固定下来,让仓库工作人员和厨房负责人定期依据企业生产情况和制度要求,确定每批采购量和两次采购之间的时间。这样,管理人员就可以从日常采购业务中解脱出来,有更多的时间考虑企业的长远发展和处理临时发生的问题,针对新情况和餐饮业发展的趋势及时开发新的经营项目,以提高餐饮企业的营业量,增加企业利润。每批采购量存在一个经济订货量确定的问题。

经济订货量,是指每次采购原料的最佳数量,即储存费用与订货费用和验收费用最低的订货批量。储存费,包括利息费用及与仓储相关的费用,如存货保险费、人工费用等;订货费用,包括电话费、差旅费、采购人员的工资、运杂费等;验收费用,包括验收人员的工资、验收工具费用、验收场地费等。企业为了降低这些成本费用,可使用经济批量公式确定最适宜的订货量,以降低与采购和存储相关的成本费用。

确定最佳采购批量需要考虑以下因素:

(1)菜肴销售数量。供应的菜肴数量增加,所需的餐饮原料数量也自然应增加。

(2)菜肴成本。菜肴成本是重点考虑的因素。如某些菜肴的成本上升会引起售价提高,造成销售量下降。在这种情况下,管理人员应研究是否需要继续采购这些原料。如果管理人员预料某种餐饮原料将调高价格,就可能会增加购买量;反之,如果管理人员预期某种餐饮原料的价格将下跌,就可能会减少订购量。

(3)仓储容量。企业的存储场地可能会限制采购数量。

(4)安全存储量。保持安全存储量可能要求购入比实际需要量更多一些的餐饮原料,防止发货中断、存货突降等问题。

（5）现有存储量。如果目前存量增加，采购数量可减少。

（6）供货单位的最低送货量。供应单位可能会规定送货的最低金额或最小重量。

（7）餐饮原料包装方式。有些供应单位不肯拆箱零售原料。因此，餐饮原料包装单位的有关制度也会影响采购数量。

5．价格控制

在加强采购质量、数量控制的同时，采购控制环节中最关键也是最困难的问题就是实施价格的控制。采购部门应以最合理的价格，购入最符合经营需要的原材料。原材料的价格最易受市场供应、供货渠道、供货商竞争、供货季节和采购数量等因素的影响，波动较大，控制难度也较大。控制采购价格的主要手段有两个：一个是掌握市场价格行情；另一个是采购方式的选择。

餐饮经营者必须深入而全面地进行市场调查，掌握市场价格行情，以便于对原材料采购价格实行控制。

目前主要有以下几种成功的价格控制做法：

（1）源头采购。为了减少中间环节，以最有利的价格采购餐饮原材料。很多餐饮企业坚持与大企业、大公司或大型超市发展业务联系，加大自采力度，掌握采购的主动权。

（2）公开招标，择优采购。餐饮企业在供货商及公众的监督下，以规定的方式和程序，在保证质量的前提下依据价格优势，对所需的餐饮原材料进行采购。以招标方式确定供货渠道和供货商，使采购的过程和结果始终公开透明，通过公开、公正、公平的竞争，净化采购环节，杜绝采购中黑暗交易的现象。

（3）联合采购。越来越多的连锁餐饮企业或几个餐饮企业，采用联手采购的方式采购餐饮原材料，以量压价，有效地加强对采购价格的控制。

（4）实行供货商保证金制度。为了防止供货商在原材料采购过程中发生有价无货、以次充好和掺杂使假等情况的发生，有些餐饮企业在与供货商签订供货协议时，要求供货商缴纳一定金额的保证金，用来制约其供货行为。一旦发生以上情况，以供货商缴纳的保证金来补偿餐饮企业的损失。

（五）验收控制

验收工作对确保餐饮企业的产品质量具有极为重要的作用。验收工作人员不仅要有强烈的责任心，而且必须熟悉、掌握各种原料的验收标准、程序和制度。为了确保验收控制效果、保证产品质量，应该对验收人员进行培训。培训内容，包括采购标准、采购批量确定的方法、验收程序及企业有关规章制度等。通过培训，全面提高验收工作人员的素质，为堵塞漏洞，保证原料质量，降低企业成本，提高企业效益打好基础。

规定验收程序，不仅可避免因人而异的随意性，还可保证验收工作有条不紊、验收项目全面细致，提高工作效率。

验收程序通常如下。

1．检查订单

根据"订货单"验收购入的原材料，"订货单"中未订购的原材料不予受理。

2．核对价格，验收质量和数量

根据供货发票检查原材料的价格，根据"订货单"和"采购规格书"验收质量和数量。为了提高工作效率,避免造成人力和财力的浪费,应按先核对价格,再验质量,最后验数量的顺序来进行原材料的验收。对验收不合格的原材料,应及时办理手续。

阅读材料　　　　　　　　如何同小商小贩打交道

中小酒店采购中的一个重要环节就是与农贸市场的小商小贩打交道,怎么"火眼金睛"识破他们的"把戏",不再把又鲜又亮的海鲜原料买回去一做却黏糊糊的,不再把既丰满又美观的虾买回去却是隔夜的,这不仅需要眼光,更需要经验。

1. 农贸市场的小贩们是非常现实的商人,他们见识广,信息流动大,没有显赫的社会背景,他们冷眼注视大大小小的酒楼老板兴衰起落。他们比酒楼老板更清楚酒楼的经营寿命,当他们群起向你讨要货款时,就是你行将结束酒楼经营使命的时刻。千万莫小看他们,也许他们衣衫褴褛,但此时可能正腰揣百万。在你得意时,他们个个都是"大忽悠",叫你的感觉好得要命,仿佛是个伟大的商人,心甘情愿地买走"拐杖",再发自内心的说一声"谢谢"!他们会在你的身后欣赏他们的猎物,说:这个傻小子!

2. 他们义愤填膺地告诉你,我们决不卖假货。但回头又会神秘兮兮地告诉你:回店里把大海虾用保鲜粉泡上,色泽好看,我们都是这么卖的。

3. 每个小贩头一次向你推销时,价格都会出奇便宜,你问到哪个品种,哪个品种都会物美价廉。第三次以后,价格就和从前的供应商一样了。

4. 冰鲜鱼、海货摆在白钢盘或白钢盆里,反光好,新鲜,品相端正,会叫你采购时义无反顾。

5. 有些冰鲜鱼,如黄花鱼、鲅鱼、鲳鱼,之所以新鲜光亮、荧光闪闪,是因为小贩们头天晚上把它们放在冰水里拱了一晚上。

6. 虾是交叉起摞摆放,丰满,美观。虾背朝外,增添亮度。

7. 活海参满肚是水,可能是海鲜缸里的海水不纯,掺有淡水。

8. 活海螺螺口朝上,浑身湿透,肯定是吸饱了海水。

9. 活海蟹装进保温箱,眼睁睁看见小贩们用不干胶带缠牢,回家打开,变成了一堆死蟹。这是在送货途中调包了。

10. 死蟹壳朝下,肚皮朝上,稍微变换角度,死蟹子就张牙舞爪活灵活现。死蟹子卖成活蟹子价。

11. 名贵的活鱼当面称好,为了充氧,加进一瓢海水,你会很熟练的喊,再放点冰块。假如回家一称,嘿!怎么少了半斤?小贩们非常了解酒楼的采购程序,活鱼进酒楼后为避免损伤,往往不经过验秤就直接放进海鲜缸了,采购时加进的海水,更是增加了验秤时的难度。

12. 有些卖水产的小贩们早晨到岗的第一件事,是往黑色塑料袋里加进数量不等的水,货物上秤之前你就已经被当成"傻根"了。还有的小贩把塑料袋套成双层,中间加水,更难发现。

13. 名贵冰鲜鱼你以很低的价格买进,不是你很有面子,而是鱼腹里塞进了低档鱼类或冰块。

14. 你眼睁睁地看见小贩给你称的是一块精肉,回家一看,却是一块白花花的肥肉。原来那块肥肉就在秤盘里,称秤时肥肉已经在其中了。

15. 贝类商品,好的总是摆在你的目光所及之处,装进你口袋里的很有可能差一些或是隔日货。

16. 小贩们不理睬你,做出很忙的样子,不是他真忙,而是他希望你赶快成交,把他的破烂货买走。

17. 白鲢血、鳝鱼血、鲤鱼血是小贩们手里的法宝,大鸦片鱼、小嘴鱼等不新鲜,少涂一些,会变得光鲜异常。

18. 市场中的水发货,大多使用碱类物质浸泡过,如百叶、蹄筋、鱼皮等,洁净光亮,好看不好吃。

19. 远海的货当近海的卖,养殖的冒充野生的,外地的说成本地的,家常便饭。

20. 双秤盘叠放是小贩经常使用的拿手好戏,当面验秤足斤足两,回酒楼以后肯定短两。

【提示】　许多日常采购是凭多年经验总结形成的,光凭在书本上学习这些经验是不够的。

三、原料存储成本的控制

酒店餐饮成本控制的主要对象就是原料。这就要在进货数量上把好第一关,规范库房业务程序,避免工作流程不畅造成的原料损失。

(一) 发料的控制

发料环节控制的任务,是在保证各餐厅厨房得到及时、充分的原料供应的前提下,控制领料手续和领料数量。

1. 实行领料单制度

发料人员对未经批准的不发放,有涂改或不清楚的不发放,手续不齐全的不发放,变质过期的原材料不发放。领料单的格式如表5-5所示。

表 5-5　领　料　单

领料部门_____　　　　　　　　　　　　　　　　　　　　　　　日期_____

原料编号	原料名称	原料规格	原料单位	原料数量		原料单价	原料金额
				请领数	实发数		

领料人_____　　领料部门经理_____　　保管_____　　记账员_____

2. 原材料发放实行"先进先出法"

所谓"先进先出法",是指先购入的原材料先发出,后购入的原材料后发出。其目的是保证餐厅厨房使用的原材料质量,避免变质、过期造成损失。

（二）存储量的确定

1. 原材料消耗定额

原材料消耗定额，是指在一定的设备技术条件下，为加工所需菜肴而消耗的原材料数量标准。制定合理的原材料消耗定额，常用方法有经验估计法、统计分析法和技术分析法三种。

经验估计法是以有关人员的经验和历史资料为依据，通过分析估计来确定原料消耗定额的方法。因为餐饮原料品种多、数量变化大、季节性强，进货质量和净料率各不相同，很难用统一的方式来测定。核定消耗定额的方法一般是以历史经验为基础，在分析餐厅接待能力、淡旺季的差别后大致确定。

2. 原料储备定额

原料储备定额，是指在一定业务技术条件下，为完成一定的生产任务，保证经营活动连续性所必需的最经济合理的原料储备数量标准。

餐饮原料的储备通常是由经常储备、保险储备和季节性储备三部分组成的。

经常储备，是指前后两批原料入库的间隔期内，为满足餐饮经营所需的原材料储备。经常储备定额计算公式：

$$经常储备定额＝前后进货间隔天数×平均每天需要量$$

保险储备是为了防止交货误期、运输受阻等原因造成的产、供脱节而设立的一种后备性质的原料储备。保险储备定额计算公式：

$$保险储备定额＝平均每天需要量×保险天数$$

$$某项原料的储备定额＝经常储备定额＋保险储备定额$$

例 5-4 某酒店计划一季度需要 360 千克的香菇，每 3 个月进货一次，但由于购货地点较远，有运输受阻的可能，需要有 15 天的保险天数，该原料经常储备定额、保险储备定额各为多少？总储备定额为多少？

解 进货间隔天数＝30×3＝90（天）

平均每天的需要量＝360÷120＝3（千克）

经常储备定额＝90×3＝270（千克）

保险储备定额＝3×15＝45（千克）

香菇的总储备定额＝经常储备定额＋保险储备定额＝270＋45＝315（千克）

为了克服原料受季节性因素的影响，还需要建立有季节储备，即

$$季节储备定额＝平均每天需要量×中断天数$$

例 5-5 某酒店平均每天需要对虾 20 千克，需要在产虾季节储备，中断天数为 210 天，季节性储备应为多少？

解 季节储备＝平均每天需要量×中断天数＝20×210＝4200（千克）

以上三种储备定额的确定，主要考虑酒店外部供应条件，没有考虑到酒店内部储存多少应是最经济、合理的。可以利用经济批量的计算方法，考虑酒店储存费用。

阅读材料

一家经营了近七年的酒楼，前几年生意一直不错，最近食客量下降，一个月下来利润下

降了 30％。经过分析发现,这家店菜谱设计不合理,且后厨存在明显的成本浪费。

这家店的菜谱上有 150 道菜品,但是每道菜用到的原料几乎都不相同,算下来,一共用了 100 种原料,很多原料在菜谱上只做了一道菜。

因为凡是点菜单上有的菜原料都要准备,所以厨房每天要提前准备 100 种原料,厨房人员劳累不说,那些只做一道菜的原料准备好后,一旦销售不理想,原料最后只能扔掉。比如鳝鱼丝,在整个菜谱上只有一道“响油鳝糊”用到,鳝鱼丝保存时间短、容易变质,超过三天就只能丢掉,店里经常出现由此产生的原料浪费。

经济形势好的时候,客流量比较大,150 道菜每天大都能达到销售 10 道的最低水平,但是客流量减少了,很多菜品几天卖不出去一份,原料浪费现象一下子凸显出来。解决这个问题的主要方法就是采取原料套用。大型饭店的毛利高,因此不需要太多原料套用的菜,但中小型饭店毛利低,原料套用就显得尤为重要。

思考与练习

1. 假如你是酒店的经营管理者,你认为增加酒店收入的方式有哪些?
2. 酒店客房的收入控制有哪几个环节? 每个环节如何控制?
3. 酒店采购成本如何控制?
4. 酒店常用的费用控制方法有哪些?

能力训练

一

为了更好地控制成本,毛家饭店成立了一个成本控制小组,这个小组有对内、对外管理两种职能:

成本控制小组——原材料定价小组(对外)——厨部　采购　仓库　财务　总经办

成本控制小组——费用节能小组(对内)——总经办　服务部　销售部　后勤(员工宿舍、食堂、保洁)厨部　财务

对外管理。成立原材料定价小组,首先确定定价小组的工作流程:

(1) 定价小组的构成:组长、副组长、成员;

(2) 监督机构;

(3) 工作程序:每月 13 日、14 日两天市场调查,15 日与供货商开定价会议,28、29 日分两次市场调查,30 日开定价会议;

(4) 小组成员分组、分区域进行市场调查,每组成员的构成以及区域的划分随时调整,以保证调查数据的真实客观。

对本酒店经常使用的原材料,如蔬菜、水果、水产品、肉禽蛋类的市场价格及供应变化情况,所调查的供货商的有关信息,如商铺、地址、信誉度、供货能力、付款方式等进行全面的了解和评估,由定价小组成员与供货商共同定价,定价以市场调查资料为参考依据,将本饭店相关部门对原材料使用要求作为定价的基础,对各供货商的报价及综合情况进行研究讨论,

最终确定供货商和价格,所有供货价格在定价会议上最终确定后,由定价小组成员签字生效,对于一些波动比较大的原材料,每月安排最少两次调查。

对内管理。节能小组是由总经理发起的,组成人员由总经理指定的小组长以及财务、服务、销售、后勤、厨部、总经办等部门指定的一名工作人员组成。假如整个酒店的费用指标为80万元,各个部门就会制定相应的费用指标。如每天的水电费用,楼面所需要的拖把费用等。如果部门费用超过费用指标5%,就要受到处罚,如果低于费用指标就会给予一定的奖励。

酒店还用费用节能小组节约下来的费用设立了一个总经理基金会,基金会的钱用来奖励优秀员工和组织员工出游等活动,这不但为酒店节约了费用,还丰富了员工的生活。

一般费用节能小组采取轮流值班制,对全酒店物料使用情况进行检查监督。制定各部门费用指标,监督各部门执行情况。

环节一

后勤部:负责后勤部每月物料用品、水电空调使用情况的执行和监督,特别在餐具的管理上实行两级流程控制制度,专人负责,层层把关,服务部不往洗涤间送破损餐具,洗涤间不向厨部、服务部送破损餐具,两个环节对到本岗位的餐具进行把关,如发现有破损的餐具,退回上一环节。因操作失误造成餐具破损,应主动登记汇报,对于一些易耗品实行以旧换新的办法,并在每月5日将上月工作情况以书面形式汇报到成控组组长处。

环节二

前厅服务部:负责前厅服务部每月物料用具、印刷品、餐具、水电、空调等的使用和监督,并大力开展开源节流,杜绝浪费。在一些物料使用上制定使用期限、保管方法,申购时要对物品价格有所了解,同期相比有无上浮。在空调照明方面要制定开关时间表,基层管理者要随时检查,要求每月5日前将上月工作情况以书面形式报到成控组组长处。

环节三

出品部:专人负责出品部的物料用具、水电空调合理使用的执行和监督。对酒店原材料的价格、质量、进货等进行跟踪监督管理,确保原材料的合理使用、杜绝浪费。制定原料生产加工的标准、净料率和熟料率。对新购进从未使用过的原材料,应测其净料率和熟料率是否符合成本管理的要求。标准菜谱应包括菜名、制作份数、份额大小、投放原料的名称、规格、数量、需要的生产设备、详细的制作程序、时间和方法。标准菜谱不仅控制了各种原材料的投放数量和规格,还严格控制了产品的质量。建立生产标准和控制方法,分别对加工、配制、烹调三个环节标准控制,对某些经常容易出现生产问题的环节重点管理、重点检查,提高各种原材料的综合利用率,将当天新鲜不能用于出品的原材料转换为工作餐利用。

环节四

行政部:负责全酒店范围内办公用品合理使用的执行和监督。对每个部门的办公用品要明码标价,每月汇总通知各部门,对超量使用浪费行为要处罚。

提醒:要做好成本控制工作,必须培养全员节能意识,让员工养成视店为家的精神,管理人员加强巡查力度,对饭店任何产生费用的工作流程加强监督。各工作岗位的员工是成本控制的有效控制者,只有全体员工从上到下组成一个全员成本管理系统,才能形成一个人人为酒店、处处讲效益的氛围。

请根据以上案例,结合调研企业,分析酒店成本费用控制上的具体措施。

二

按照一般的规律,餐饮原料成本约占营业额的 1/3 左右,餐饮原材料的采购是整个餐饮经营实践的第一步,也是餐饮成本控制的第一个环节,采购"一招不慎",整个经营就有些尴尬。下面就是一些常见的采购方法。

1. 寻价三人行

寻价,是价格谈判中不可缺少的重要一环。所谓寻价三人行,是指一个阶段(如每月两次)市场寻价,采购员、库房验收员、厨师长 3 人同行,采购员最熟悉市场价格走势,库房验收员注重货品质量,厨师长明白质量优劣,3 人各自发挥特长,共同把关价格。这样,厨师长也可时常逛逛市场,一来及时了解市场行情,二来注意新的货源。寻价之后,制订出原料(主要是鲜活部分)价格,发给各厨房,由厨师长据此调整相应菜肴。

2. 灵活进货,减少存货

鲜活原料每日进货,日进日出,基本上不存货,既保证原料新鲜度,又降低库存所占资金;对于急需的原料,实行"紧急采购",由厨师长填单,经财务总监、餐饮总监共同签字后,直接采购,由厨师长验货。这样能减少中间环节,保证厨房的紧急需要。对于一些如鱼翅这样的特殊原料,实行单独采购。这样能够保证优质优价,不存货,不浪费,满足了需要。另外,库房还不定期地打出"慢流动"表,凡是库存超过 100 天的,都要上该"黑名单",然后找到责任厨师长,寻求解决办法,做到不浪费。

3. 搞好成本控制和厨师长负责制

各厨房的成本控制,实行厨师长负责制。从原料的订购、领用到菜单"标准菜谱"的填写,都要有厨师长的签字。每天都开一个例会,由财务公布昨天的"食品成本日报"。每个厨师长都会根据规定的成本率来比照所公布的实际发生的成本率,孰高孰低,人人心里都有一本明白账,那些达不到规定的成本率,就该好好想想办法了。通过公布"食品成本日报",目的是让各厨房每天都要心中有数,这样在经营上能够做到弹性有度。每天一个"食品成本日报"就汇成了月末报表"食品成本平衡表",在这个表上,一个月的成本与销售额都显示出来,通过数字比较,发现成绩和问题,并且分析原因,从而为下个月的经营打下基础。

采购是一个凭真水平的东西,各单位、各个人通常都有一些独特的经验。学习这些实际经验能使自己早日融入社会之中。

根据上述资料,你对采购方法有什么新的认识?

6 模块六
酒店分配决策与利润规划

知 识 目 标	能 力 目 标
1. 了解酒店分配的原则及影响因素。 2. 熟悉酒店分配程序。 3. 掌握不同的股利分配方式。 4. 掌握股利分配方案的制订以及酒店利润规划方法。	1. 能够运用酒店分配知识,协助酒店管理层选择股利政策,制定酒店分配方案。 2. 能够运用本量利分析相关知识,对酒店利润进行规划。

项目一 酒店分配决策

【案例导入】 振华大酒店由 A、B、C、D 四人共同出资创立。其中 A 投入资金 10%,任总经理,B 投入资金 10%,任副总经理,C 投入资金 70%,不参与酒店运作,D 投入资金 10%,也不参与酒店运作。由于公司创办之初,没有实质性的章程,关于利润分配也没有明确的协议,因此此酒店分配上矛盾重重。A、B 两人认为,酒店经营业绩主要是他们的功劳,平时的薪酬较低,利润按投资比例分配不合理,应该提高自己的薪酬;而 C、D 两人认为,提高 A、B 的薪酬会影响自己的分红。

任务一 制定酒店分配方案

运用所学知识,结合调查分析,制定上述虚拟酒店的收益分配方案,并分组讨论交流。

一、酒店分配的原则

酒店分配是指酒店按照国家财经法规和酒店章程对所实现收益进行分配以满足各有关方面经济需求的一种财务行为。为了充分发挥收益分配协调各方经济利益、促进酒店理财目标实现的功能,要求贯彻以下原则。

1. 依法分配原则

为规范酒店的收益分配行为,国家制定和颁布了若干法规,这些法规规定了酒店收益分配的基本要求、一般程序和分配比例,主要体现在:一方面,酒店实现的利润应按照税法的规定先计算缴纳所得税;另一方面,酒店税后利润的分配要按照《公司法》的有关规定进行,包括合理确定税后利润分配的项目、顺序和比例等。

2. 积累优先原则

收益分配要在给投资者即时回报的同时考虑酒店的长远发展,留存一部分利润作为积累。我国财务制度规定,企业必须按照当年税后利润扣减弥补亏损后的10%提取法定盈余公积金,当法定盈余公积金达注册资本50%时可不再提取;酒店以前年度未分配利润可以并入本年度利润分配;酒店在向投资者分配利润前,经董事会决定,可以提取任意盈余公积金。

3. 兼顾各方面利益原则

参与酒店分配的主体主要有国家、投资者和职工等。国家以行政管理者的身份无偿参与企业的利润分配,主要形式是征收所得税;投资者作为酒店的所有者,对酒店的利润拥有所有权,因而酒店须按照所有者出资的比例对其分配税后净利润;职工作为酒店的创造者,也应有适当的方式参与净利润的分配。

4. 盈亏自负原则

盈亏自负原则要求酒店的亏损要用以后年度实现的利润进行弥补,并注意收益分配程序和政策中所体现的原则,如股利分配中同股同权、同权同利体现了投资与收益对等原则,正常股利加额外股利政策体现了分配与积累并重的原则等。

5. 公正原则

酒店在利润分配中应遵守公开、公平、公正的原则,一视同仁地对待所有投资者。酒店的所有投资者在企业中只以其股权比例享有其合法权益,酒店的经营获利情况应当向所有的出资者及时公开,利润分配方案应交股东大会讨论并充分尊重中小股东的意见。

二、收益分配程序

按《公司法》等相关法律的规定,酒店当年实现的净利润应按下列顺序分配:

(1) 提取法定公积金。根据规定,公司制企业一般按当年实现净利润10%提取法定盈余公积金,非公司制企业根据需要按下列不低于10%的比例提取。企业提取的法定公积金累计额达到公司注册资本的50%时,可以不再提取。

(2) 提取任意盈余公积。公司从税后利润中提取法定盈余公积金后,经过股东大会决议,还可以从税后利润中提取任意公积金;非公司制企业经类似权力机构批准,也可以提取任意公积金。

(3) 向投资者分配利润或股利。公司弥补亏损和提取公积金后所剩余的税后利润,加上年初未分配的利润,为本年可供投资者分配的利润。

上述利润分配顺序的逻辑关系是:酒店以前年度亏损未弥补完,不得提取盈余公积金;在提取盈余公积金以前,不得向投资者分配利润。因此,要求酒店的收益分配必须严格按照国家的法规进行。

需要强调,企业亏损的弥补与其他利润分配内容的关系。在我国,企业发生亏损,一般可用以后盈利年度的税前利润、税后利润以及公司的公积金弥补。如果企业存在以前年度发生的未弥补的亏损,则本年实现的利润应先弥补亏损(亏损发生后第一个盈利年度起5年内,可用税前利润弥补;超过5年的,可用税后利润弥补);也可用公司以前年度提取存的公积金补亏。以前年度亏损未弥补完之前,不得提取法定公积金;末提取法定公积金前,不得向投资者分配利润。补亏之后的剩余利润可按正常情况进行分配。

例 6 - 1 联谊酒店开始经营的前八年中实现的税前利润(发生亏损以"—"表示)如表 6 - 1所示。

表 6 - 1　联谊酒店前八年的税前利润表　　　　　　　　　　　单位:万元

年份	1	2	3	4	5	6	7	8
利润	—100	—40	30	10	10	10	60	40

假设除弥补亏损以外无其他纳税调整事项,该酒店的所得税税率为30%,联谊酒店按规定享受连续五年的税前利润弥补亏损政策,税后利润(弥补亏损后)按10%的比例提取法定盈余公积金。请分析后回答下列问题。

1. 该公司第七年是否需要缴纳所得税?

2. 该公司第八年是否有利润用于提取法定盈余公积金? 是否有利润可供股东分配?

解　1. 酒店第一年的亏损100万元可以由以后五年内的利润弥补,但酒店第3~6年的利润弥补后尚有40万元未能弥补,须用以后年度的税后利润加以弥补。酒店第七年的利润60万元应弥补第二年发生的亏损40万元,弥补亏损后的利润20万元应缴纳所得税6万元,税后利润14万元还要弥补第一年的亏损,故第七年应缴纳所得税,故不应提取法定盈余公积金。

2. 酒店第八年的利润40万元应首先缴纳所得税12万元,税后利润28万元弥补第一年的亏损26(40—14)万元后还剩余2万元,故第八年应提取法定盈余公积金2000元,剩余的18000 元可分配给股东。

例 6 - 2　A 股份有限公司 2008 年有关资料如下:

1. 2008 年度税后利润总额为 2500 万元;

2. 5 年以前尚未弥补的亏损为 500 万元;

3. 经董事会决定,法定盈余公积金的提取比例为10%,任意盈余公积金的提取比例为5%;

4. 支付 1000 万股普通股利,每股 1 元,总额为 1000 万元。

要求根据上述资料以利润分配表形式列出利润分配程序。

解　利润总额首先用来弥补以前年度亏损(因为这 500 万元的亏损已经超过了用税前利润抵补亏损的法定期限并列示为年初未分配利润),然后按其余额提取法定盈余公积金为200 万元(2000×10%),提取任意盈余公积金为 100 万元(2000×5%)。根据上述资料,将 A公司的利润分配程序用利润分配表形式表示,如表 6 - 2 所示。

表 6 - 2　A 公司 2008 年度利润分配表　　　　　　　　　　　单位:元

项　　目	本年实际
利润总额	25000000
加:年初未分配利润	—5000000
可供分配的利润	20000000
减:提取法定盈余公积金	2000000
提取任意盈余公积金	1000000

项　目	本年实际
可供股东分配的利润	17000000
减：应付普通股股利	10000000
未分配利润	7000000

三、酒店分配应考虑的因素

(一) 法律因素

为了保护债权人和股东利益,许多国家的有关法规如《公司法》、《证券法》和税收相关法律法规都对企业收益分配予以一定的硬性限制。这些限制主要体现在以下几个方面。

1. 资本保全约束

要求收益分配的客体不能来源于原始投资,也就是不能将资本(包括股本和资本公积)用于分配,目的在于使公司能有足够的资本以保护债权人的权益。

2. 股利出自盈利

规定公司年度累计净利润必须为正数时才可发放股利,以前年度亏损必须足额弥补。有税后净收益是股利支付的前提,但不管净收益是本年度实现的,还是以前年度实现节余的。

3. 偿债能力约束

如果公司已经无力偿还债务或因发放股利将极大影响公司的偿债能力,则不准发放股利。

4. 资本积累约束

要求企业按照一定比例和基数提取盈余公积金,贯彻无利润不分配的原则。

5. 超额累积利润积累约束

股东接受股利缴纳的所得税高于其进行股票交易的资本利得税,于是许多国家规定公司不得超额累积利润,一旦公司的保留盈余超过法律认可的水平,将被加征额外税额。我国法律对公司累积利润尚未作出限制性规定。

(二) 股东因素

股东从自身需要出发,对公司的股利分配往往产生一定的影响。

1. 稳定的收入和避税

一些依靠股利维持生活的股东,往往要求公司支付稳定的股利,若公司留存较多的利润将受到这部分股东的反对。另外,一些高股利收入的股东又出于避税的考虑(股利收入的所得税高于股票交易的资本利得税),往往反对公司发放较多的股利。

2. 控制权的稀释

公司支付较高的股利就会导致留存盈余减少,这又意味着将来依靠发行股票等方式筹集资金的可能性增大;而发行新股,尤其是普通股,意味着企业控制权有旁落他人或其他公司的可能,因为发行新股必然稀释公司的控制权,这是公司原持有控制权的股东们所不愿看到的局面。因此,若他们拿不出更多的资金购买新股以满足公司的需要,则宁肯不分配股利也会坚持反对募集新股。

（三）酒店的因素

就酒店的经营需要来讲,也存在一些影响股利分配的因素。

1．盈余的稳定性

酒店是否能获得长期稳定的盈余是其股利决策的重要基础。盈余相对稳定的酒店能够较好地把握自己,有可能支付比盈余不稳定的酒店较高的股利;而盈余不稳定的酒店一般采取低股利政策。对于盈余不稳定的酒店来讲,低股利政策可以减少因盈余下降而造成的股利无法支付、股价急剧下降的风险,还可将更多的盈余再投资,以提高酒店权益资本比重,减少财务风险。

2．资产的流动性

如酒店资产的流动性较高,即持有大量的货币资金和其他流动资产,变现能力强,也就可以采取较高的股利率分配股利;反之就应该采取低股利率。一般来说,酒店不应该也不会为了单纯地追求发放高额股利而降低酒店资产的流动性,削弱酒店的应变能力去冒较大的财务风险。

3．举债能力

具有较强举债能力(与酒店资产的流动性相关)的酒店因为能够及时地筹措到所需的现金,有可能采取较宽松的股利政策;而举债能力弱的酒店则不得不多滞留盈余,因而往往采取较紧的股利政策。

4．投资机会

有着良好投资机会的酒店需要有强大的资金支持,因而往往少发放股利,将大部分盈余用于投资;缺乏良好投资机会的酒店,保留大量现金会造成资金的闲置,于是倾向于支付较高的股利。正因为如此,处于成长中的酒店应多采取低股利政策,陷于经营收缩的酒店应多采取高股利政策。

5．资本成本

与发行新股相比,保留盈余不需花费筹资费用,是一种比较经济的筹资渠道。所以,从资本成本考虑,如果酒店有扩大资金的需要,也应当采取低股利政策。

6．债务需要

具有较高债务偿还需要的酒店可以通过举借新债、发行新股筹集资金偿还债务,也可直接用经营积累偿还债务。如果酒店认为后者适当的话(比如前者资本成本高或受其他限制难以进入资本市场)将会减少股利的支付。

（四）其他因素

1．债务合同约束

酒店的债务合同,特别是长期债务合同,往往有限制酒店现金支付程度的条款,这使酒店只能采取低股利政策。

2．通货膨胀

在通货膨胀的情况下,酒店折旧基金的购买力水平下降,会导致没有足够的资金来源重置固定资产。这时,盈余会被当做弥补折旧基金购买力水平下降的资金来源,因此在通货膨胀时期酒店股利政策往往偏紧。

由于存在上述种种影响股利分配的因素,股利政策与股票价格就不是无关的了,酒店的价值或者说股票价格不会仅仅由其投资的获利能力所决定。

任务二 股利分配决策

一、股利分配政策的评价与选择

股利分配政策是酒店就股利分配所采取的策略和方针,如设计多大的股利支付率、以何种形式支付股利、何时支付股利等问题。支付给股东的盈余与留在酒店的保留盈余存在此消彼长的关系。所以,股利分配既决定给股东分配多少红利,又决定有多少净利留在酒店。股利决策也是酒店内部筹资决策。

目前,主要的股利政策主要有以下四种。

1. 剩余股利政策

剩余股利政策就是在酒店有着良好的投资机会时,根据一定的目标资本结构(最佳资本结构),测算出投资所需的权益资本,先从盈余当中留用,然后将剩余的盈余作为股利予以分配。

例 6-3 2008 年已提取公积金、公益金之后的税后净利为 1500 万元。目前,公司的最优资本结构为:权益资本占 70%,债务资本占 30%。2009 年公司有一个投资项目,该项目需要的投资总额为 1000 万元。该公司决定采用剩余股利政策来向股东分配股利,已知公司流通在外的普通股为 1000 万股,那么每股普通股至多能分配多少股利呢?投资项目需要的 1000 万元资金应如何筹集呢?

解 1000 万元投资总额对公司权益资本的需求为:

$$1000 \times 70\% = 700(万元)$$

所以,投资总额 1000 万元的筹集方式是:700 万元用税后净利来满足,剩余的 300 万元通过举债的方式来筹集。

1500 万元在满足投资项目对权益资本的需要之后剩余的部分为:

$$1500 - 700 = 800(万元)$$

每股普通股可以分配的股利为:

$$800 \div 1000 = 0.8(元)$$

采用剩余股利政策时,应遵循以下四个步骤:

(1) 设定目标资本结构。即确定权益资本与债务资本的比率,在此资本结构下,加权平均资本成本将达到最低水平。

(2) 确定目标资本结构下投资所需的股东权益数额。

(3) 最大限度地使用保留盈余来满足投资方案所需的权益资本数额。

(4) 投资方案所需权益资本已经满足后,若有剩余盈余,再将其作为股利发放给股东。

剩余政策的优点是能保持理想的资金结构,使综合资金成本最低;缺点是股利额随投资机会变动,不能与盈余较好地配合。

2. 固定股利政策

固定股利政策就是将每年发放的股利固定在某一水平上并在较长的时期内不变,只有当酒店认为未来盈余会显著地、不可逆转地增长时,才提高年度的股利发放额。

固定股利政策的主要目的是避免出现由于经营不善而削减股利的情况。采用这种股利政策的理由在于:

(1)稳定的股利向市场传递着酒店正常发展的信息,有利于树立酒店良好形象,增强投资者对酒店的信心,稳定股票价格。

(2)稳定的股利额有利于投资者安排股利收入和支出,特别是那些对股利有着很高依赖性的股东更是如此。而股利忽高忽低的股票则不会受这些股东的欢迎,股票价格会因此而下降。

(3)稳定的股利政策可能会不符合剩余股利理论,但考虑到股票市场会受到多种因素的影响,其中包括股东的心理状态和其他要求,因此为了使股利维持在稳定的水平上,即使推迟某些投资方案或者暂时偏离目标资本结构,也可能要比降低股利或降低股利增长率更为有利。

固定股利政策的优点是有利于投资者安排收入与支出,并保持酒店股票价格的稳定;缺点是股利与盈利能力相脱节,没有考虑酒店流动性与内部积累资金的要求,尤其是在盈利较少的年份,若仍要维持较高的股利,容易造成资金短缺,使酒店财务状况恶化。

3. 固定股利支付率政策

固定股利支付率政策就是酒店确定一个股利占盈余的比率,长期按此比率支付股利的政策。在这一股利政策下,各年股利额随酒店经营的好坏而上下波动,获得较多盈余的年份股利额高,获得盈余少的年份股利额低。

主张实行固定股利支付率的人认为,这样能使股利与酒店盈余紧密配合,以体现多盈多分、少盈少分、无盈不分的原则,才算真正公平地对待了每一位股东。但是,在这种政策下各年的股利变动较大,极易给人造成酒店不稳定的感觉,对于稳定股票价格不利。

固定股利比例政策的优点是充分体现了风险投资与风险收益的对等;缺点是容易使外界产生酒店经营不稳定的印象,不利于股票价格稳定与上涨,很少有公司采用这种政策。

4. 正常股利加额外股利政策

正常股利加额外股利政策就是酒店一般情况下每年只支付固定的、数额较低的股利;在盈余多的年份,再根据实际情况向股东发放额外股利。但额外股利并不固定化,不意味着酒店永久地提高了规定的股利率。

主张实行正常股利加额外股利政策的人认为:

(1)这种股利政策使酒店具有较大的灵活性。当酒店盈余较少或投资需用较多资金时,可维持设定的较低但正常的股利,股东不会有股利跌落感;而当盈余有较大幅度增加时,则可适度增发股利,把经济增长的部分利益分配给股东,增强他们对公司的信心,这有利于稳定股票的价格。

(2)这种股利政策可使那些依靠股利度日的股东,每年至少可以得到虽然较低但比较稳定的股利收入,从而吸引住这部分股东。

正常股利加额外股利政策的优点是具有较大的灵活性,在维持既定的股利发放水平的同时给酒店较大的弹性,对酒店和股东都比较有利,因而被很多酒店采用。

以上各种股利政策各有所长,酒店在分配股利时,应借鉴其基本决策思想,制定适合自己实际情况的股利政策。

二、股利支付的方式

股利支付方式有多种,常见的有以下几种。

1. 现金股利

现金股利是以现金支付的股利,是酒店最常见的、也是最易被投资者接受的股利支付方式。现金股利减少酒店的所有者权益和现金,增加了酒店的支付压力。因而酒店支付现金股利除了要有累计盈余(特殊情况下可用弥补亏损后的盈余公积金支付)外,还要协调酒店的股价、投资需要和股东要求之间的矛盾,并考虑以下因素:① 股东的意愿;② 酒店投资的需要;③ 现金供应量。

2. 股票股利

股票股利是酒店以增发的股票作为股利的支付方式,是一种比较特殊的股利,它不会引起酒店资产的流出或负债的增加,不改变每位股东的股权比例,只涉及股东权益内部结构的调整,将资金从留存盈利账户转移到其他股东权益账户,因此不会引起股东权益总额的改变。

酒店发放股票股利,可能出于以下几方面的考虑:

(1)保留现金。发放现金股利会使公司的现金大量减少,可能会使酒店由于资金短缺而丧失投资良机或增加酒店的财务负担;而发放股票股利,则不会减少酒店现金持有量,又能使股东获得投资收益,有利于酒店将更多的现金用于投资和扩展业务上,减少对外部资金的依赖。

(2)避免股东增加税收负担。对股东而言,现金股利需要缴纳所得税,而股票股利则不需要纳税,即使将来出售需要缴纳资本利得税,其税率也较低。

(3)满足股东投资的意愿。股东投资的目的是为了获得投资报酬,发放股票股利可以使股东得到减轻税收负担的好处,又会使股东得到相当于现金股利的收益。

(4)降低酒店的股价。发放股票股利可以增加酒店流通在外的股份数,使酒店股价降低至一个便于交易的范围之内。降低酒店的股价有利于吸引更多的中小投资者,提高股票市场占有率,有利于减轻股市大户对股票的冲击,有利于酒店进一步增发新股。

例 6 - 4　C公司在发行股票前资产负债表上的股东权益账户如表6-3所示。

表6-3　C公司股东权益账户　　　　　　　　　　　　　　　　单位:万元

项　　目	资　　金
股本(普通股面值2元,已发行1000万股)	2000
资本公积	100
留存收益	1400
股东权益合计	3500

假定该公司宣布发放 5% 的股票股利，即股东每 100 股可得到 5 股增发的普通股，公司共发放 50 万股普通股股利。当时股票的公开市价为每股 15 元。试列出发放股票股利对股东权益各项目的影响。

解　随着股票股利的发放，留存收益中有 750 万元（50×15）的资金要转移到股本和资本公积金账户上，使之减少到 650 万元。转移到股本账户使股本增加 100 万元（50×2）而达到 2100 万元，其余转移到资本公积金账户上，使资本公积金增加 650 万元（750－100）而达到 750 万元。所以，股票股利发放对资产负债表中股东权益各账户的影响如表 6-4 所示。

表 6-4　C 公司发放股利后的股东权益账户　　　　　　　　　　　　　　单位：万元

项　　　　目	资　　金
股本（普通股面值 2 元，已发行 1050 万股）	2100
资本公积	750
留存收益	650
股东权益合计	3500

3. 财产股利

财产股利是以现金以外的资产支付的股利，主要是以酒店所拥有的其他企业的有价证券，如债券、股票，作为股利支付给股东。具体有实物股利和证券股利。

4. 负债股利

负债股利是酒店以负债支付的股利，通常是以酒店的应付票据支付给股东，在不得已情况下也有发行公司债券抵付股利的。

财产股利和负债股利实际上是现金股利的替代。这两种股利方式目前在我国公司实务中很少使用，但并非是法律所禁止的。

三、股利分配的程序

股利分配的程序主要有以下几个阶段。

1. 确定股利分配方案

《公司法》规定，公司分配股利，首先由公司董事会根据公司盈余情况和股利政策，拟定股利分配方案（包括配股方案），然后提交股东大会审议通过。只有经股东大会审议通过的股利分配方案才具有法律效力，才能向社会公布。

2. 股利分配方案宣布和股权登记

股利分配方案经股东大会审议通过后，公司必须及时予以公开宣布，宣布的内容包括：股利分配金额、股利宣告日、股东登记日、除息日、除权日、实际支付日（派息日）、派息方式（现金或送股等）、配股数额、配股价、领取股利的地点、参加分配的资格等。

（1）股利宣告日。股利宣告日是指将公司股东会议决定的股利分配情况予以公告的日期。例如，A 公司 2008 年 4 月 20 日召开股东会议，宣布每股派现 0.5 元，5 月 1 日为股权登记日，5 月 10 日支付。

（2）股权登记日。股权登记日是指有权领取股利的股东资格登记截止日期，又称为除权日。只有这一日在公司股东名册上登记有名的股东，方有权领取最近一次发放的股利。在股权登记日以后购买股票的新股东无权参与本次分配。股权登记日一般在分配方案宣布后的 10～20 天内。

（3）除息（权）日。除息日就是除去股利的日期,也就是领取股利的权利和股票相互分离的日期。在除息日前,股利包含在股票的价格之中,该股票称为含权股(含息股),持有股票就享有获取股利的权利。除息日开始,股利权与股票相互分离,股票价格会下降,此时,股票称为除息股或除权股。而在除息日当天或以后新购买股票的股东则不能享受这次股利。其原因是,股票买卖之间的交接过户需要一定的时间,如果有股票的转让,公司可能不能够及时地获得股东变更的资料,只能以原登记的股东为股利支付对象。为了避免冲突,证券行业一般规定在股权登记日的前 4 天(或 3 天)为除息日。自该日起,股票为无息交易。也就是说,新股东如果希望获取本次股利,就必须在股权登记日的 4 天前购入股票,否则,股利仍然由原股东领取。例如,A 公司以 5 月 1 日为股权登记日,往前算 4 天为 4 月 27 日,这一天为除息日。因此,购买股票的人如果希望获取股利,就必须在 4 月 26 日或以前购买,否则,股利仍属原来的股东。

（4）股利支付日。股利支付日就是公司向股东正式发放股利的日期。

3. 股利发放

从股利支付日起,公司将在几天内向已经登记在册的各个股东发放应得股利。我国目前的实际发放情况大致有三个渠道:

（1）流通股利。通过证券交易所的各级清算网络直接划到各投资者的资金账户中。

（2）国有股股利。直接划到政府委托的部门。

（3）法人股、内部职工股的股利。通过托管机构或证券登记机构等中介机构发放或由公司直接发放。

项目二　酒店利润规划

【案例导入】　凤味餐厅主要经营川菜,餐厅供应午餐和晚餐,每月的房租、水电、工资等固定成本为 10000 元,每位顾客平均消费 15 元,每份餐的变动成本为 7 元。试问:该餐厅每天或每月至少多少的客流量才能保本? 如果目前每月的客流量是 2000 人,那么该餐厅经营的安全程度如何?

任务一　酒店保本保利分析

1. 请调研一酒店,分析酒店经营中,哪些费用属于变动成本? 哪些费用属于固定成本?

2. 为了增加酒店盈利能力,酒店在降低单位变动成本、固定成本方面有哪些措施?

一、成本性态分析

本量利分析就是成本—业务量—利润之间依存关系的简称,是在变动成本法的基础上,以数量化的会计模型与图形来揭示固定成本、变动成本、销售量、营业收入、利润等变量之间内在规律性联系,为会计预测、决策和归还提供必要财务信息的技术方法。

(一) 变动成本

变动成本是指在一定时期和一定的业务量范围内,成本总额随着业务量的增减变动成正比例增减变动的成本。其特点如下。

(1) 在一定时期、一定业务量范围内,变动成本总额是随着业务量的变动而成正比例变动的。若用符号 b 表示单位变动成本,则其成本性态可表示为(见图 6-1):

变动成本总额 $y=bx$

(2) 在一定时期、一定业务量范围内,单位变动成本是不随业务量的变动而变动的。其成本性态可表示为(见图 6-2):

单位变动成本 $y=b$

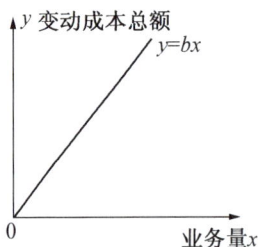

图 6-1 变动成本总额性态模型   图 6-2 单位变动成本性态模型

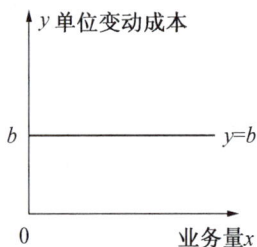

需要指出的是,变动成本总额与业务量之间的正比例变动关系只是在一定时期和一定的业务量范围内实现的,超过这一业务量范围,两者之间就不存在这种正比例变动关系。

(二) 固定成本

固定成本是指在一定时期、一定业务量范围内,成本总额不受业务量变动的影响,保持不变的成本,如建筑物、设备等按直线法计提的折旧费用,管理人员的工资,办公费,职工教育培训费,财产保险费等。其特点如下。

(1) 在一定时期、一定业务量范围内,固定成本总额不受业务量变动的影响,固定不变。在平面直角坐标系上,固定成本线就是一条平行于 x 轴的直线,其总成本模型为 $y=a$,如图 6-3 所示。

(2) 在一定时期、一定业务量范围内,随着业务量的变动,单位固定成本按反比例变动。反映在坐标图上是一条反比例曲线,单位成本模型 $y=a/x$,如图 6-4 所示。

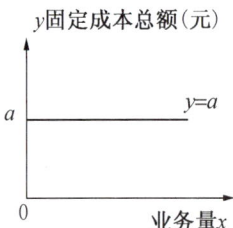

图 6-3 固定成本总额性态模型   图 6-4 单位固定成本性态模型

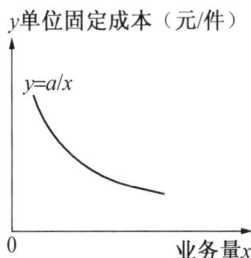

为了寻求降低固定成本的正确途径,可将固定成本按其是否受管理当局短期决策行为

的影响,进一步细分为约束性固定成本和酌量性固定成本两类。

约束性固定成本是指不受管理当局短期决策行为影响的那部分固定成本。这类成本反映的是形成和维持酒店最起码生产经营能力的成本,也是酒店经营业务必须负担的最低成本,又称经营能力成本。包括酒店机器设备的折旧费、保险费和管理人员薪金等内容。这类成本具有很强的约束性,即随着酒店经营能力的形成,这类成本在短时间内不能轻易改变,如果硬性追求约束性固定成本的降低,就意味着削减酒店的经营能力,有可能影响或改变酒店长远目标的实现和导致盈利能力的降低。因此,在不改变酒店经营方向的前提下,降低此类固定成本通常不宜采取降低其总额的措施,而应从经济合理地利用酒店的生产能力,提高业务量,降低单位成本入手。

酌量性固定成本,又称选择性固定成本,是指受管理当局短期决策行为影响,可以在不同时期改变其数额的那部分固定成本,包括广告费、职工培训费等内容,这类成本的发生可以增强酒店的竞争能力,但其发生额服从于酒店的经营方针,一般由酒店的管理当局在会计年度开始前,对这类成本的各个项目是否需要继续支出,是否需要增减做出决定。所以,降低本类固定成本的有效途径就是降低其总额的支出,这就要求在预算时精打细算、避免浪费,在不影响生产经营的前提下,尽量减少其绝对支出额。

二、本量利分析

(一)本量利分析的前提

本量利分析建立和使用的数学模型和图形,是以下列基本假设为前提条件的。

1. 成本性态分析假设

酒店所有的成本费用均可按成本性态划分为变动成本和固定成本两类,且有关的成本性态模型已经建立。

2. 相关范围及线性假设

在一定时期和一定业务量范围内,成本水平保持不变。在受某决策影响的整个时期内固定成本保持不变;变动成本随销售量变化而作线性变化。

本量利分析的假设,是对企业日常具体经济业务活动的量化分析,但应该注意到,酒店现实的经营活动受多方面因素的制约和影响,这就对本量利分析方法的实际应用提出了更高的要求,成功的运用必须结合酒店自身的实际情况。在运用本量利分析原理进行预测或规划的基础上辅之以必要的调整或修正,或从更深层次的角度研究建立适合本酒店特点的本量利分析模型,从而克服原有本量利分析方法的局限性,使其得到广泛的应用。

(二)本量利的相互关系

1. 损益方程式

目前多数酒店计算利润时,都是首先确定一定期间的收入,然后计算与这些收入相配合的成本,两者之差为期间利润。本量利分析的基本公式是:

$$利润=销售收入-销售成本=销售收入-变动成本-固定成本$$
$$=(单价-单位变动成本)\times 销售量-固定成本$$

例6-5 某酒店客房部每年的固定成本1450000元,每间客房每天的平均房价240元,每间客房的变动成本为80元,本年计划销售15300间客房,计算该酒店当年预计实现的利润。

解 当年预计实现的利润为
$$240 \times 15300 - 80 \times 15300 - 145000 = 998000(元)$$

2. 贡献边际方程式

在本量利分析中,贡献边际是销售收入减去变动成本后的余额,也可称边际贡献、贡献毛益、边际利润。

贡献边际有两种表现形式。一种是单位概念,如单位贡献边际,是指销售单价减去单位变动成本后的余额。其计算公式为:

$$单位贡献边际 = 销售单价 - 单位变动成本$$

单位贡献边际反映的是增加一个单位的销售可提供的毛益额。

贡献边际的另一种表现形式是总额概念,如贡献边际总额,是指销售收入总额减去变动成本总额后的余额。其计算公式:

$$贡献边际 = 销售收入 - 变动成本 = 单位贡献边际 \times 销售量$$

根据本量利关系基本公式,贡献边际、固定成本及营业利润三者之间的关系可表示为

$$营业利润 = 贡献边际 - 固定成本$$

从上述公式可以得出,酒店销售提供的贡献边际,并非酒店的利润,但它与酒店利润的形成有着密切的关系。因为酒店获得的贡献边际,首先要用来弥补固定成本,只有当贡献边际大于固定成本时,才能为酒店提供利润。否则,如果贡献边际不够补偿固定成本,则会出现亏损。

贡献边际的相对数为贡献边际率,即贡献边际总额占销售收入总额的百分比,或单位贡献边际占销售单价的百分比。它反映每百元销售额中能提供的毛利,其计算公式为:

$$贡献边际率 = \frac{贡献边际}{销售收入} \times 100\%$$

与贡献边际率密切相关的指标是变动成本率。变动成本率是指变动成本总额占销售收入总额的百分比,或单位变动成本占销售单价的百分比,它反映每百元销售额中变动成本所占的金额。其计算公式为:

$$变动成本率 = \frac{变动成本}{销售收入} \times 100\% = \frac{单位变动成本}{销售单价} \times 100\%$$

因为贡献边际加上变动成本等于销售收入,所以贡献边际率加上变动成本率等于100%,故它们之间的关系为:

$$贡献边际率 = 1 - 变动成本率$$
$$变动成本率 = 1 - 贡献边际率$$

上述表明,变动成本率低的酒店,贡献边际率高,创利能力大;变动成本率高的酒店,贡献边际率低,创利能力小。故以上公式也可表示为:

$$单位贡献边际 = \frac{贡献边际}{销售量} = 销售单价 \times 贡献边际率$$
$$贡献边际 = 销售收入 \times 贡献边际率$$

（三）保本点的含义及表现形式

保本点，是指使酒店达到保本状态的业务量，即在该业务量水平上，酒店的销售收入等于总成本。

保本点通常有两种表现形式：一种是用实物量表现，称为保本销售量，即销售多少数量的产品才能够保本；另一种是用货币金额表现，称为保本销售额，即销售多少金额的产品才能够保本。可表示为：

$$保本量 = \frac{固定成本}{销售单价 - 单位变动成本}$$

$$保本额 = 销售单价 \times 保本量$$

也可表示为：

$$贡献边际 = 固定成本$$

或 　　　$$保本量 = \frac{固定成本}{单位贡献边际}$$ 　　或　　 $$保本额 = \frac{固定成本}{贡献边际率}$$

（四）保利点的含义及表现形式

保利点，是指使酒店达到一定的目标利润而需实现的业务量或销售收入。

保利点通常有两种表现形式：一种是用实物量表现，称为保利销售量，即销售多少数量才能够保利；另一种是用货币金额表现，称为保利销售额，即销售多少收入才能够实现目标利润。可表示为：

$$保利量 = \frac{固定成本 + 目标利润}{销售单价 - 单位变动成本}$$

$$保利额 = 销售单价 \times 保利量$$

也可表示为：

$$贡献边际 = 固定成本 + 目标利润$$

或 　　　$$保利量 = \frac{固定成本 + 目标利润}{单位贡献边际}$$

或 　　　$$保利额 = \frac{固定成本 + 目标利润}{贡献边际率}$$

三、本量利相关因素变动规律分析

1. 因素变动对保本点和保利点的影响

（1）单价单独变动的影响。当单价上升时，单位贡献边际和贡献边际率同时上升，保本点和保利点就会降低，使得经营状况向安全方向发展；单价下降时，单位贡献边际和贡献边际率同时下降，保本点和保利点就会升高，使得经营状况向不安全的方向发展。

（2）单位变动成本单独变动的影响。单位变动成本的变动，会引起单位贡献和贡献边际率向相反方向变化，因而使得保本点和保利点向着单价变动影响的相反方向变化。变动成本上升，会增加保本点和保利点，使酒店的经营状况向不安全的方向发展；单位变动成本下降时，会减少保本点和保利点，使酒店的经营状况向安全的方向发展。

（3）固定成本因素单独变动的影响。固定成本的增加会使保本点和保利点提高，使酒店的经营向不利方向发展；相反，固定成本的减少会使保本点和保利点降低，使酒店的经营向有利方向发展。

（4）目标利润因素单独变动的影响。目标利润的变动只会影响保利点，而不会影响保本点。

（5）销售量因素单独变动的影响。由于保本点和保利点本身就是业务量指标，因此销售量的变动只会影响应用利润，对保本点和保利点的计算都不会产生影响。

2. 有关因素变动对安全边际的影响

（1）单价因素单独变动的影响。由于单价变动会引起保本点向相反方向发展，因而在销售业务量既定的条件下，会使安全边际向着同方向变动。

（2）单位变动成本因素单独变动的影响。单位变动成本的变动会导致保本点同方向变化，从而在销售业务量既定的条件下使安全边际向反方向变化。

（3）固定成本因素单独变动的影响。固定成本变动使保本点向相同方向变化，从而使安全边际向相反方向变化。

（4）预计销售量因素单独变动的影响。预计销售量的变动，会使安全边际向同方向变化。

3. 有关因素变动对利润的影响

（1）单价的变动可通过改变销售收入从正方向影响利润，即在不考虑其他因素时，单价提高，利润增加；反之，单价降低，利润减少。

（2）单位变动成本的变动可通过改变变动成本总额从反方向影响利润。在不考虑其他因素时，变动成本降低，利润增加；反之，亦然。

（3）固定成本的变动会从反方向直接改变利润。

（4）销售量的变动可通过改变贡献边际总额从正方向影响利润。

例 6 - 6　某酒店拥有客房 200 间，每天预计出租率为 60%，每间标准价格 250 元，每间变动成本为 100 元，全年固定成本为 350 万元，则酒店损益状况如何？

解　销售收入：　　　　$200 \times 60\% \times 250 \times 365 = 1095$（万元）

　　　成本：　788（万元）

　　　　　　变动成本：$200 \times 60\% \times 100 \times 365 = 438$（万元）

　　　　　　固定成本：350（万元）

　　　利润：　　　　307（万元）

例 6 - 6 中，如果出租率、单价、单位变动成本、固定成本等因素中的一项或多项变动，都会对利润产生影响。

假设由于房间内备用品涨价，使每间变动成本上升到 160 元，利润将变为：

利润＝$200 \times 60\% \times 250 \times 365 - 200 \times 60\% \times 160 \times 365 - 3500000 = 442000$（元）

由于单位变动成本上升 60 元（160－100），使酒店最终利润减少 2628000 元。酒店应根据这种预见到的变化采取措施，设法抵消这种影响。当然，其他因素的变动，也可以用上述方法进行分析。

任务二　酒店经营安全程度评价

一、安全边际、安全边际率及保本作业率的计算

1. 安全边际

安全边际是指酒店实际或预计销售业务量超过保本点业务量的差额。安全边际也有两

种表现形式：一种用实物量表示，称为安全边际销售额；另一种用货币金额表示，称为安全边际额。计算公式是：

$$安全边际量＝实际或预计销售量－保本销售量$$
$$安全边际额＝实际或预计销售额－保本销售额$$

安全边际可以表明酒店实际或预计销售额与保本额之间的差距，说明酒店达不到预计销售目标而又不至于亏损的范围有多大，这个范围大，酒店亏损的可能性就越少，经营的安全程度就越高。同时，只有安全边际内的销售（额）才能给企业提供利润，因为固定成本总额已被保本点弥补，所以安全边际内的销售额减去其自身的变动成本后即为酒店的利润。也就是说，安全边际范围内的边际贡献就是企业的盈利。即

$$利润＝安全边际量×单位贡献边际＝安全边际额×边际贡献率$$

2. 安全边际率

安全边际率是指安全边际量（额）与实际或预计销售量（额）的比率。安全边际率是以相对数的形式表现酒店经营安全与否的一项重要指标。安全边际量或安全边际额反映酒店经营的安全程度。安全边际大，酒店的经营安全程度就越高，发生亏损的可能性就越小；反之，酒店经营的安全性就较差。同样，安全边际率越高，酒店经营的安全程度就越高，发生亏损的可能性越小；反之，酒店经营的安全程度就越低，发生亏损可能性就越大。

安全边际率的计算公式：

$$安全边际率＝安全边际量/实际或预计销售量＝安全边际额/实际或预计销售额$$

根据安全边际与利润之间的关系可得：

$$利润率＝安全边际率×边际贡献率$$

西方国家评价企业经营安全程度的一般标准如表6-5所示。

表6-5 酒店经营安全性评价标准

安全边际率	10%以下	10%～20%	20%～30%	30%～40%	40%以上
安全程度	危险	值得注意	较安全	安全	很安全

3. 保本作业率

保本作业率是指保本销售量（额）与实际或预计销售量（额）之比。计算公式：

$$保本作业率＝\frac{保本销售量（额）}{预计销售量（额）}$$

保本作业率是说明企业经营安全程度的反指标，指标数值越小，说明企业经营的安全程度越高，企业生产经营的潜力越大，获利能力越强；反之，则越差。

安全边际率与保本作业率的关系如下：

$$安全边际率＋保本作业率＝1$$

二、经营杠杆和经营杠杆系数

1. 经营杠杆和经营杠杆系数的概念

经营杠杆是指在酒店生产经营中由于存在固定成本而使利润变动率大于产销量变动率

的规律。根据成本性态,在一定产销量范围内,产销量的增加一般不会影响固定成本总额,但会使单位产品固定成本降低,从而提高单位产品利润,并使利润增长率大于产销量增长率;反之,产销量减少,会使单位产品固定成本升高,从而降低单位产品利润,并使利润下降率大于产销量的下降率。所以,只有在没有固定成本的条件下,才能使贡献毛益等于经营利润,使利润变动率与产销量变动率同步增减。但这种情况在现实中是不存在的。这样,由于存在固定成本而使利润变动率大于产销量变动率的规律,在酒店财务管理中就常根据计划期产销量变动率来预测计划期的经营利润。为了对经营杠杆进行量化,在酒店财务管理中把利润变动率相当于产销量(或销售收入)变动率的倍数称之为"经营杠杆系数(DOL)",并用公式表示为:

$$经营杠杆系数(DOL)=利润变动率/销售变动率$$

在某一固定成本比重的作用下,销售量变动对利润产生的作用,被称为经营杠杆。由于经营杠杆对经营风险的影响最为综合,因此常常被用来衡量经营风险的大小。经营杠杆的大小一般用经营杠杆系数表示,即利润变动率与销售量变动率之间的比率。

酒店经营风险的大小常常使用经营杠杆来衡量,经营杠杆的大小一般用经营杠杆系数表示,它是酒店计算利息和所得税之前的盈余变动率与销售额变动率之间的比率。

第一,它体现了利润变动和销量变动之间的变化关系。

第二,经营杠杆系数越大,经营杠杆作用和经营风险越大。

第三,固定成本不变,销售额越大,经营杠杆系数越小;经营风险越小;反之,则相反。

第四,当销售额达到盈亏临界点时,经营杠杆系数趋近于无穷大。

酒店一般可通过增加销售额、降低单位变动成本和固定成本等措施来降低经营杠杆和经营风险。

2. 经营杠杆和经营杠杆系数对企业收益的影响

酒店的成本按其特征可分为变动成本与固定成本两部分。在相关范围内,酒店产销量的变动不会改变其固定成本总额,但它会使酒店单位产品所分摊的固定成本发生升降,从而提高或降低酒店的收益。

例 6-7 假设甲、乙两酒店有关数据如表 6-6 所示。

表 6-6 相关数据

项　　目	甲酒店	乙酒店
产品销量(件)	10000	10000
单位售价(元)	50	50
单位变动成本(元)	30	20
固定成本总额(元)	100000	200000
税前收益(元)	100000	100000

由表 6-6 可知,尽管甲、乙两酒店成本结构不同,但是其实现的税前收益是相同的。由此看来,似乎成本结构对企业收益没有影响,然而,若甲、乙两酒店的销量变动,对收益的影响却大不一样。

如甲、乙两酒店销量分别增长 10%,其他条件不变,其销量变动对收益的影响结果如表

6－7 所示。

表 6－7　变动后的数据

项　目	甲酒店	乙酒店
产品销量(件)	11000	11000
单位售价(元)	50	50
单位变动成本(元)	30	20
固定成本总额(元)	100000	200000
税前收益(元)	120000	130000

显然,销售量增加的幅度一样,而酒店收益增加的幅度不一样,这种效益变动幅度大于销售变动幅度的现象,正是经营杠杆作用的结果。

一般情况下,高固定成本、低变动成本结构的酒店,相对于低固定成本、高变动成本结构的酒店,其经营杠杆功能强(如例 6－6 中乙酒店),经营风险也较大;反之,其经营杠杆功能弱,经营风险也较小。酒店的经营杠杆可用经营杠杆率表示。

经营杠杆率(DOL)＝收益变动率÷销售变动率＝边际贡献总额÷税前收益

根据表 6－7 资料,甲、乙两企业经营杠杆率分别为:
甲酒店：DOL＝(50－30)×10000÷100000＝2(倍)
乙酒店：DOL＝(50－20)×10000÷100000＝3(倍)

甲酒店收益增长是其产品销量增长的 2 倍,也就是说,销量若增长 10％,其收益将增长 20％(10％×2);同理,乙酒店的收益增长为其产品销量的 3 倍(即收益增长 30％)。

一般而言,酒店经营杠杆率,随着销量的增加和收益的增加而逐渐降低,越接近于损益均衡点,经营杠杆率越高,当酒店收益趋于零时,经营杠杆率表现为无穷大。必须指出的是,经营杠杆的影响是双向的,若酒店的销量下降时,其收益也是以销量下降的若干倍数降低的。因此,根据经营杠杆的特点,酒店可以充分利用它来控制、调节其经营活动。

由经营杠杆率的上述公式可进一步推导出:

经营杠杆率＝(税前收益＋固定成本总额)÷税前收益＝1＋固定成本总额÷税前收益

从该公式计算的结果可知,酒店只要存在固定成本,经营杠杆率总是大于 1,并且经营杠杆率随着固定成本总额的变动呈同方向变动。即在酒店收益一定的情况下,固定成本的比重越大,经营杠杆越高;反之,经营杠杆率则越低。所以,若酒店在生产经营过程中,能对固定成本支出加以合理控制,不仅能提供等额的收益,而且还可以降低酒店的经营风险。

另外,还可将经营杠杆率公式作如下调整:

经营杠杆率＝边际贡献总额÷税前收益
　　　　　＝单位边际贡献×销量÷(单位边际贡献×销量－固定成本总额)

可见,经营杠杆率随着产品销量的变动而呈反方向变动,即销量上升,经营杠杆率会降低,酒店经营风险也降低;反之,销量下降,会导致经营杠杆率上升,从而增大酒店经营风险。所以,酒店应充分利用其现有生产能力扩大销售,这样既可以增加酒店收益,又可以降低酒店经营风险。

思考与练习

1. 某公司 2001 年税后利润在提取公积金、公益金后为 4000 万元。2004 年投资计划已定,所需资金 4800 万元。经测定,公司合理的资金结构应为权益资本占 60%,债务资本占 40%。若公司当年流通在外的普通股为 2000 万股,采用剩余股利政策每股普通股应发放多少股利?

2. 某公司采用剩余股利政策向股东发放股利,已知该公司确定的最优资本结构中,权益资本和债务资本的比例为 7:3,该公司年底提取了盈余公积金和公益金后的净利润为 2000 万元。另外,该公司有一个很好的投资机会,其需要的投资总额为 1500 万元,年底该公司发行在外的普通股总数为 1000 万股。请问:① 该公司每股普通股能分到的股利数额是多少? ② 该公司应如何筹资?

3. 顺达酒店于 2008 年末利润分配前的股东项目权益资料如表 6-8 所示。

表 6-8 顺达酒店 2008 年末利润分配前的股东项目权益资料　　单位:万元

项　　　目	金　　额
股本——普通股(每股面值 1 元,400 万股)	400
资本公积	160
末分配利润	1040
股东权益合计	1600

假定酒店股票的现行市场价为 20 元,酒店按每 10 股送 1 股的方案发放股票股利,并按发放股票股利后的股票数派发每股现金股利 0.30 元,股票股利的金额按现行市价计算。请计算完成上述方案后的股东权益各项目数额。

4. 某酒店 2008 年度房价统一为 280 元,客房的平均入住率为 40%。假定该酒店客房的单位变动成本为 80 元,酒店全年的固定成本总额为 1200000 元。请计算:

(1) 酒店 2008 年需要达到 300000 元利润的客房入住率。

(2) 调研周边酒店的客房入住情况,对酒店实现目标利润提出自己的建设和措施。

能力训练

酒店股利分配实训

一、实训教学目的

通过本次实训,使学生对酒店不同股利政策形式及其优缺点有进一步的了解,把握股利政策与酒店筹资、投资和其股票市场价值之间的关系,对酒店分或不分股票股利的利弊进行论证和把握。

二、实训教学要求

1. 学生利用报纸、杂志或网络等工具,收集有代表性的酒店的股利分配方案。

2. 要在把握充分资料的基础上,写出对各酒店股利政策的分析报告。(要求主题明确,

分析有条理,文字精练,可以做全面分析,也可以就某一方面做深入分析）

三、实训教学内容

1. 酒店股利政策的类型。

2. 各种股利政策的比较。

3. 股票股利的利弊。

四、实训教学步骤

1. 利用报纸、杂志或网络等工具收集酒店股利分配方案的资料。

2. 收集酒店筹资、投资和股票走势的资料。

3. 分析酒店股利政策的决定因素。

4. 对酒店的股利政策提出自己的看法和观点。

5. 写出分析报告。

五、实训教学考核

1. 过程考核：实训的各个步骤的执行与完成情况。

2. 结果考核：分析报告。

7

模块七

酒店财务预算

知识目标	能力目标
1. 掌握酒店预算组织和编制程序。 2. 掌握酒店预算的编制过程。 3. 了解酒店预算编制的方法。 4. 了解酒店预算管理中应该注意的问题。	1. 根据预算编制的程序编制酒店预算。 2. 对酒店预算与实际之间的差额进行分析。

项目一　酒店预算的组织与程序

【案例导入】　时代大酒店实行费用支出按年度预算,分月调整预算执行计划的管理办法,即各部门每年年末根据酒店年度工作计划,编制各部门下年度费用预算。每月月末,根据年度预算及各部门在工作中的实际情况,调整编制下月的费用预算。预算一经确定,各单位须严格执行。

酒店各部门将编制好的费用预算报交财务部,由财务部对各部门的费用支出预算进行汇总和初步审核,财务部有权了解预算中各项费用的用途和开支理由,并对不合理的项目提出修理意见。财务部将初步审核后的年度预算提交总经理办公会、董事会审批通过;月度预算提交总经理或其委托负责人审批。

预算是指酒店经营者为了实现未来一定时期的经营目标,以货币为计量单位,对酒店所拥有的各种资源,事先进行科学合理的规划、测算和分配,以约束指导酒店的经营活动,保证经营目标顺利完成的一系列具体规划。

任务一　酒店预算组织

调研某一酒店,了解酒店的预算组织结构及其运转机制。

在酒店管理中,预算来自酒店的战略计划。在编制预算之前,酒店应首先对内部、外部环境进行科学的分析和预测,并制订战略计划。战略计划在实施之前,必须以数量化的形式加以反映,以便为战略实施过程中对各种资源的有效配置和使用提供依据,也就是说,预算就是用货币形式反映企业在一定时期内生产经营活动的总目标和各项具体的数量说明。预算一般以年为时间单位，将战略计划具体分解为各种数量指标，即规定了酒店一年内的各种经营目标。预算是落实酒店战略的工具，同时为经营控制提供了依据和标准。因而，预算连接了战略计划与经营控制，是酒店管理中必不可少的工具。完整的预算过程包括预算编制、预算控制和预算分析三个环节。

预算编制是预算管理的首要职能，是实施预算控制的基础，它需要最高管理部门的支持和组织内部各部门通力协作。企业需要有确定的组织机构管理预算，一般包括以下机构。

一、法定代表人

法定代表人应当对酒店财务预算的管理工作负总责任。董事会或者经理办公会可以根据情况设立财务预算委员会或指定财务管理部门负责财务预算管理事宜。

二、预算委员会

预算委员会由高级管理人员，如CEO、主要经营者和财务主管组成，也可以由酒店财务管理部门执行该项职能。预算委员会拟订预算的目标、政策，制定预算管理的具体措施和办法，提出酒店一定期间的总体经营目标，指导各部门形成自己的工作目标，审查协调各部门编制的预算。

三、财务管理部门

酒店财务管理部门具体负责组织酒店财务预算的编制、审查、汇总、上报、下达、报告等具体工作，跟踪监督财务预算的执行情况，分析财务预算与实际执行的差异及原因，提出改进管理的措施和建议。

四、内部各职能部门

酒店内部的各职能部门配合财务预算委员会做好总预算的综合平衡、协调、分析、控制、考核等工作。

五、酒店基层单位

酒店所属的基层单位在财务管理部门的指导下，负责本单位现金流量、经营成果和各项成本费用预算的编制、控制、分析工作，接受上级的检查、考核。

任务二　预算编制程序

（1）酒店预算管理委员会依据预算年度工作要求，结合酒店发展战略及其要求，提出预算年度的预算总目标，并报最高决策机构批准。

（2）预算管理委员会依据已批准的预算总目标和既定的目标分解方案，计算、确定各部门的分目标。

（3）各部门依据分目标的要求对预算及其年度相关业务进行预测，寻求实现目标的具体途径，形成预算草案报预算管理委员会。

（4）预算管理委员会综合各部门的预算初稿，每个人可以根据自己对预算和酒店经营的理解提出修改意见，以使预算更科学、更可行。

（5）最高决策机构审议、批准预算，并下发执行。

项目二　酒店预算编制与控制

【案例导入】　某酒店结合以往的经营情况，预计 2009 年度营业收入情况为：营业收入第一季度 30 万元，第二季度 45 万元，第三季度 60 万元，第四季度 54 万元。如果在每季度的营业收入中，本季度收回现金 60％，下季度收回 40％，不考虑坏账损失等因素。请编制营业收入预算并预计现金收入。

任务一　酒店预算的编制

假如你的好友正准备开一家新酒店，请帮你的好友编制一份酒店预算。

一、部门预算的编制

一个完整的酒店预算的编制过程是以部门利润表为起点的。比如，在没有参考部门利润表的情况下，一个酒店的预计资产负债表便无法编制；在不知道部门的营业收入和支出时，也无法编制酒店的现金预算；同样，在不知道部门经营利润预算之前，也无法编制酒店关于设备、家具更新、股利支付或未来财务安排等长期预算。

（一）预测部门营业收入

虽然部门利润表可以按年编制，但是编制预算时更需要的是月度的利润表。编制月利润表是非常必要的，有了它每个月都可以进行预算与实际结果的对比工作。如果每年才进行一次预算与实际结果对比工作，那么有些必要的调整工作可能被拖延，也就达不到控制经济活动的目的。

在预测月营业收入时要考虑下列因素：以往的实际营业收入数及趋势；现在期望的趋势；经济因素；竞争因素；限制因素。

例 7 - 1　假定某餐厅过去三年中 1 月份的营业收入情况如表 7 - 1 所示。

表 7 - 1　某餐厅过去三年中 1 月份的营业收入情况

年　　份	营业收入
2006	600000 元
2007	700000 元
2008	750000 元

现在是 2008 年的 12 月份，我们要编制 2009 年的预算。2007 年的营业收入比 2006 年增加了 16.7％，2008 年比 2007 年增加了 7％。这些增加完全是由于顾客人数的增加而产生的。三年中售价未发生变化，餐厅的规模也没有发生改变。在 2009 年其规模也不准备扩大。由于附近将新开一家酒店，所以我们不期望 2009 年 1 月顾客数量会增加，但也不希望

失去已有顾客。由于经济趋势的影响,成本可能会上升,不得不从 2009 年 1 月开始将售价提高 5%,因此预测的 2009 年 1 月的营业收入为:

$$2009 年营业收入预测数 = 750000 × (1 + 5\%) = 787500(元)$$

同样的情况也存在于 2009 年其他月份和酒店的其他营业部门。在制定部门月营业收入预算时所必须考虑的另一个因素就是"延生需求"。也就是说,某部门所发生的对其他部门营业收入有影响的需求。例如,康乐部门的收入一部分来自直接来康乐部消费的客人,另一部分则来自在餐厅消费的客人,这样餐厅的营业情况就会影响康乐部的营业收入;同样,在一个酒店中客房的出租率可以影响食品、娱乐等部门的营业收入。编制预算时必须考虑这种部门间相互依赖的关系。

(二)减去预测的各部门的直接经营费用

由于大多数部门的直接经营费用都与销售水平密切相关,因此,营业收入一旦被预算出来,预算的主要部分也就完成了。财务的历史记录可以告诉我们,各项费用所占营业收入的百分比是在较小范围内变化的。因此,用合适的费用与营业收入的百分比乘以预算的营业收入便可以得出相应的费用数额。例如,若酒店客房部门的洗涤费用在其占营业收入 4.5%~5% 变动,并且某月客房部的营业收入预计为 2000000 元,则该月的洗涤费用将为 100000 元。

其他所有的直接费用都可以用相类似的方法很容易地算出。但在某些情况下,营业收入和其费用之间的联系并不总是那么直接的,比如人工费用,其大部分是固定的,并不随着销售量的增减而增减。在酒店中,有许多像人工费用这样的半固定、半变动费用。在这种情况下,酒店首先应把这些半固定、半变动费用找出来,然后采用适当的方法把它们分解成为固定部分和变动部分,对固定部分的费用可根据历年情况进行预测;而对变动部分的费用则可采用上述占收入百分比法算出。

(三)根据预测的部门经营利润减去预测的未分摊费用得出利润

从第一步和第二步预算出的部门经营利润可以加在一起,现在必须计算出未分摊费用并减去它,才能算出酒店的净利润。未分摊费用是指由于分摊比较难以确定而尚未分摊到各部门的费用。这些费用各部门无法控制,也无法对它们负责。这些费用主要是管理费用和财务费用,具体包括:各种行政管理费,市场营销费,财产管理及维护维修费,能源费,列入管理费用的各种税金、租金、保险费、利息、折旧、所得税等。

由于这些费用一般是固定的,所以不受销售量的影响。

有时这些费用会由于总经理的决策而发生一些变化。如总经理决定下一年度额外增加广告和推销费用,在这种情况下,预算数的调整只由总经理一级的管理人员处理。一般来说,酒店中的这些未分摊费用是按年计算的,但是,如果酒店的预算利润表需要按月编制,包括未分摊费用,那么最简单的办法是用每项未分摊的费用除以 12,从而得出每月应分摊的未分摊费用数额。未分摊费用也可以按季分配,如表 7-2 所示。

表 7-2　费用分摊按季分配情况表　　　　　　　　单位:元

季度 项目	第一季度	第二季度	第三季度	第四季度	全年总额
营业收入	3000000	6000000	8000000	3000000	20000000
直接经营费用	(2500000)	(4500000)	(5500000)	(2500000)	(15000000)
经营利润	500000	1500000	2500000	500000	5000000

续表

季度 项目	第一季度	第二季度	第三季度	第四季度	全年总额
未分摊费用	(750000)	(750000)	(750000)	(750000)	(3000000)
净利润	(250000)	750000	1750000	(250000)	2000000

表7-2所示情况就说明了在编制季度预算时如何分配未分摊费用,这个表还指出该年度中有两个季度亏损。持不同意见的人认为这种预算不合理,因为在这个低销售收入的季节,负担那么多的未分摊费用是不公平的。因此,分摊这种费用较公平的方法是根据预算的各时期的收入比率来分摊,如表7-3所示。

表7-3 按销售量划分的费用分摊估算明细表

季 度	营业收入(元)	占总营业收入的百分比	所承担的未分摊费用(元)
第一季度	3000000	15	450000
第二季度	6000000	30	900000
第三季度	8000000	40	1200000
第四季度	3000000	15	450000
总 计	20000000	100	3000000

表7-4所示是用新的未分摊费用分摊法对上述季度预算表进行修正后列出的。该表所列举的方法可以保证该年没有预算亏损,而一年期间的总利润保持不变。

表7-4 按销售量划分的费用分摊分配表 单位:元

季度 项目	第一季度	第二季度	第三季度	第四季度	全年总计
营业收入	3000000	6000000	8000000	3000000	20000000
直接经营费用	(2500000)	(4500000)	(5500000)	(2500000)	15000000
经营利润	500000	1500000	2500000	500000	5000000
未分摊费用	(450000)	(900000)	(1200000)	(450000)	(3000000)
净利润(亏损)	50000	600000	1300000	500000	2000000

二、新开酒店预算的编制

新开业的酒店,由于没有内部历史资料可供参考,所以在开业后的最初几年中往往会觉得编制预算较困难。在这种情况下,可以以开业前做过的可行性研究资料作为编制预算的基础,也可以参考现实因素、行业因素或相似类型和大小的酒店所预测的平均值来编制预算。

例如,一个餐厅可用下列公式来计算其某月某一餐的营业收入。

某餐厅月营业总收入=餐厅座位数×座位周转率×客人平均消费额×某月营业天数

因为,餐厅中早、中、晚各餐的座位周转率和客人平均消费额都有很大的不同,所以餐厅内各餐的营业收入应分别计算。在上面的公式中,座位数和月营业天数是已知的,座位周转率和客人平均消费数字可以通过参考同行业公开发行资料或对竞争企业的观察来获得。

每一餐的月营业收入被计算出来之后,把它们加在一起就可以得到月营业收入总额。然后减去同行业各项费用占营业收入的平均百分比,再与营业收入总额相乘,就可以得到部门经营利润。

适用于酒店客房的公式如下:

客房部月营业总收入＝预算客房出租率×平均房价×可供出租的客房数×月营业天数

同样,直接经营费用可以用该行业同类酒店的平均比率来计算。

饮料的有关数值同比较难以计算。对尚未拥有自己历史资料的新开业的酒店来说,唯一可以利用的数字,就是行业平均指标数。例如,某餐厅月食品总收入为 1800000 元,行业平均指标告诉我们,酒精饮料的销售收入约为食品总销售收入的 25％～35％,则我们可以预算,该餐厅 1800000 元食品总收入中共有 450000～540000 元来自于酒精饮料收入。

同样,直接经营费用可以用行业平均比例指标来计算。

所列举的公式的运用不一定局限在新开酒店内,已在运行中的酒店同样也可以运用。例如,在编制 2008 年的销售收入预算时,不用估计 2008 年比 2007 年的销售收入增长率,而是将 2007 年的销售收入数字分解为公式中所要求的不同部分,并且在必要的地方作个别的调整,由此得出新的预算数字。如 2007 年 5 月,客房收入为 1900000 元,2008 年期望增加5％,因此,预算客房收入数为:

$$1900000×(1＋5\%)＝1995000(元)$$

用下面的方法分析 2007 年的数字更容易理解:

当月客房收入＝实际客房出租率×平均房价×可供出租的客房数×当月营业天数
$$1900000＝60\%×268.82×380×31$$

这样,就可以用预算年度趋势值代替公式中 2007 年的数值。在预算年度时,由于附近新开了一家酒店,预计客房出租率将降到 55％,其损失将由提高 15％平均房价来补偿,所以客房收入预算数为:

当月预算客房收入＝预算客房出租率×预算平均房价×
可供出租的客房数×当月营业天数

即　　　　　　　$$1998500＝55\%×308.46×380×31$$

这种编制预算的方法比较费时费力,但能提供准确的预算数字,有利于进行分析工作。

三、酒店预算的编制方法

(一) 传统预算编制法

酒店传统预算编制方法往往采用固定预算加定期及调整预算。所谓固定预算,也叫静态预算,是指以预算期某一固定业务量水平为基础所编制的预算;增(减)量调整预算则是在上期实际的基础上,结合预算期的可能变化,增加或减少某些金额后调整编制而成的预算。显然,传统预算编制方法具有简便易行的优点,多数酒店均采用此法编制预算。但是,传统预算编制方法存在诸多不足,其主要表现如下。

（1）由于传统预算采用固定预算的方式，因而不能即时反应市场状况变化对预算执行的影响。当实际业务量偏离预算编制所依据的业务量时，预算便失去了其作为控制和评价标准的意义。按固定预算方法编制预算，会使预算变得呆板僵化，不能适应管理的需要。

（2）采用传统预算编制方法，上下级之间往往处于对立面。上有政策，下有对策，为了应付上级，下级往往在上报预算时就大大留有余地，高估预算，使预算的客观性、准确性越来越差。

（3）由于传统预算的定期性特征，容易导致预算执行中的突击行为，即在临近预算期末时，将尚未消化的预算额度，无论需要与否，尽可能花光耗尽，以防下期预算被砍，同时也为下期留有余地作准备，其结果则可能是资源的浪费。

（二）弹性预算法

弹性预算是在固定预算模式的基础上发展起来的一种预算模式。它是根据计划或预算可预见的多种不同的业务量水平，分别计算其相应的预算额，以反映在不同业务量水平下所发生的费用和收入水平的财务预算编制模式。由于弹性预算随业务量的变动而作相应调整，考虑了计划期内业务量可能发生的多种变化，故又称变动预算。

1. 弹性预算的特性

（1）弹性预算仅以某个"相关范围"为编制基础，而不是以某个单一业务水准为基础。

（2）弹性预算的性质是"动态"的。弹性预算的编制可适应任何业务要求，甚至在期间结束后也可使用。也就是说，酒店可视该期间所达到的业务要求编制弹性预算，以确定在该业务要求下，"应有"的成本是多少。

2. 弹性预算的编制

编制原理：以成本性态分析为基础，将成本区分为固定成本和变动成本两部分，某一项目的预算数按下式确定：

$$弹性预算＝单位变动成本×业务量水平＋固定成本预算数$$

编制程序：

（1）确定某一相关范围，预期在未来期间内业务活动水平将在这"相关范围内变动"。

（2）选择经营活动水平的计量标准，如产量单位、直接人工小时、机器小时等。

（3）根据成本与计量标准之间的依存关系将酒店的成本分为固定成本、变动成本、混合成本三大类。

（4）按成本函数（$y＝a＋bx$）将混合成本分解为固定成本和变动成本。

（5）确定预算期内各业务活动水平。

（6）可利用多栏式的表格分别编制对应于不同经营活动水平的预算。

预算控制的关键在于能频繁地向管理人员提供反馈信息，使得他们能进行控制，并有效地将组织的计划付诸实施。

理论上说，所有预算都可采用弹性预算的方法。但在实际工作中，从经济的角度出发，弹性预算多用于成本、费用、利润预算的编制。显然，弹性预算的适应性更强，但其工作量也较大。

弹性预算的主要优点是：可以反映一定范围内各业务量水平下的预算，为实际结果与预算的比较提供了一个动态的基础，从而能更好地履行其在控制依据和评价标准两方面的职能。

（三）零基预算法

零基预算即以零为基础编制预算的方法，一切从零开始，对所有业务都重新开始进行详尽的审查、分析、考核,从而据以编制预算的方法。

1. 零基预算编制方法的基本原理

在编制预算时,对任何一种费用项目的开支,不是以现有的费用项目开支为依据,而是一切以零为起点,从根本上考虑每一项费用是否有开支的必要以及支出数额的大小。经过反复认真地平衡后再行确定。

零基预算法采用的是一种较典型的上下结合式预算编制方式,充分体现了群策群力的精神,便于预算的贯彻、实施。而且,这种方法打破了老框框的束缚,既能促使人们充分发挥其积极性、创造性,又能迫使人们精打细算,将有限的资源运用到最需要的地方,从而提高全部资源的使用效率。

2. 零基预算的具体步骤

(1) 各部门根据酒店在计划期内的战略目标和本部门分担的具体任务,逐项提出需要列支费用的理由及其数额。

(2) 对提出的每一项进行成本与效益的分析,将其所费与所得进行对比分析并作出评价,然后对各项费用开支方案在权衡得失的基础上,按轻重缓急排列。

(3) 结合计划期内可运用的资源和可承受的能力分配资金,确定预算项目及其数额。

尽管零基预算优点明显,但不足之处是工作量较大,且对各费用项目的成本效益率的计算缺乏依据,比较粗略。零基预算的方案评级和资源分配具有较大的主观性,容易引起部门之间的矛盾;易于引起人们注重短期利益而忽视企业的长期利益;可能会引起业绩差的经理人对零基预算产生一种抵触心理。因此,酒店一般是每隔几年进行一次零基预算,其他年份只作一些调整。

(四) 滚动预算法

滚动预算也称为连续预算或永续预算,是指将预算期始终保持一个固定期间、连续进行预算编制的方法。其预算期通常以一年为固定长度,每过去一个月或一个季度,便补充一个月或一个季度,永续向前滚动,因此而得名。

滚动预算的优点也就在于遵循了生产经营活动的变动规律,保证了预算的连续性和完整性,长计划、短安排的具体做法,使预算能适时反映实际经营状况,从而增强了预算的指导作用。当然,采用滚动预算法编制预算,也会加大预算的工作量。

酒店应该改善预算编制方法。改原有年度固定预算为月份滚动预算。为克服传统定期预算的缺陷,可采用月份滚动预算。具体操作可根据需要分两种方法进行:按月或按季度滚动预算。按月滚动预算是指凡预算执行一个月后,即根据前一个月的经营成果分析比较产生差异的原因,结合执行中发生的新情况及时地调整以后的预算,对剩余的 11 个月的预算加以修订,并自动后续一个月,重新编制一年的预算。这样连续滚动,用连续不断的预算形式规划未来的经营活动。按季滚动预算,其方法与按月滚动预算类似。在决策制定时,推行零基预算制度,使饭店实现科学管理,摆脱灵感决策,有效地限制总经理权限。它要求每一位管理者(决策人)将全年预算分成若干个较小的项目,称为"决策案",对每一决策案应开列其希望做什么,应该怎么做,是否还有其他的替代,将耗用多少成本,对机构有什么利益,以及如果不这样做则将产生怎样的后果等。每一个"决策案",均应结合长期目标作一评估,最后依其可行性选择行动方案。传统预算方法的弊端在于决策者只知道编制汇总、预算和削减开支的情况,但是他们无法真正了解在做什么,为什么要做,是否还有其他更好的方法以及需要做出怎样及哪方面的努力。

任务二　酒店预算的控制

请结合以往调研酒店的经验,收集酒店预算与实际执行的资料,对预算与实际之间差异进行分析。

酒店编制预算的目的,是为了对实际经营情况进行科学、有效的控制,这一预算的控制过程主要就是认识和分析在预算数据和实际经营结果之间存在的巨大差异、差异的原因和寻找解决办法。具体包括以下几个步骤:确定差异;确定巨大的差异;分析巨大差异;确定问题并采取措施解决问题。

一、确定差异

差异是实际和预算进行比较的结果。为了确定差异,酒店必须编制实际数值与预算数值的比较分析报告,即预算报告。预算报告既要揭示月度的差异,也要揭示当年度的差异。但是,因为年度差异必定是月度差异的累计,所以在进行差异分析时主要关心的是月度差异。

此外,预算报告中显示的差异同时要包括金额和百分数两种。金额差异是从预算数字中减去实际而得,而金额差异除以预算金额就得到百分比差异。表明差异的方法有:对有利差异标上"＋",不利差异则标上"－";或者将不利差异用圆括号括起来,对有利差异则简单地不加括号以示区别;有些酒店则简单地对不利差异加上星号。

用月度预算报告的具体格式如表7-5所示。

表7-5　月度预算报告

当　月				项　目	本年度迄今为止			
实际	预算	差异			实际	预算	差异	
		金额	%				金额	%

二、确定巨大差异

任何预算编制过程都不能做到完美,所以预算报告上所有预算的收入和费用项目都很难和实际金额相同(固定费用可能除外)。因此,仅仅存在差异,并不意味着管理部门必须分析差异并随后采取适当的纠正措施,只有巨大的差异才需要管理部门采用这种分析和行动。

确定巨大差异的标准,在各个酒店中是不同的,因此,酒店的总经理和财务总监应该制定一个适合本酒店的确认标准,以便管理人员据此确认哪些是巨大差异。

因为金额标准差异和百分数差额标准分开使用都有缺陷,所以,在确定巨大差异的标准时,两者应当同时使用,即巨大差异应同时以金额和百分数表示。例如,某酒店实际客房收入和预算金额相差 5000 元,然而这 5000 元的差额按预算 1000000 元计,得到的百分数差额只有 0.5％,这时,很少有人认为它是巨大的差异。但是,如果该时期客房收入预算 50000 元,那么 5000 元的差额将导致 10％ 的百分数差额,这时绝大多数人将认为它是巨大的差异。

同样,某项费用预算假定为 50 元,而 10 元的差额会导致 20％ 的百分数差额,这一差额似乎是巨大的,但是一般说来,酒店很少会在管理上花费时间分析和调查研究 10 元的差额。

因此,金额差额和百分数差额应当连在一起确定哪项差异是巨大的。

例如,大型酒店可以制定巨大差异标准如下:

收入	1000 元或 4％
可变费用	1000 元或 2％
固定费用	100 元或 1％

而规模较小的酒店可以制定如下的巨大差异标准:

收入	1000 元或 4％
可变费用	200 元或 2％
固定费用	50 元或 1％

可见,因酒店规模而变化的标准是金额差额。

三、分析巨大差异

差异的分析是一个过程。在这一过程中主要是确定造成差异的全部原因。例如,收入差异的分析,它将揭示实际收入和预算收入产生差异的原因是单价和销售量发生了变化,但它却不揭示单价和数量为何发生差异。又如,可变的人力费用分析,它将揭示这一费用实际和预算产生差异的原因是工资率、效率和数量发生了变化,但是不揭示工资率、效率和数量为何发生变化。这后一步的工作则需要管理部门另行调查研究以确定差异产生的确切原因。例如,不利的人工效率差异可能是由于人事问题或超额的加班费用,或这两者的结合所造成的。下面以收入差异分析为例,说明如何进行差异的分析。

由于实际收入的高低取决于实际销量和实际销售价格,预算收入的高低取决于预算的销售量和预算的价格,所以,其收入差异可以归结为价格脱离预算造成的价格差异和销售量脱离预算造成的业务量差异两类。

收入差异＝实际收入－预算收入
　　　　＝实际销量×实际价格－预算销量×预算价格
　　　　＝实际销量×实际价格－实际销量×预算价格＋实际销量×预算价格
　　　　　－预算销量×预算价格
　　　　＝实际销量×(实际价格－预算价格)＋(实际销量－预算销量)×预算价格
　　　　＝价格差异＋业务量(销量)差异

如表 7－6 所示为某酒店客房收入的月度预算和实际完成情况。

表7-6　客房收入月度预算和实际完成情况

项　目	销售情况　销售间数	平均房价(元)	合　　计(元)
预　算	5000	360	1800000
实　际	5200	355	1846000
差　额	200	－5	46000

46000元的差异是有利差异。以下将通过差异分析法确定这一差异产生的全部原因。即价格与销售量发生了变化。价格差异确定如下：

价格差异＝实际销量×(实际价格－预算价格)＝5200(355－360)＝－26000(元)

26000元的价格差异是不利差异，这是因为每一间的平均房价为355元，比预算360元的价格少了5元。

销售量差异可确定如下：

销售量差异＝(实际销量－预算销量)×预算价格＝(5200－5000)×360＝72000(元)

72000元的数量差异是有利的差异，这是因为售出的客房数比预算多了200间。

两项差异之和等于客房收入的差异46000(72000－26000)元，这说明价格和销量两个因素的变化共同影响了客房收入，使其实际比预算多了46000元。

四、确定原因

分析巨大差异以后，下一步就是由管理部门进行调查研究以确定发生差异的确切原因。例如，客房服务员的人工费用差异分析可能揭示出一项不利差异的重大部分来自于工资率，即实际人工费用高于预算人工费用的主要原因是实际工资率高于预算工资率。管理部门必须进一步进行调查研究，弄清为什么实际工资率高于预算工资率。它可能是因为安排了比原计划支薪更高的客房服务员，或者客房服务员超额加班工作，或是其他原因。每一项重大差异都要求管理部门进行调查研究，以找出其原因。

项目三　预算与预算管理

【案例导入】　2007年，是中国信息化工作扎实推进的一年，也是全面预算管理由理论走向实践的关键一年，这一年，有许多全面预算管理信息化成功案例渐渐浮出水面，值得我们学习、研究和探讨。如深圳航空公司、北京冠京集团、南方香江集团、昂立教育集团、山东航空集团、大亚湾核电站、武汉钢铁集团、山西王庄煤矿等都不同程度地普及、应用全面预算管理软件，普及、促进全面预算管理信息化应用。这些企业均分布在不同行业、不同地区，而且企业规模不同、性质不同。在航空、制造、物流、教育、能源、煤炭等诸多行业，在推进全面预算管理信息化过程中，每家企业都收到了良好的社会效益和经济效益，达到了预期目标。

现代化的管理方法就是重视全过程管理，重视企业内部协同管理。预算管理是一套行之有效的综合性企业管理方法，它将事前预测、事中控制和事后分析相结合，将企业的整体目标在部门之间有规划地进行分解，实现对企业业务全过程的管理，实现对企业各部门的协同管理，以提高企业的经济效益，实现企业的经营目标。

任务一　树立预算管理的新理念

预算管理是企业对未来整体经营规划的总体安排，以便对企业未来的内部生产经营活动进行规划、控制与协调，帮助管理者进行计划、协调、控制和业绩评价。预算本身属于计划的范畴，但预算管理不等于计划管理；预算管理不单纯是财务、会计或某个特定职能部门的管理，而是企业管理；是在市场背景下的企业内部管理，是计划与市场两种机制结合的体系。酒店财务管理也同样，必须树立预算管理的新理念。

一、预算管理的理念

1. 确立"以企业战略为基础实施预算管理"的新理念

确立"以企业战略为基础实施预算管理"的新理念，使日常的预算管理成为企业实现长期发展战略的基石。预算管理是对计划的数字化反映，是落实企业发展战略的有效手段。因此，企业在实施预算管理之前，应该认真地进行市场调研和企业资源的分析，明确自己的长期发展目标，以此为基础编制各期的预算，使企业各期的预算前后衔接起来，避免预算工作的盲目性。

2. 确立"面向市场搞预算"的新理念

确立"面向市场搞预算"的新理念，使预算指标经得起市场的检验。酒店总预算的基础是营业收入预算，只有预计的营业额确定了，一定时期的营业成本、间接费用预算、期间费用预算、预算资产负债表、预算利润表和预算现金流量表等才能最终确定下来。营业收入预算又是由预计的销售额和销售单价决定的，可见整个酒店预算体系的基础是对市场情况的预测与分析。而且，为了应对市场的变化，酒店制定的预算指标值应该具有一定的弹性，为预算工作的顺利开展留有余地，减少过大的预算刚性给预算管理工作带来的风险。总之，酒店制定的预算指标要经得起市场的检验；否则，酒店的预算工作就会失败。

3. 确立"基于企业价值链分析搞预算"的新理念

确立"基于企业价值链分析搞预算"的新理念，使预算管理进一步成为协调酒店内部各部门之间经济活动和利益冲突的有效手段。价值链是能够创造和交付给顾客有价值的产品或劳务的一整套不可缺少的作业和资源。各部门应通力合作，努力为顾客提供更多的价值，部门之间发生利益冲突时应以顾客利益力最高准绳来协调矛盾和安排活动，这样才能确保酒店在市场中的竞争力。制定预算的过程就是酒店各部门之间的利益调整和分享过程。

4. 确立"以人为本，关注预算道德"的新理念

确立"以人为本，关注预算道德"的新理念，全面提高预算工作的效率和效果。人是预算的制定者、预算资讯的利用者、预算的执行者，也是预算制度的被考核者。人是预算工作的主体，是预算工作效果好坏的决定性因素。因此，预算工作应该以人为本，离开了对人的关注，酒店的预算工作就无法搞好。由于预算影响到很多人的经济利益，预算管理不可避免地涉及道德问题。比如，不少部门为了小团体的利益，在制定预算时经常表现出本位主义的思想,作出较为宽松的预算,即有意低估收入、高估成本。然而,这违背了预算指标应该尽量客观、公正、可靠的要求,缺乏道德意识的预算管理必然影响预算工作的质量。

二、预算管理在现代酒店管理中的作用

以目标利润为导向的酒店预算管理在现代酒店管理中的作用主要体现在以下几个方面。

(一) 促进酒店经营决策的科学化,提高酒店综合盈利能力

酒店只有获利才有生存与发展的可能。一个酒店所拥有的资源总是有限的,对有限的资源在各种不同用途方面的配置预先做出合理的规划,把涉及酒店目标利润的经济活动连接在一起,使影响目标利润实现的各因素都发挥出最大潜能。实施以目标利润为导向的酒店预算管理,从营业收入预算、成本预算等酒店的短期预算到资本预算、研究开发费用预算等酒店的中长期预算,都是以目标利润为导向进行编制的。

(二) 明确工作目标,激发工作积极性

在以目标利润为导向的酒店预算管理体系中,目标利润通过预算分门别类、有层次地分解到各职能部门,并延伸细化到每一位员工,这些目标就成为他们在特定期间的具体工作目标。同时,预算的编制过程也需要自上而下、自下而上的循环,酒店高层领导者制定目标所提出的主要设想和意图以及达到目标应采取的方法和激励措施都明亮化,使全体员工(包括高层领导者)都明确自己在特定时间的工作、收入等各方面应达到的水平,了解把握本部门的经济活动与整个酒店期望获得的利润之间的关系,促使员工想方设法从各自的角度为完成酒店的目标利润而努力工作。酒店预算期间的目标利润具有一定的内激力,当遇到困难或阻碍时,它能激发员工产生克服困难的勇气和信心;当一步步接近目标利润时,它给人以鼓舞;当目标利润得以实现时,它又给人一种满足感、荣誉感与归属感,推动员工向着新的目标迈进,可以全面调动员工为此而努力的积极性。

(三) 使企业管理方式由直接管理转向间接管理

以目标利润为导向的酒店预算管理的出发点和归宿是利润,它是在继承企业传统预算管理基础上的一种创新。实施该模式,酒店高层管理者主要是通过科学、合理的预测制定酒店的目标利润,并对预算的实施情况进行严格的考评。目标利润通过预算编制得到具体的落实,预算目标的约束作用与酒店的激励机制相配合进一步激发预算执行者的工作主动性。一般情况下,预算一旦编制完成,是不能随意修改的,具有一定的刚性。在实施过程中,预算是限制和约束执行者行为的标准,推行该模式使高层管理者从事无巨细的管理事务中摆脱出来,拿出更多的精力来考虑酒店的发展战略,把握企业全局。预算是管理的载体,管理者通过对目标利润的控制实现了对酒店进行全面管理的间接控制,管理方式由直接管理变为间接管理,使管理者既能把握全局又不失控制,收到事半功倍的管理效果。

(四) 使各部门的经济活动协调一致

随着酒店规模的扩大,酒店的组织机构也会变得庞大复杂,这些组织机构的业务内容都具有相对的独立性,但他们必须协调一致,才能保证目标利润的实现。目标利润是管理过程中的一条主线,这条主线统帅着酒店的全部经营活动,以目标利润为导向的酒店预算管理在对酒店各方面情况进行综合平衡的前提下,以目标利润代表酒店整体的最佳经营方案,使各级各部门都能了解到本部门在全局中所处的地位和作用,看到自己部门的活动与其他各部

门之间的关系,并充分估计可能产生的障碍和阻力及薄弱环节等,以便区别轻重缓急,从而达到经济活动的协调一致。

实施以目标利润为导向的酒店预算管理,酒店把实现目标利润所涉及的各种资源的取得与运用都编制出详细的预算,并把预算作为控制各项业务和考核绩效的依据,以此协调各部门、各单位和各环节的业务活动,减少以致消除它们之间可能出现的各种矛盾和冲突,使酒店的产、供、销和人、财、物始终保持最大限度的平衡关系,用较少的劳动力消耗和资金占用,取得尽可能大的经济效益。此外,预算编制过程中自上而下、自下而上的循环,有助于酒店高层管理者、各级主管和职工在更大程度上对酒店所面临的问题达成一致共识,为采取统一行动创造条件,形成一种为实现共同目标而团结合作的良好氛围,使酒店成为一个有纪律、高效率的整体。

(五)使酒店管理中的控制工作进一步强化

实施以目标利润为导向的酒店预算管理,控制贯穿于管理的全过程,是一种全员、全过程的控制。目标利润的预测、确定与预算的编制是管理者对酒店资源如何利用进行的事前控制,预算执行是管理者进行的事中控制,预算的差异分析、考评是一种事后控制。预算本身就是一种硬性约束。该控制过程主要包括预算编制、经济活动的状态计量、实际与预算的比较以及两者差异的确定和分析、制定和采取调整经济活动的措施等。预算一经确定,就必须付诸实施,各部门都对实际执行情况进行计量,并将计量结果与预算进行对比,及时揭示实际执行情况脱离预算的差异,分析其原因,以便采取必要措施,保证预定目标的实现。这样控制就有了标准,考评就有了依据。由此可见,以目标利润为导向的酒店预算管理使酒店的控制工作得到了进一步强化,认真制定并严格执行预算是酒店实现目标利润的根本保证。

(六)正确评价各级各部门的工作效绩

在以目标利润为导向的酒店预算管理执行过程中,目标利润及由此分解的各个分预算目标是考核各级各部门工作业绩的主要依据及准绳,通过实际与预算的比较,便于对各部门及每位员工的工作业绩进行考核评价,以此为依据进行奖惩和人事任免,有利于调动员工的积极性,使他们在今后的工作中更加努力。这种考核评价方法,在当今科技迅速发展、市场竞争激烈、酒店环境多变的情况下,比本期实际与上期实际相对比的方法,更为科学合理。因为超过上年或历史最好水平,只能说明有所进步,而不说明这种进步已经达到了应有的程度。以目标利润为导向的酒店预算管理对工作业绩的考核是在对其差异进行认真分析基础上的综合反映,它既有对历史变化趋势因素的分析,又包含对客观环境因素及执行主体自身因素的分析,这种评价是比较客观公正的。同时,利润指标还可作为酒店经理经营业绩的评定标准,将预算与实际利润比较是很多跨国公司常用的经理业绩评价方法。

任务二　预算管理实施

一、预算编制宜采用自上而下、自下而上、上下结合的编制方法

预算编制整个过程为:先由高层管理者提出酒店总目标和部门分目标;各基层单位根据一级管理一级的原则据以制定本单位的预算方案,呈报分部门;分部门再根据各下属单位

的预算方案,制定本部门的预算草案,呈报预算委员会;然后预算委员会审查各分部预算草案,进行沟通和综合平衡,拟订整个组织的预算方案;预算方案再反馈回各部门征求意见。经过自下而上、自上而下的多次反复,形成最终预算,经酒店最高决策层审批后,成为正式预算,逐级下达各部门执行。

预算的编制采用零基预算(基本思想是不考虑以往会计期间所发生的费用项目或费用额,一切从零开始)的方法,每月由各部门对其资金收支情况进行预算,总会计师和总经理确认预算合理以后,财务部门将全企业的预算进行汇总,形成全企业的月份资金使用总预算。

预算是建立在对企业业务情况的一定假设基础上的,而企业的实际业务情况不一定能在假设范围内,因此各部门有时需要根据业务发展态势调整本月预算。出现这种情况时,要求追加用款的部门填写"月度用款追加计划申请表",说明申请追加用款的理由及金额,总经理审批通过后,方可加入预算范围内。

二、预算内容要以营业收入、成本费用、现金流量为重点

营业收入预算是全面预算管理的中枢环节,它上承市场调查与预测,下启企业在整个预算期的经营活动计划。营业收入预算是否得当,关系到整个预算的合理性和可行性。成本费用预算是预算支出的重点,在收入一定的情况下,成本费用是决定酒店经济效益高低的关键因素;营业成本和期间费用的控制也是酒店管理的基本功,可以反映出酒店管理的水平。现金流量预算则是酒店在预算期内全部经营活动和谐运行的保证,否则整个预算管理将是无米之炊。在酒店预算管理中,特别是对资本性支出项目的预算管理,要坚决贯彻"量入为出,量力而行"的原则。这里的"入"一方面要从过去自有资金的狭义范围拓宽到举债经营,另一方面又要考虑酒店的偿债能力,杜绝没有资金来源或负债风险过大的资本预算。

三、预算管理工作要建立主要负责人责任制

开展预算管理,是酒店强化经营管理,增强竞争力,提高经济效益的一项长期任务。因此,要把预算管理作为加强内部基础管理的首要工作内容,成立预算管理组织机构,并确定预算管理的第一责任人为各单位、部门的行政主要负责人,切实加强领导,明确责任,落实措施。

四、推行预算管理必须切实抓好"四个结合"

(一)要与实行现金收支两条线管理相结合

预算控制以成本控制为基础,现金流量控制为核心。只有通过控制现金流量才能确保收入项目资金的及时回笼及各项费用的合理支出;只有严格实行现金收支两条线管理,充分发挥酒店内部财务结算中心的功能,才能确保资金运用权力的高度集中,形成资金合力,降低财务风险,保证酒店经营、建设投资等资金的合理需求,提高资金使用效率。

(二)要同深化目标成本管理相结合

全面预算管理直接涉及酒店的中心目标——利润,因此,必须进一步深化目标成本管理,从实际情况出发,找准影响酒店经济效益的关键问题,制定降低成本、扭亏增效的规划、目标和措施,积极依靠全员降成本和科技降成本,加强成本、费用指标的控制,以确保酒店利润目标的完成。

（三）要同落实管理制度、提高预算的控制和约束力相结合

企业要实现预算管理,首先应根据企业现阶段的发展水平和管理需求选择预算管理模式。如果是一个传统的纺织企业,市场相对稳定,整个企业处于稳步发展阶段,那么在这一时期,采用扩大销售的方法来提高企业的利润不是非常有效。因此,提高企业利润的重心就应放在加强成本费用的管理上。为与企业的发展阶段相适应,在进行预算管理时,就应采用以成本费用为中心的预算管理模式,对企业的成本费用进行事前、事中和事后管理。

预算的执行和控制。对每一笔支出,需要财务人员填制凭证,在总账子系统中自动登记总账和明细账。同时,经手人都必须填写"申请领用支票及申请付款工作联系单",并在"限额费用使用手册"上进行登记,控制成本费用的发生。限额费用使用手册类似于为预算管理所设计的责任会计账。

预算的考评。月末对限额费用使用手册进行汇总,得到资金费用使用汇总表,随后将汇总表和预算进行比较,找出两者的差异,并进一步分析差异形成的原因。企业对各部门的费用支出在进行预算的基础上进行了有效的控制,对整个企业的成本费用起到了非常好的监控作用。而且,事后的差异分析为各部门的业绩考核提供了依据,企业的奖惩制度有了实行的基础。

预算管理的本质要求是一切经济活动都围绕酒店目标的实现而开展,在预算执行过程中落实经营策略,强化酒店管理。预算一经确定,在酒店内部即具有"法律效力",切实围绕预算开展经济活动。酒店的执行机构按照预算的具体要求,按"以月保季,以季保年"的原则,编制季、月滚动预算,并建立每周资金调度会、每月预算执行情况分析会等例会制度。按照预算方案跟踪实施预算控制管理,严格执行预算政策,及时反映和监督预算执行情况,适时实施必要的制约手段,把酒店管理的方法策略全部融会贯通于执行预算的过程中,最终形成全员和全方位的预算管理局面。

（四）要同酒店经营者和职工的经济利益相结合

预算管理是一项全员参与、全面覆盖和全程跟踪、控制的系统工程,为了确保预算各项主要指标的全面完成,必须制定严格的预算考核办法,依据各责任部门对预算的执行结果,实施绩效考核。可实行月度预考核、季度兑现、年度清算的办法,并做到清算结果奖惩坚决到位。把预算执行情况与经营者、职工的经济利益挂钩,奖惩分明,从而使经营者、职工与酒店形成责、权、利相统一的责任共同体,最大限度地调动经营者和职工的积极性和创造性。

思考与练习

1. 简述酒店预算委员会的组成人员。
2. 新开业酒店应该如何编制其预算?
3. 简述酒店预算的编制过程。
4. 你认为酒店编制预算的作用有哪些?
5. 对酒店的预算编制情况进行调研分析。

能力训练

某酒店的财务副总经理主要负责在 2008 年底编制该企业 2009 年的全面预算，由于他是第一次接手该项工作，所以许多问题不甚明确。2008 年底已经临近，该副总经理只能先行进入工作状态，一方面进行全面预算的编制，另一方面对操作中的错误予以纠正。以下是他进行预算组织工作的详细记录。

12 月 15 日，为全酒店各业务部门和职能部门下达编制预算的任务，预算的编制顺序为"两下两上"，即先由基层单位编制初稿，上交酒店统一汇总、协调，然后再返还基层单位修改，修改后再次上交以调整、确认。

12 月 16 日，发专门文件说明预算的本质是财务计划，是预先的决策。

12 月 18 日，设计预算编制程序：

（1）成立预算委员会，由公司董事长任主任。

（2）确定全面预算只包括短期预算。

（3）由预算委员会提出具体任务。

（4）由各部门负责人自拟分项预算。

（5）上报分项预算给公司预算委员会，汇总形成全面预算。

（6）由董事会对预算进行审定。

（7）将预算下达给各部门实施。

要求：结合预算的编制程序，分析预算的范围与编制过程。

8

模块八

酒店财务分析

知 识 目 标	能 力 目 标
1. 掌握酒店财务分析的基本方法。 2. 掌握酒店偿债能力、收益能力、营运能力、发展能力指标的含义及计算方法。	运用趋势分析、结构分析、比率分析等财务分析方法,对酒店资产、负债、所有者权益的变动情况、比率关系及主要财务指标所反映的财务状况做出评价。

项目一 酒店财务分析方法

【案例导入】 东方宾馆是一家历史悠久的五星级豪华酒店,也是广州市酒店行业首家上市公司。2001年底,公司制定了"精心打造以会展商务为中心,具有东方文化特色的现代五星级酒店"的战略目标,率先由旅游酒店向会展商务酒店转型。一方面,公司斥资数亿元对酒店主营业务硬件进行了全方位改造,建成华南地区最大的建筑面积达8000平方米的国际会展中心及完善的配套服务设施,进一步提升公司在酒店硬件设施上的优势。另一方面,公司继续深化内部管理改革,按现代化国际五星级酒店的标准,努力提高整体综合服务水平和管理水平。

随着公司会展商务品牌影响力的逐步扩大,会展业务已逐步成为公司新的利润增长点,并有效地带动了公司各项业务的营业收入水平。但近年来,多方面的原因导致东方宾馆营业收入下降。

一是由于广州交易会的重心逐渐向琶州转移,春季交易会东方宾馆的展场收入有较大幅度的下降,使其经营压力巨大。同时,现在广州琶州展馆的设施日益完善,目前周围有世界著名的香格里拉酒店,其环境和设施吸引着广交会游客群体,势必影响东方宾馆酒店的收入,而且琶州展馆周边基础设施的逐渐完善,也将带动周围酒店业的发展。

二是广州酒店国际品牌的进入,凭借着良好的优势和订房网络在中高端客源的抢夺中具有强大的竞争力,酒店的总体水平下滑也是重要的原因。

东方宾馆总经理表示,客房方面,拓宽网络订房渠道、提升高端市场客源量、拓展大型宴会市场;餐饮方面,公司不断研发新菜式以满足不同客人的需要;物业方面,公司及早制定招租方案,及时调整招租策略,争取最大限度地留住现有客源;同时,公司还努力将空置场所进行出租来提高收入水平,增强竞争力。

你认为东方宾馆面对营业收入下降所采取的措施合理吗?

任务一　收集财务分析资料

分小组对酒店(实地调研、网上查询)的财务状况和经营成果进行调查,运用所学知识,结合调查分析,完成调查分析报告。

一、酒店财务分析的内容

财务分析是以酒店财务会计报告及其他相关资料为主要依据,对酒店的财务状况和经营成果进行评价和剖析,反映酒店在经营过程中的利弊得失和发展趋势,从而为改进酒店财务管理工作和优化经济决策提供重要的财务信息。

财务分析是评价财务状况、衡量经营业绩的重要依据,是挖掘潜力、改进工作、实现财务目标的重要手段,是合理实施投资决策的重要步骤。

财务分析既是对已完成的财务活动的总结,又是财务预测的前提,在财务管理的循环中起着承上启下的作用。做好财务管理工作具有十分重要的意义。

财务分析信息的需求者主要包括酒店所有者、债权人、经营者和政府等。不同主体出于不同利益的考虑,对财务分析信息有着不同的要求。

酒店所有者作为投资人,关心其资本的保值和增值情况,因此较为重视酒店的盈利能力指标;酒店债权人因不能参与酒店的剩余收益分配,首先关注的是其投资的安全性,因此更重视酒店的偿债能力指标;酒店经营者必须对酒店经营过程的各个方面,包括营运能力、偿债能力、盈利能力及发展能力的全部信息予以详尽的了解和掌握;政府兼有多重身份,既是宏观经济管理者,又是国有酒店的所有者和重要的市场参与者,因此政府对酒店财务分析的关注因其所具身份不同而异。

总的来说,财务分析的基本内容包括偿债能力分析、营运能力分析、盈利能力分析和发展能力分析四个方面,四者是相辅相成的关系。

二、财务分析资料的范围

财务分析资料的范围为有关酒店发展的文件、投资融资的文件、主要经营情况、财务报表等。

三、财务分析资料的作用

财务分析是评价财务状况及经营业绩的重要依据。通过财务分析,可以了解企业偿债能力、营运能力、盈利能力和资金流量状况,合理评价经营者的经营业绩,以奖优罚劣,促进管理水平的提高。

任务二　财务分析方法的比较

财务分析方法有哪几种? 运用财务分析方法进行财务分析时,该注意什么?

财务分析的方法有很多种,主要包括比较分析法、比率分析法、趋势分析法和因素分析法。

一、比较分析法

比较分析法也称对比分析法,是通过两个或两个以上相关指标进行对比,确定数量差异,揭示企业财务状况和经营成果的一种分析方法。它是一种用得最多、最广的分析方法。在实际工作中,比较分析法的形式主要有:实际指标与计划指标比较、同一指标纵向比较、同一指标横向比较三种形式。这三种形式分别揭示酒店计划完成情况、发展趋势和先进程度。

1. 实际与计划比较

实际与计划比较是指酒店实际执行结果与计划指标进行比较,包括本期实际与长远规划目标的对比、与本期计划指标对比、与有关的理论数(设计数、定额数)对比、与其他有关预期目标对比等。通过对比,可以给进一步分析指明方向。

2. 纵向比较

纵向比较是指酒店不同时期指标比较,包括本期实际指标与上期实际比、与上年同期实际比、与历史最好水平比、与有典型意义的时期比等。这种方法可以观察酒店经济活动的发展和变化趋势以及改善酒店管理的情况等。

3. 横向比较

横向比较是指同类企业之间比较,包括本企业实际与同类企业先进水平比较、本企业实际与同类企业平均水平比较等。还可以在酒店内部开展指标的比较。通过比较,可以扩大眼界,防止骄傲自满,在更大范围内发现先进与落后的差距,增强酒店的紧迫感、危机感,增强酒店的适应能力和竞争能力,促进酒店提高经营管理水平,提高酒店经济效益。

二、比率分析法

比率分析法是通过计算各种比率指标来确定经济活动变动程度的分析方法。比率是相对数,采用这种方法,能够把某些条件下的不可比指标变为可以比较的指标,以便于进行分析。比率指标可以有不同的类型,主要有三种:一是构成比率;二是效率比率;三是相关比率。

1. 构成比率

构成比率又称结构比率,它是某项财务指标的各组成部分数额占总体数值的百分比,反映部分与总体的关系。其计算公式为:

$$构成比率 = \frac{某个组成部分数额}{总体数额}$$

比如,酒店资产中流动资产、固定资产和无形资产占资产总额的百分比(资产构成比率),酒店负债中流动负债和长期负债占负债总额的百分比(负债构成比率)等。利用构成比率,可以考察总体中某个部分的形成和安排是否合理,以便协调各项财务活动。

2. 效率比率

效率比率是某项经济活动中所费与所得的比例,反映投入与产出的关系。利用效率比率指标,可以进行得失比较,考察经营成果,评价经济效益。比如,将利润项目与营业成本、营业收入、资本金等项目加以对比,可计算出成本利润率、销售利润率及资本利润率等利润率指标,还可以从不同角度观察比较酒店获利能力的高低及其增减变化情况。

3．相关比率

相关比率是以某个项目和与其有关但又不同的项目加以对比所得的比率，反映有关经济活动的相互关系。利用相关比率指标，可以考察酒店有联系的相关业务安排得是否合理，以保障运营活动顺畅进行。比如，将流动资产与流动负债加以对比，计算出流动比率，据以判断酒店的短期偿债能力。

三、趋势分析法

趋势分析法又称水平分析法，是通过对比两期或连续数期财务报表中的相同指标，确定其增减变动的方向、数额和幅度，来揭示酒店财务状况或经营成果变动趋势的一种分析方法。采用这种方法，可以分析引起变化的主要原因、变动的性质，并预测酒店未来的发展前景。

趋势分析法的具体运用，主要有以下三种方式：一是重要财务指标的比较；二是财务报表的比较；三是财务报表项目构成的比较。

1．重要财务指标的比较

重要财务指标的比较，是将不同时期财务报表中的相同指标或比率进行比较，直接观察其增减变动情况及变动幅度，考察其发展趋势，预测其发展前景。

对不同时期财务指标的比较，有定基动态比率和环比动态比率两种分析方法。

2．财务报表的比较

财务报表的比较是通过编制比较财务报表，将两期或两期以上的报表项目金额进行比较，得出各项目增减变化的金额和变动幅度，以说明报表上同一项目在不同时期的增减变化情况，据以判断酒店财务状况和经营成果发展变化的一种方法。

比较财务报表，具体包括比较资产负债表、比较利润表和比较现金流量表等。比较时，既要计算出表中有关项目增减变动的绝对额，又要计算出其增减变动的百分比。

3．财务报表项目构成的比较

财务报表项目构成的比较，是以财务报表中的某个总体指标作为 100％，再计算出其各组成指标占该总体指标的百分比，从而来比较各个项目百分比的增减变动，以此来判断有关财务活动的变化趋势。这种方法是在会计报表比较的基础上发展起来的，比前述两种方法更能准确的分析酒店财务活动的发展趋势。它既可用于同一企业不同时期财务状况的纵向比较，又可用于不同企业之间的横向比较。同时，这种方法能消除不同时期（不同企业）之间业务规模差异的影响，有利于分析企业的耗费水平和盈利水平。

四、因素分析法

因素分析法是依据分析指标与其影响因素的关系，从数量上确定各因素对分析指标影响方向和影响程度的一种方法。采用这一种方法的出发点在于，当有若干因素对分析指标发生影响作用时，假定其他各个因素都无变化，顺序确定每一因素单独变化所产生的影响。

因素分析法具体有两种：一是连环替代法；二是差额分析法。

1．连环替代法

连环替代法是将分析指标分解为各个可以计量的因素，并根据各个因素之间的依存关系，顺次用各因素的比较值（通常即实际值）替代基准值（通常即标准值或计划值），据以测定各因素对分析指标的影响。

2. 差额分析法

差额分析法是连环替代法的一种简化形式,它是利用各个因素的比较值与基准值之间的差额来计算各因素对分析指标的影响。

项目二　酒店财务指标分析

【案例导入】 2007 年 4 月 6 日,金陵饭店(601007)A 股在上海证券交易所成功上市,金陵饭店从而迈上了新的里程碑,进入了资本扩张的快车道,为推动公司的品牌化、规模化、资本化发展奠定了坚实基础。

公司利用上市募集资金,加快实施金陵饭店扩建工程,在南京市中心商业区、紧邻金陵饭店北侧建设集豪华商务酒店、高档写字楼、会议、展览、休闲、精品商业于一体的大型综合性建筑,努力提升市场竞争力。

公司利用上市打造的资本平台,通过收购、控股、参股、租赁经营、投资建设等途径,积极推进"酒店实体＋地产经营"联动发展模式,对相关项目进行持续调研、分析和洽谈,以确保发展项目的资产质量和稳定收益,为加速推进资本扩张奠定基础。

公司立足精品战略和上市目标,积极创新经营理念,充分发挥资源优势,锁定海内外高端商务市场,制定了有针对性的销售策略,确保了市场占有率稳中有升,经营业绩持续增长。金陵饭店近几年的相关财务分析数据如表 8-1 所示。

表 8-1　2005—2007 年金陵饭店财务指标

时间 财务指标	2007 年 12 月 31 日	2006 年 12 月 31 日	2005 年 12 月 31 日
流动比率	3.05	1.4025	0.77
速动比率	2.86	1.24	0.62
资产负债率	15.78	24.03	25.88
产权比率	74.18	70.54	73.29
存货周转率	7.1	7.87	7.79
应收账款周转率	25.52	25.89	24.89
总资产周转率	0.48	0.68	0.69
净资产增长率	134.05	7.23	8.53
总资产增长率	122.55	11.43	7.62

根据金陵饭店(601007)的这些财务指标,对该企业的财务状况能得出什么结论?你认为对企业财务状况分析应该从哪些方面着手?

任务一　偿债能力指标计算

1. 反映酒店短期偿债能力的指标有哪些?

2. 反映酒店长期偿债能力的指标有哪些?

偿债能力是指企业偿还到期债务的能力。按照债务到期时间的长短不同,偿债能力指标可分为短期偿债能力指标和长期偿债能力指标。

一、短期偿债能力指标

短期偿债能力是指企业以其流动资产偿还在一年内即将到期的流动负债的能力。常用来反映酒店短期偿债能力的财务分析指标有流动比率、速动比率、现金流动负债比率三项。

(一)流动比率

流动比率是酒店流动资产与流动负债的比率,反映的是酒店流动资产是流动负债的多少倍,表明酒店每1元流动负债有多少流动资产作为偿还的保证。其计算公式为:

$$流动比率 = \frac{流动资产}{流动负债}$$

对酒店来讲,流动比率的数值只有在与某种标准进行比较时才能说明酒店短期偿债能力的高低。国际上一般认为,流动比率的下限为1,而流动比率为2时比较合理。这是因为流动比率为2时,酒店财务状况稳定可靠,除了满足日常生产经营对流动资金的需要外,还有足够的财力偿还到期流动负债。如果流动比率低于1,表示酒店可能捉襟见肘,难以如期偿还债务。另外,流动比率也不能过高,流动比率过高,说明酒店流动资产存量过大,造成流动资产的积压浪费,会降低流动资产的运用效率,影响酒店的盈利能力。

(二)速动比率

速动比率是速动资产与流动负债的比率。所谓速动资产,是指流动资产减去变现能力较差且不稳定的存货、预付账款、一年内到期的非流动资产和其他流动资产等之后的余额。由于剔除了存货等变现能力较差且不稳定的资产,速动比率比流动比率能够更加准确、可靠地评价酒店资产的流动性及偿还短期负债的能力。速动比率在西方也称为"酸性测试比率"。其计算公式为:

$$速动比率 = \frac{速动资产}{流动负债}$$

一般情况下,速动比率越高,表明酒店偿还流动负债的能力越强,但并非速动比率越高越好。国际上一般认为,速动比率为1时较为适当。如果速动比率小于1,酒店可能面临很大的偿债风险;如果速动比率大1,尽管债务偿还的安全性很高,但却会因现金及应收账款资金占用过多而增加企业的机会成本。当然,比率多少为宜,还需要结合酒店行业具体情况具体分析。

(三)现金流动负债比率

为了更加保守地分析酒店的短期偿债能力,还可以使用现金比率,现金比率是速动资产扣除应收账款后的余额。速动资产扣除应收账款后计算出来的金额,最能反映企业直接偿付流动负债的能力。现金比率一般认为20%以上为好。现金比率计算公式为:

$$现金比率 =(现金 + 有价证券)÷ 流动负债$$

现金比率反映的是用现金资产可以偿还多大比重的流动负债。现金比率越高,说明酒店偿还流动负债时的现金支付能力越强。但是,从酒店自身的经济利益角度考虑,现金比率并非越高越好,因为现金比率过高,表明酒店流动资产中过多的资金处在获利能力较差的现金资产状态,酒店的流动资产未能得到有效运用,资产的管理效率较低。一般认为,现金比率以适度为好,既要保证短期债务偿还的现金需要,又要尽可能降低过多持有现金的机会成本。

二、长期偿债能力指标

长期偿债能力是指酒店偿还长期债务的能力。从酒店长远的发展趋势角度讲,酒店债权人和所有者不仅关心酒店的短期偿债能力,更关心其长期偿债能力。制约酒店长期偿债能力的决定因素是酒店的资本结构和经营管理效率。用来反映酒店长期偿债能力的指标有资产负债率、产权比率、已获利息倍数等。

(一) 资产负债率

资产负债率又称负债比率,是指酒店的负债总额与资产总额的比率,它反映酒店的资产总额中有多少是通过举借债务筹资的。其计算公式为:

$$资产负债率 = \frac{负债总额}{资产总额} \times 100\%$$

资产负债率越大,说明酒店偿债能力越弱;反之,酒店的偿债能力越强。由于不同的利益相关主体,其经济利益目标不同,所以他们对酒店资产负债率的理解和要求也各不相同。当然,资产负债率的高低,需要结合酒店经营发展状况具体分析。保守的观点认为,资产负债率不应高于50%,但国际上通常认为资产负债率为60%时较为适当。

资产负债率反映债权人所提供的资本占全部资本的比例,它有以下几个方面的含义:

(1) 从债权人的立场看,这一比例越低越好。作为债权人,他们关心的是贷给酒店的款项的安全程度,也就是能否按期收回本金和利息。如果这一比例很高,则酒店的风险主要由债权人负担,这对债权人来讲是不利的。因此,他们希望这一比例越低越好。

(2) 从投资者立场看,这一比例越高越好。由于酒店通过举债筹措的资金与投资者投入的资金在经营中发挥同样的作用,所以,投资者关心的是全部资本利润率是否超过借入款项的利率。如果超过,投资者所得到的利润就会加大;如果相反,运用全部资本所得的利润率低于借款利息率,则对股东不利,因为借入资本的部分利息要由投资者所得的利润份额来弥补。因此,从投资者的立场看,在全部资本利润率高于借款利息率时,负债比率是越大越好,否则相反。

(3) 从经营者的立场看,这一比例太高,超出债权人心理承受程度,则认为是不保险的,酒店就会借不到钱。如果酒店不举债,或者负债比率很小,说明酒店对前途信心不足,利用债权人资本进行经营活动的能力很差。借款比率越大,越是显得酒店经营看好(当然不是盲目借款)。从财务管理的角度来讲,酒店应审时度势,全面考虑,在利用资产负债率制定借入资本决策时,必须充分估计预期的利润和增加的风险,在两者之间权衡利害得失,作出正确决策。

(二) 产权比率

产权比率是指负债总额与所有者权益总额的比率,是酒店财务结构稳健与否的重要标志,反映了所有者权益对债权人权益的保障程度。其计算公式为:

$$产权比率 = \frac{负债总额}{所有者权益总额} \times 100\%$$

一般情况下,产权比率越低,表明酒店的长期偿债能力越强,债权人权益的保障程度越高,但酒店不能充分发挥负债的财务杠杆作用;反之,比率越高,酒店长期偿债能力越低,债权人权益的保障程度越小。因此,酒店在评价产权比率是否适度时,应从提高获利能力和增强偿债能力两个方面综合考虑,在保障债务偿还安全的前提下,应尽可能提高产权比率。

产权比率与资产负债率对评价偿债能力的作用基本相同,两者的主要区别是:资产负债率侧重于分析债务偿付安全性的物质保障程度,产权比率则侧重于揭示财务结构的稳健程度以及自有资金对偿债风险的承受能力。

(三)利息保障倍数

利息保障倍数是指酒店一定时期的息税前利润总额与债务利息支出的比值,反映了酒店获利能力对债务偿付的保证程度,也称为利息保障率、已获利息倍数。该指标主要反映酒店运用当期的收益偿还利息的能力,如果没有足够多的息税前利润,利息的支付将会面临困难。其计算公式为:

$$利息保障倍数 = \frac{息税前利润总额}{利息费用支出}$$

已获利息倍数指标的数值反映了酒店息税前利润总额相当于本期支付的债务利息的多少倍。只要酒店已获利息倍数足够大,酒店就具有足够的能力偿还利息,否则相反。当然,评价该指标时应当结合酒店的实际情况作出判断。如负债比率高的酒店,其利息费用大,在较高的盈利水平下,其利息保障倍数可能仍然较小;相反,负债比率相当低的酒店,较少的利润可能会产生很高的利息保障倍数。因此,不能单纯地凭利息保障倍数的高低得出结论,应结合负债经营程度等综合考虑。

如何合理确定酒店自己的已获利息倍数?需要将该酒店这一指标与同行业、同等水平进行比较来分析决定本酒店的指标水平。同时,从稳健性的角度出发,最好比较本酒店连续几年的该项指标,并选择最低指标年度的数据,作为标准。这是因为,酒店在经营好的年头要偿债,而在经营不好的年头也要偿还大量同等的债务。某一年度利润很高,已获利息倍数也会很高,但不能年年如此。采用最低年度的数据,可保证最低的偿债能力。

任务二 营运能力指标计算

> 1. 怎样分析酒店的营运能力指标?
> 2. 酒店流动资产周转率如何提高?

营运能力是指酒店资金的利用效率,即资金周转的速度快慢及有效性。酒店营运能力指标包括流动资产周转情况指标、固定资产周转情况指标和总资产周转情况指标。

一、流动资产周转情况指标

反映酒店流动资产周转情况的指标主要有应收账款周转率、存货周转率、营业周期和流动资产周转率。

(一)应收账款周转率

应收账款在流动资产中有着举足轻重的地位,及时收回应收账款,不仅可以增强酒店的短期偿债能力,也能反映出酒店管理应收账款方面的效率。

反映应收账款周转速度的指标是应收账款周转率,也就是年度内应收账款转为现金的平均次数,它说明应收账款流动的速度。用时间表示的周转速度是应收账款周转天数,也叫平均应收账款回收期或平均收现期,它表示酒店从取得应收账款的权利到收回款项、转换为现金所需要的时间。其计算公式为:

$$应收账款周转率 = \frac{销售净额}{平均应收账款余额}$$

一般来说,应收账款周转率越高,平均收账期越短,说明应收账款的收回越快。否则,酒店的营运资金会过多地呆滞在应收账款上,影响正常的资金周转。使用应收账款周转率指标分析应收账款运转效率时,应剔除影响酒店应收账款异常波动的因素,以保证应收账款周转率指标的可比性。

(二)存货周转率

一般情况下,酒店的流动资产中存货所占的比重较大。存货周转速度的快慢,不仅影响到酒店的资产管理效率,也影响到酒店流动资产的流动性,从而影响酒店的流动比率及短期偿债能力。因此,必须特别重视对存货的分析。常用存货周转率和存货周转天数指标来反映存货的流动性。

存货周转率是酒店一定时期的营业成本与平均存货余额的比率,也叫存货的周转次数。用时间表示的存货周转率就是存货周转天数。计算公式为:

$$存货周转率 = \frac{销货成本}{平均存货}$$

一般来讲,存货周转速度越快,存货的占用水平越低,流动性越强,存货转换为现金或应收账款的速度越快。提高存货周转率可以提高酒店的变现能力,而存货周转速度越慢则变现能力越差。

存货周转率(存货周转天数)指标的好坏反映存货管理水平,它不仅影响酒店的短期偿债能力,而且也是整个酒店管理的重要内容。酒店管理者和有条件的外部报表使用者,除了分析批量因素、季节性生产的变化等情况外,还应对存货的结构以及影响存货周转速度的重要项目进行分析。

在酒店里,有一些因素会影响到存货周转次数,如离市场很远,每次交货量少,拥有大的储存设施和大量采购可使价格较低将导致低的存货周转次数。可是,低的存货周转次数也可能表明差的采购技术,即意味着浪费、损坏,甚至可能存在着非道德的购买问题,这需要引起注意。

(三)流动资产周转率

流动资产周转率是营业收入与全部流动资产平均余额的比值。其计算公式为:

$$流动资产周转率 = \frac{营业收入}{流动资产平均总额}$$

式中:平均流动资产总额＝(年初流动资产总额＋年末流动资产总额)÷2

流动资产周转率反映流动资产的周转速度。周转速度快,会相对节约流动资产,等于相对扩大资产投入,增强酒店盈利能力;而延缓周转速度,需要补充流动资产参加周转,形成资金浪费,降低酒店盈利能力。

二、固定资产周转情况指标

反映固定资产周转情况的主要指标是固定资产周转率,也称固定资产利用率,它是酒店一定时期营业收入净额与固定资产平均净值的比值,是衡量固定资产利用效率的一项指标。

$$固定资产周转率 = \frac{营业收入}{平均固定资产净额}$$

式中:平均固定资产净值=(期初固定资产净值+期末固定资产净值)÷2

这项比率主要用于分析酒店设备等固定资产的利用效率,它表示每1元的固定资产投资可发挥多少元的销售效能。该比率越高,说明固定资产的利用效率越高,管理水平越好。如果这一指标与同行业平均水平相比偏低,则说明企业对固定资产的利用效率低,可能会影响企业的获得能力。

三、总资产周转情况指标

反映总资产周转情况的主要指标是总资产周转率,它是酒店一定时期营业收入净额与平均资产总值的比值,可以用来反映酒店全部资产的利用效率。其计算公式为:

$$总资产周转率 = \frac{营业收入}{平均资产总额}$$

式中:平均资产总值=(年初资产总额+年末资产总额)÷2

总资产周转率用来分析酒店资产经营的整体效能,反映酒店资产总额的周转速度。周转越快,说明销售能力越强。酒店可以通过薄利多销的办法,加速资产的周转,带来利润绝对额的增加。

任务三　盈利能力指标计算

1. 酒店盈利能力分析有哪些指标?
2. 怎样分析酒店的盈利能力?

一、一般企业盈利能力指标

对一般酒店盈利能力的分析,通常使用的指标主要有营业利润率、成本费用利润率、盈余现金保障倍数、总资产收益率、净资产收益率和资本收益率等六项指标。

(一)营业利润率
营业利润率是酒店一定时期营业利润与营业收入的比率。其计算公式为:

$$营业利润率 = \frac{营业利润}{营业收入} \times 100\%$$

营业利润率越高,表明酒店的市场竞争力强,发展潜力大,盈利能力越强。

(二)成本费用利润率
成本费用利润率是指酒店一定时期利润总额与成本费用总额的比率,它反映酒店所得与所耗的关系。其计算公式为:

$$成本费用利润率 = \frac{利润总额}{成本费用总额} \times 100\%$$

式中:成本费用总额=营业成本+营业税金及附加+销售费用+管理费用+财务费用

成本费用利润率高,表明酒店在成本费用一定的情况下,实现了更多的利润,或者表明酒店实现一定的利润所花费的成本费用较少,经济效益好。该项比率低,则说明酒店投入多、获利少,经济效益差。

(三) 盈余现金保障倍数

盈余现金保障倍数是酒店一定时期经营现金净流量与净利润的比值,反映了酒店当期净利润中现金收益的保障程度,真实反映了酒店盈余的质量,是评价酒店盈利状况的辅助指标。其计算公式为:

$$盈余现金保障倍数 = \frac{经营现金净流量}{净利润} \times 100\%$$

盈余现金保障倍数是从现金流入和流出的动态角度出发,对酒店收益的质量进行评价,在收付实现制的基础上,充分反映出酒店当期净利润中有多少是有现金保障的。一般来说,当酒店净利润大于 0 时,盈余现金保障倍数应当大于 1。该指标越大,表明酒店经营活动产生的净利润对现金的贡献越大。

(四) 总资产收益率

总资产收益率是酒店一定时期内获得的净利润与酒店平均资产总额的比率。它是反映酒店资产综合利用效果的指标,也是衡量酒店利用债权人和所有者权益总额所取得盈利的重要指标。其计算公式为:

$$总资产收益率 = \frac{净利润}{平均资产总额} \times 100\%$$

(五) 净资产收益率

净资产收益率是酒店一定时期净利润与平均净资产的比率,也称净资产净利率、权益收益率、权益净利率等。它反映所有者投资的盈利能力,是酒店盈利能力指标的核心。其计算公式为:

$$净资产收益率 = \frac{净利润}{平均净资产} \times 100\%$$

式中:平均净资产=(期初所有者权益+期末所有者权益)÷2

一般认为,净资产收益率越高,酒店自有资本获取收益的能力越强,运营效益越好,对酒店投资者和债权人的保证程度越高。

(六) 资本收益率

资本收益率是用于衡量酒店投资者投入资本的获利能力及酒店管理水平的综合指标。其计算公式为:

$$资本收益率 = \frac{净利润}{资本金} \times 100\%$$

二、上市公司盈利能力指标

上市公司是以发行股票来筹集企业资本的,股东购买企业股票,都希望获得好的报酬。因此,投资者对股份有限公司的盈利能力必然非常关心,特别是每年的股利分配。反映上市公司盈利能力的财务指标主要有每股收益、市盈率、每股股利、每股净资产等。

(一) 每股收益

每股收益也称每股利润或每股盈余,反映企业普通股股东持有每一股份所能享有的企业利润和承担的企业亏损,是衡量上市公司盈利能力最常用的财务分析指标。每股收益越高,说明公司的获利能力越强。其计算公式为:

$$每股收益 = \frac{净利润}{当期普通股股份总数} \times 100\%$$

计算出来的每股收益可以与行业平均数对比,与本企业历史水平对比,以发现差距,总结经验,寻找不足,拟定进一步改进的措施,还可以进行经营业绩和盈利预测的比较,以掌握该公司的管理能力。

(二)市盈率

市盈率是指普通股每股市价相当于每股收益的倍数,反映投资者对上市公司每1元净利润愿意支付的价格,可以用来估计股票的投资报酬和风险。其计算公式为:

$$市盈率 = \frac{每股市价}{每股盈余} \times 100\%$$

市盈率是人们普遍关注的指标,有关证券报刊几乎每天都要报道各类股票的市盈率。它是市场对公司的共同期望指标,市盈率越高,表明市场对公司的未来越看好,投资者愿意出较高的价格购买该公司的股票。在市价确定的情况下,每股收益越高,市盈率越低,投资风险越小。在每股收益确定的情况下,市价越高,市盈率越高,风险越大。

(三)每股股利

每股股利是指上市公司本年发放的普通股现金股利与年末普通股总数的比值。其计算公式为:

$$每股股利 = \frac{股利总额}{发行在外的普通股股数} \times 100\%$$

(四)每股净资产

每股净资产是指上市公司年末净资产与年末普通股总数的比值。其计算公式为:

$$每股净资产 = \frac{股东权益}{发行在外的普通股股数} \times 100\%$$

任务四　发展能力指标计算

1. 酒店发展能力有哪些指标?
2. 对酒店发展能力评价还有更好的办法吗?

发展能力是酒店在生存的基础上,扩大规模、壮大实力的潜在能力。分析发展能力主要考察以下几项指标:营业收入增长率、资本保值增值率、资本积累率、总资产增长率等。

一、营业收入增长率

营业收入增长率是酒店本年营业收入增长额与上年营业收入总额的比率。它反映酒店营业收入的增减变动情况,是评价酒店成长状况和发展能力的重要指标。其计算公式为:

$$营业收入增长率 = \frac{本年营业收入增长额}{上年营业收入总额} \times 100\%$$

该指标在实际操作中,应结合酒店历年的营业收入水平、市场占有情况、行业未来发展及其他影响酒店发展的潜在因素进行前瞻性预测,或结合酒店前三年的营业收入增长率作出趋势性判断。

二、资本保值增值率

资本保值增值率是酒店扣除客观因素后的年末所有者权益总额与年初所有者权益总额的比率,反映酒店当年的资本在企业自身努力下的实际增减变动情况。其计算公式为:

$$资本保值增值率 = \frac{扣除客观因素后的年末所有者权益}{年初所有者权益总额} \times 100\%$$

一般认为,资本保值增值率越高,表明酒店的资本保全状况越好,所有者权益增长越快,债权人的债务越有保障。该指标通常应大于100%。

三、资本积累率

资本积累率是酒店本年所有者权益增长额与年初所有者权益的比率。它反映酒店当年资本的积累能力,是评价酒店发展潜力的重要指标。其计算公式为:

$$资本积累率 = \frac{当年所有者权益增长额}{年初所有者权益} \times 100\%$$

该指标若大于0,表明酒店的资本积累越多,应付风险和持续发展的能力越大;若该指标小于0,表明酒店的资本受到侵蚀,所有者权益受到损害,应予以充分重视。

四、总资产增长率

总资产增长率是酒店本年总资产增长额与年初资产总额的比率,它反映酒店本期资产规模的增长情况。其计算公式为:

$$总资产增长率 = \frac{当年总资产增长额}{年初资产总额} \times 100\%$$

该指标越高,表明酒店一定时期内资产经营规模扩张的速度越快。但在实际分析时,应注意考虑资产规模扩张的质和量的关系以及酒店的后续发展能力,避免资产盲目扩张。

项目三 酒店财务综合分析

【案例导入】 很久以前,印度有几个瞎子听说大象是个头巨大的动物,便请求国王让他们摸一摸大象。国王满足了他们的要求。摸过以后,瞎子们各自发表了对大象的认识,有的说大象像根管子,有的说像把扇子,有的说像根大萝卜,有的说像堵墙,有的说是根柱子,还有的说活像一条绳子。

瞎子们为什么会犯这样的错误?如果你是酒店的管理者,在分析酒店财务状况的时候会不会和他们一样?

任务一　财务综合分析方法的比较

　　1. 财务比率分析有哪些局限性？
　　2. 杜邦体系分析法与沃尔比重评分法有哪些优缺点？

　　财务综合分析法就是将营运能力、偿债能力、盈利能力和发展能力等诸方面的分析纳入一个有机的整体之中，全面地对酒店经营状况、财务状况进行揭示与披露，从而对酒店经济效益的优劣做出准确的评价与判断。

　　财务综合分析的方法很多，其中应用比较广泛的有杜邦体系分析法和沃尔比重评分法。

一、杜邦体系分析法

　　杜邦体系分析法是利用各财务指标间的内在关系，对酒店综合经营理财及经济效益进行系统分析评价的方法。该体系以净资产收益率为核心，将其分解为若干财务指标，通过分析各分解指标的变动对净资产收益率的影响来揭示酒店获利能力及其变动原因。

　　杜邦体系各主要指标之间的关系如下：

　　净资产收益率＝总资产净利率×权益乘数＝营业净利率×总资产周转率×权益乘数

　　其中，权益乘数＝资产总额÷所有者权益总额＝1÷（1－资产负债率）

　　从公式中可以看出，决定净资产收益率高低的因素有三个：营业净利率、总资产周转率和权益乘数。这样分解之后，可以把净资产收益率这样一项综合性指标发生升、降变化的原因具体化，比只用一项综合性指标更能说明问题。

　　（1）净资产收益率是一个综合性最强的财务比率，是杜邦体系的核心。其他各项指标都是围绕这一核心，通过研究彼此间的依存关系来揭示企业获利能力及其前因后果。财务管理的目标是使所有者财富最大化，净资产收益率反映所有者投入资金的获利能力，反映企业筹资、投资、资金营运活动的效率，提高净资产收益率是实现财务管理目标的基本特征。该指标的高低取决于营业净利率、总资产周转率和权益乘数。

　　（2）营业净利率反映企业净利润和营业收入的关系。提高营业净利率是提高企业盈利的关键，主要有两个途径：扩大营业收入和降低成本费用。

　　（3）总资产周转率反映企业资产总额实现营业收入的综合能力。对总资产周转率的分析，需对影响总资产周转的各因素进行分析。除了对资产的各构成部分从占用量上是否合理进行分析外，还可以通过对流动资产周转率、存货周转率、应收账款周转率等有关各资产组成部分使用效率的分析，判明影响资金周转的主要问题出在哪里。

　　（4）权益乘数反映所有者权益与总资产的关系。权益乘数大，说明企业负债程度高，能给企业带来较大的财务杠杆利益，但同时也会给企业带来较大的风险。

二、沃尔比重评分法

　　在进行财务分析时，人们遇到的一个主要困难就是计算出财务比率之后，无法判断它是偏高还是偏低。为了弥补这种缺陷，沃尔在他出版的《信用晴雨表研究》和《财务报表比率分析》中提出了信用能力指数的概念，把流动比率、产权比率、固定资产比率、存货周转率、应收账款周转率、固定资产周转率、自有资金周转率等七项财务比率用线性关系结合起来,并分别给定其在总评价中占的比重(总和为 100 分),然后确定标准比率,并与实际比率相比较,评出每项指标的得分,最后求出总评分,以此评价企业的信用水平。

原始的沃尔评分法有两个缺陷:一是未能证明为什么要选择这 7 个指标,而不是更多或更少些,或者选择别的财务比率,也未能证明每个指标所占比重的合理性;二是当某一个指标严重异常时,会对总评分产生不合逻辑的重大影响。

当然,现代社会与沃尔的时代相比,已有很大变化。沃尔最初提出的 7 项指标已难以完全适用当前企业评价的需要。现在一般认为,在选择指标时,偿债能力、运营能力、盈利能力及发展能力指标均应当选到,除此之外,还应当适当选取一些非财务指标作为参考。

任务二　财务分析方法的应用

1. 收集某酒店财务资料,进行相关财务指标分析。
2. 结合案例二的财务分析,对收集的酒店财务状况进行全面分析。

我们以案例的方式,来说明财务分析方法的应用。

案例一:大华公司财务指标计算及分析

大华公司 2008 年度的资产负债表、利润表及相关财务资料,如表 8－2 和表 8－3 所示。

表 8－2　大华公司 2008 年 12 月 31 日资产负债表　　　　　　　单位:万元

项　目	年初数	年末数
流动资产:		
库存现金	880	1550
交易性金融资产	132	60
应收账款	1080	1200
预付账款	200	250
存　　货	808	880
流动资产合计	3100	3940
非流动资产:		
长期股权投资	300	500
固定资产:		
固定资产原价	2500	2800
减:累计折旧	750	880
固定资产净值	1750	1920
无形及其他资产:		
无形资产	50	40
资产总计	5200	6400

续表

项　目	年初数	年末数
流动负债：		
短期借款	200	150
应付账款	600	400
应付职工薪酬	180	300
未付股利	500	800
一年内到期的长期负债	120	150
流动负债合计	1600	1800
长期负债：		
应付债券	100	200
长期借款	200	300
长期负债合计	300	500
股东权益：		
股　　本	1500	1800
资本公积	500	700
盈余公积	800	1000
未分配利润	500	600
股东权益合计	3300	4100
负债及股东权益合计	5200	6400

表 8-3　大华公司 2008 年 12 月利润表　　　　　单位：万元

项　目	本年累计	上年累计
营业收入	15000	11500
减：营业成本	8500	6500
营业税金及附加	750	515
销售费用	540	485
管理费用	60	50
财务费用（利息费用）	840	750
加：投资收益	70	56
营业利润	4380	3256
加：营业外收入	50	60
减：营业外支出	30	50
税前利润	4400	3266
减：所得税（40%）	1760	1306
税后净利	2640	1960

2008 年该公司发行在外股票数 1200 万股,2008 年其平均市价为 55.5 元/股。

该公司 2007 年销售净利润率为 17.04％,总资产周转率为 2.4 次,平均权益乘数为 1.6,平均每股净资产为 2.8。

要求:根据表 8－2、表 8－3 及相关资料,计算 2008 年大华公司的相关财务指标(小数点后保留两位数)。

1. 流动比率;速动比率;应收账款周转率;存货周转率;利息保障倍数;平均权益乘数;总资产周转率;成本费用利润率;销售净利润率;资产净利率;每股收益;平均每股净资产;市盈率。

2. 运用杜邦分析法分别计算大华公司 2007 和 2008 年的净资产收益率。

3. 采用连环替代法分析销售净利润、总资产周转率、平均权益乘数和平均每股净资产各因素对每股收益指标的影响,并验证 2008 与 2007 年每股收益的总差异。

结合以上相关资料,计算分析如下。

1. 2008 年大华公司的相关财务指标计算如下:

(1) 流动比率 $= \dfrac{3940}{1800} = 2.19$

(2) 速动比率 $= \dfrac{(1550 + 60 + 1200)}{1800} = 1.56$

(3) 应收账款周转率 $= \dfrac{15000}{[(1080 + 1200)/2]} = 13.16$（次）

(4) 存货周转率 $= \dfrac{8500}{[(808 + 880)/2]} = 10.07$（次）

(5) 利息保障倍数 $= \dfrac{(4400 + 840)}{840} = 6.24$

(6) 平均权益乘数 $= \dfrac{[(5200 + 6400)/2]}{[(3300 + 4100)/2]} = 1.57$

(7) 总资产周转率 $= \dfrac{15000}{[(5200 + 6400)/2]} = 2.59$（次）

(8) 成本费用利润率 $= \dfrac{4400}{(8500 + 540 + 60 + 840 + 750)} \times 100\% = 41.16\%$

(9) 销售净利润率 $= \dfrac{2640}{15000} \times 100\% = 17.60\%$

(10) 资产净利率 $= \dfrac{2640}{[(5200 + 6400)/2]} \times 100\% = 45.52\%$

(11) 每股收益 $= \dfrac{2640}{1200} = 2.2$（元/股）

(12) 平均每股净资产 $= \dfrac{[(3300 + 4100)/2]}{1200} = 3.08$（元）

(13) 市盈率 $= \dfrac{55.5}{2.2} = 25.23$

2. 杜邦体系:净资产收益率＝销售净利润率×总资产周转率×权益乘数

2007 年净资产收益率＝17.04％×2.4×1.6＝65.43％

2008 年净资产收益率＝17.60％×2.59×1.57＝71.57％

3. 每股收益＝销售净利润率×总资产周转率×平均权益乘数×平均每股净资产

2007 年指标：17.04％×2.4×1.6×2.8＝1.83(元) ①

第一次替代：17.6％×2.4×1.6×2.8＝1.89(元) ②

第二次替代：17.6％×2.59×1.6×2.8＝2.04(元) ③

第三次替代：17.6％×2.59×1.57×2.8＝2.00(元) ④

第四次替代：17.6％×2.59×1.57×3.08＝2.20(元) ⑤

②－① 销售净利润率上升影响每股收益 1.89－1.83＝0.06(元)

②－② 总资产周转率上升影响每股收益 2.04－1.89＝0.15(元)

④－③ 权益乘数下降影响每股收益 2.00－2.04＝－0.04(元)

⑤－④ 平均每股净资产上升影响每股收益 2.20－2.00＝0.20(元)

总差异为：0.06＋0.15－0.04＋0.20＝2.20－1.83＝0.37(元)

2007 年度每股收益＝17.04％×2.4×1.6×2.8＝1.83(元)

2008 年度每股收益＝17.6％×2.59×1.57×3.08＝2.20(元)

总差异＝2.20－1.83＝0.37(元)

案例二：上海宝成大酒店 2008 年三季度财务分析

本分析是以酒店公司 2008 年 1 月 1 日至 9 月 30 日发生的财务数据为依据,同时对比上年数据,结合公司的经营情况进行分析而成的。

(一) 财务状况分析

资产负债结构如表 8-4 所示。

表 8-4　资产结构年度对比表　　　　　单位：万元

项　目	时　间		对比差异	
	2007.9.30	2008.9.30	金　额	增减比
货币资金	245.89	207.87	－38.02	－15.46％
预付账款	6.89	127.72	120.83	1753.70％
应收账款	41.91	33.63	－8.28	－19.76％
其他应收款	28.36	9.59	－18.77	－66.18％
存货	63.17	66.36	3.19	5.05％
固定资产原值	357.65	405.29	47.64	13.32％
建筑物原值	32037.97	31963.33	－74.64	－0.23％
无形资产	47.33	22.64	－24.69	－52.17％
内部往来	1578.51	1268.21	－310.30	－19.66％
应付账款	169.02	105.37	－63.65	－37.66％
应交税费	32.64	289.80	257.16	787.87％
其他应付款	474.95	300.09	－174.86	－36.82％
长期借款	20000.00	18750.00	－1250.00	－6.25％

　　从表 8 - 4 对比来看,货币资金存量下降了 38.02 万元,这主要是酒店公司在 2007 年 9 月至 2008 年 9 月间实际偿还银行贷款 1150 万元。

　　"预付账款"的变化是因为新会计准则的应用,原来的待摊费用转到了该科目,且在取得工行贷款时发生了 160 万元的财务费用,审计事务所要求分 5 年摊销,2007 年当年摊销 32 万元,尚余 128 万元,2008 年摊销 32 万元已在 9 月入账。

　　"应收账款"余额比 2007 年下降了 8.28 万元,这主要是在 2008 年推行了酒店信贷制度,加强了对协议公司、旅行社的催收力度,目前旅行社应收账款最长期限 3 个月,公司账龄均控制在 2 月之内,信用卡当月收回,结账时付清。平均回收期基本控制在 1～2 月,坏账风险较小,但集团内部及兄弟公司挂账清收比较困难,不适用信贷制度,2008 年将在这方面继续努力。

　　"其他应收款"余额比 2007 年下降 66.18%,主要原因是健身房设备转为酒店公司固定资产,价值 19.9 万元。

　　"存货"余额比 2007 年增加了 5.05%,主要原因是 2008 年上半年新采购 11.85 万元的布草,导致库存余额上升。除去布草这一因素外,其他存货控制都比较得力,保证平时营业的日常消耗量,在每月月底编制预算确定申购数量,最低库存量保持在满房 1 月的用量;开业时订购了部分餐饮用具因酒店未直接经营当时准备自营的餐饮业务,长期占用库存造成周转率过低;开业初期签订的清洁用品合同约定的月消耗量过高也导致了周转率的降低,此情况已经向酒店管理层提出。

　　"固定资产"比 2007 年增加 13.32%,主要是健身房设备转入 19.9 万元以及大江公司转入本田商务车一辆,价值 27.8 万元。

　　"建筑物原值"比 2007 年减少 74.64 万元,为一层咖啡厅面积转给大江公司。

　　"其他应付款"的降低主要是将 168.29 万元划给了大江公司。

　　"长期借款"为 2007 年 3 月将中信实业银行的酒店抵押贷款 1.5 亿元置换为工行大桥支行的 2 亿元贷款,并且已还款 1150 万元。

(二) 利润、费用分析(见表 8 - 5)

　　2008 年度截止到三季度累计实现总营业收入 3750.52 万元,完成计划 74.91%,其中房费及其他收入为 3329.59 万元,完成 73.99%(计划 4500 万元),租金收入 420.93 万元,完成了 83.02%(计划 507 万元),净利润实现 524.91 万元,营业成本累计 66.43 万元,营业费用 1571.25 万元,管理费用 491.08 万元,财务费用 1047.63 万元,营业税金及附加 194.5 万元,营业外收入 238.82 万元(财政退税收入),营业外支出 0.9 万元(劳动仲裁支出),所得税费用 92.63 万元。

表 8 - 5　利润费用对比表　　　　　　　　　单位:万元

项　　目	时间		增加额	增加比率
	2007.9	2008.9		
营业收入	4045.63	3750.52	−295.11	−7.29%
营业成本	83.65	66.43	−17.22	−20.59%
营业费用	1885.73	1571.25	−314.48	−16.68%

续表

项 目	时间		增加额	增加比率
	2007.9	2008.9		
管理费用	389.37	491.08	101.71	26.12%
财务费用	1082.82	1047.63	−35.19	−3.25%
营业外收入	107.15	238.82	131.67	122.88%
税后利润	422.53	524.91	102.38	−24.23%

营业收入较 2007 年减少的主要原因是 2008 年客房销售情况欠佳,开房率较 2007 年下降了 6.74%,平均房价与 2007 年持平。

营业成本减少的原因:一方面是由开房率下降所带来的一次性用品与洗涤成本的下降(约下降 4.85 万元,占减少比率的 6.2%);另一方面是在 2007 年的经验基础上,结合行业优秀指标,年初制定并下达了客房消耗的定额成本,采用每月考核、严格控制、及时反馈、分析原因、调整措施等一系列管理程序所取得的成效(约下降 3.27 万元,占减少比率的 4.69%)。此项目中还需剔除非正常支出 9.1 万元,用于发放员工绩效奖,占减少比率的 9.7%。

营业费用的减少幅度比营业收入减少幅度大,原因有:一是严格执行集团下达的费用计划的同时,考虑到工资费用与 2007 年持平,努力控制并节约了其他如物料用品的消耗,营销费、广告费的支出(共约下降 86.58 万元,占减少比率的 5.22%);二是 2007 年包含了代大江公司支付给宝汇的 86.85 万元,大江公司 2006 年奖金 141.05 万元,这些非正常支出共计 227.9 万元,占减少比率的 11.46%。

管理费用比 2007 年增加的原因是为了合理避税减少 9 月预缴企业所得税的金额而预提了全年度的房产税支出(原应与 11 月支出 116 万元,现预先在 9 月计提)。其他可控费用如差旅费、培训费、办公费、广告费,工作餐都严格控制,较计划有不同程度的节约。

财务费用的下降是由于 2007 年包含了 160 万元的贷款费用,此费用后经事务所审定需分五年平均分摊,剔除此因素后财务费用实际增加了 92.81 万元,增加了 9.72%,原因:一是将年初的贷款本金 13500 万元置换为 2 亿元;二是银行频繁的加息。这都导致了利息支出的增长,目前酒店尚余贷款 18750 万元,每月需支付利息 115 万元左右。此外,酒店的信用卡手续费较 2007 年略有下降,原因是经洽谈中国银行和中国工商银行均不同程度的下降了信用卡费率。

营业外收入与 2007 年相比有大幅增加,原因是 2007 年度缴纳了全年的房产税获得了税收返还,2007 年获得的税收返还是 2006 年度缴纳的半年的房产税。因此,在营业收入大幅下降的情况下净利润反而较 2007 年有所上升。

(三) 经营情况分析

从 2008 年的客源来看,协议公司和中介依然是主要的客源,但其他客源并没有明显的增长,对于协议公司和中介的客源需要支付佣金并承担一定的营销费用,一方面减少了营业利润,另一方面也降低了对抗市场风险的能力,造成了 2008 年在旺季未能超过市场平均水平,在淡季仍然低于市场平均水平。2008 年附近新开了多家星级酒店,分割了市场份额；且今年年初酒店销售总监及多位销售员辞职，带走了部分客户；新进销售总监在市场判断上的敏锐度的不足等综合情况造成了酒店 2008 年前三季度的销售业绩低于市场平均水平。

所以，2008 年第四季度的销售重点应该考虑在行业淡季时如何做到淡季不淡，尽量争取客源，提高市场占有率，努力增加我们的机会收益，从而尽可能分摊我们的机会成本。

从 2008 年的实际出租率和房价来看，出租率比 2007 年有所下降，如图 8 - 1 所示。营业收入减少的主要原因是出租率的降低，房价与去年持平。

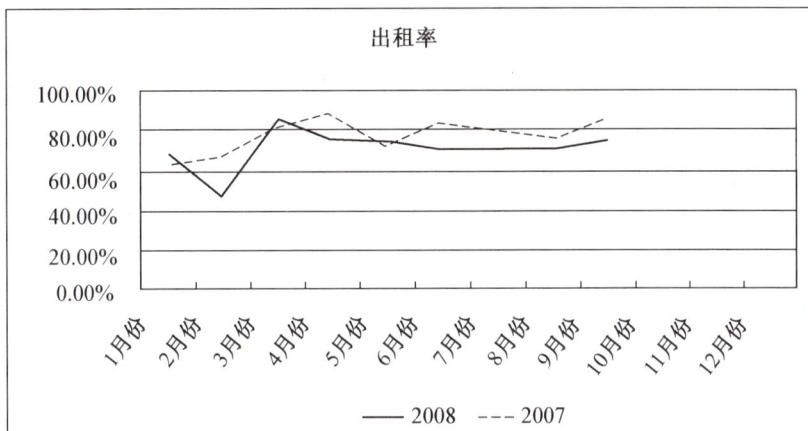

图 8 - 1　2007—2008 年出租率对比图

从收入项目来看，2008 年的小酒吧，租金收入都比上年有较小幅度增加，但客房收入和会议收入有明显下降，2008 年酒店为了弥补客房收入在中秋节销售月饼 38.17 万元，此项目成本 15.35 万元。客房收入仍然是主要的收入来源，主营业务明显，会议作为商务型酒店收入的重要组成部分，与客房销售呈一定的配比关系，从 2008 年看销售并不理想，截至 9 月底只有 26.04 万元的会议收入，同比 2007 年下降了 11.53 万元，下半年的会议销售应加大力度挖潜。综上所述，2008 年上半年公司整体经营情况不容乐观，客房收入较 2007 年同比有所下降，但总体经营还相对稳定，公司在融资、各项费用和现金收支上采取了事前预算，事中控制，事后分析、总结、调整等一系列的财务措施，取得了一定的成效。在经营方面，对于开发收入新来源和各类房型的销售全面发展上有待进一步挖掘潜力。财务部应当将继续严格执行收入、费用计划，加强应收账款管理的同时，加强收入审核督促收入完整实现等作为工作重点，确保完成集团下达的经营任务。

（四）成本分析

1. 营业成本方面分析

营业成本包括客房成本和客房小酒吧成本，具体消耗如下。

（1）客房成本。2008 年前三季度酒店房间出租数共 43972 间，2007 年前三季度酒店房间出租数共 48133 间。两者的成本消耗对比如表 8 - 6 和表 8 - 7 所示。

表 8-6 2007、2008 年前三季度客房成本消耗对比表   单位：元

时间 成本对象	2007 年 （1—9 月）	2008 年 （1—9 月）	增减额	增减率
清洁用品	52088.01	45795.55	−6292.46	−12.08％
印刷品	15650.54	11094.16	−4556.38	−29.11％
一次性用品	212743.93	177236.78	−35507.15	−16.69％
布草洗涤	290396.28	286313.74	−4082.54	−1.41％
食品	25580.58	13341.88	−12238.7	−47.84％
饮品	64355.41	58025.12	−6330.29	−9.84％
合　计	660814.75	591807.23	−69007.52	−10.44％

说明：2008 年客房总成本为 750951.74 元，剔除春节专项营销费 38000 元，新年客户团拜招待费 37800 元，客房购买水果费 13235.09 元，客房鲜花费用 1093.5 元，医药用品费 8.4 元，所得客房成本消耗为 660814.75 元。2008 年客房总成本为 591807.23 元（无其他额外成本）。

表 8-7 2007、2008 年前三季度客房单位成本消耗对比表   单位：元

时间 单位成本对象	2007 年 （1—9 月）	2008 年 （1—9 月）	增减率
清洁用品	1.08	1.04	−3.70％
印刷品	0.33	0.25	−24.24％
一次性用品	4.42	4.03	−8.82％
布草洗涤	6.03	6.51	7.96％
小计	11.86	11.83	−0.25％
食品	0.53	0.30	−43.40％
饮品	1.34	1.32	−1.49％

从 2008 与 2007 年前三季度客房总成本消耗对比来看，2008 年前三季度同比 2007 年前三季度下降 10.44％。由于 2008 年前三季度客房出租数减少，导致一次性消耗品（包括一次性清洁用品、一次性印刷品、一次性用品）耗用数量减少，客房布草洗涤次数减少，客房食品、饮品耗用数量减少，总成本消耗下降。

从 2008 与 2007 年前三季度客房单位成本消耗对比来看，2008 年前三季度一次性消耗品（包括一次性清洁用品、一次性印刷品、一次性用品）和布草洗涤单位成本消耗同比 2007 年前三季度下降 0.25％。

1）对于一次性清洁用品单位成本消耗，在前三季度物价上涨的情况下，，通过和供应商多次交涉洽谈，使采购单位进价低于市场价格，同时加大成本控制力度和考核次数，使其实际成本消耗控制在消耗定额以内。

2）对于印刷品单位成本消耗，在前三季度物价上涨的情况下，通过和供应商多次交涉洽谈，使采购单位进价低于市场价格，其中耗用较大的礼品袋从 2007 年的 2.15 元/个下降到 2008 年的 1.95 元/个，单位成本下降 9.30％，同时加大成本控制力度和考核次数，使其实

际成本消耗控制在消耗定额以内。

3）对于一次性用品单位成本消耗，价格维持 2007 年合同价，但是加大了成本控制力度和考核次数，使其实际成本消耗控制在消耗定额以内。

4）对于布草洗涤单位成本消耗，一方面客房内多次出现虫子，造成布草洗涤次数增加；另一方面 2008 年前三季度迎接星评，增加了对客房中的床裙、被芯、枕芯、窗帘、床巾、床铺垫、大堂沙发套等的分批洗涤。洗涤次数较多，而且洗涤费用较高。在客房出租率低时，2月进行窗帘的洗涤，3月进行客房厚被芯的洗涤，4月进行客房薄被芯的洗涤，其他布草由客房主管人员每天检查，一旦发现脏迹即时洗涤，客房中地巾摆放改为直接铺地，增加了洗涤成本。而 2007 年对客房中的床裙、被芯、枕芯、窗帘、床巾、床铺垫、大堂沙发套等洗涤次数较少，洗涤成本较低。

5）对于客房食品单位成本消耗，2007 年每间客房提供免费的水果，标准为 3 元/间，2008 年除 VIP 客房外不再提供客房水果；另外，原客房致意品每间 2 块金币巧克力换为每间 4 块喔喔薄荷糖，由于食品品种更换，单位成本消耗由 2007 年的 0.66 元/间下降到 0.32元/间，单位成本消耗下降 51.52%。

6）对于客房饮品单位成本消耗，其中耗用较大的免费碧纯小瓶水采购单位进价下降，从 2007 年的 0.72 元/瓶下降到 2008 年的 0.68 元/瓶，每间 2 瓶，客房单位成本消耗从 2007年的 1.44 元/间下降到 2008 年的 1.36 元/间，客房单位成本消耗下降 5.56%。

（2）客房小酒吧成本。2008 与 2007 年前三季度客房小酒吧成本消耗和单位成本消耗对比如表 8-8 和表 8-9所示。

表 8-8　2008 与 2007 年前三季度客房小酒吧成本消耗对比表　　　　　单位：元

时间 成本对象	2007 年 （1—9 月）	2008 年 （1—9 月）	增减率
食品消耗	13590.54	14200.32	4.49%
饮品消耗	29691.93	33394.67	12.47%
小　计	43282.47	47594.99	9.96%
成本率	22.61%	24.35%	7.70%

表 8-9　2008 与 2007 年前三季度客房小酒吧单位成本消耗对比表　　　　　单位：元

时间 单位成本对象	2007 年 （1—9 月）	2008 年 （1—9 月）	增减率
食品消耗	0.28	0.32	14.29%
饮品消耗	0.62	0.75	20.97%
合　计	0.9	1.07	18.89%

从 2008 与 2007 年前三季度客房小酒吧总成本消耗对比来看，2008 年前三季度同比2007 年前三季度增加 9.96%，由于 2008 年整个市场物价上涨，酒店客房出租数下降，市场购买的食品饮品搁置过久造成过期报损的数量增加，导致 2008 年前三季度客房小酒吧成本消耗比 2007 年同期有所上升，但实际成本率控制在标准成本 25% 之内。

从 2008 与 2007 年前三季度客房小酒吧单位成本消耗对比来看,2008 年前三季度单位成本消耗同比 2007 年前三季度增加 18.89%,受整个市场物价上涨的影响,2008 年前三季度客房小酒吧食品饮品的采购单位进价上升,但售价没有改变,导致食品、饮品单位成本上升,实际单位成本控制在标准成本 1.07 元以内。

2. 营业费用分析

营业费用分析包括低值易耗品摊销部分,低值易耗品按部门领用摊销部分和物料消耗部分。

低值易耗品包括家具用具、办公用具、仪器仪表、银器、金属餐具、摆设挂件、电器五金、厨房用具、玻璃陶瓷器皿、布草、制服、机械设备及其他。

具体分析如下。

(1) 低值易耗品摊销部分。2008 年前三季度购入低值易耗品一次摊销共计金额为 2371 元,均一次合理摊销。其中酒店购买折叠会议台 4420 元已一次摊销完毕,同时收回旧布草处理款总价为 2049 元,均一次冲抵布草摊销。

(2) 低值易耗品按部门领用摊销部分。2008 年前三季度各部门摊销累计金额为 180751.06 元 。2008 与 2007 年前三季度部门领用低值易耗品摊销费用对比表如表 8 - 10 所示。

表 8 - 10　2008 与 2007 年前三季度部门领用低值易耗品摊销费用对比表　　　单位:元

时间 部门	2007 年 (1—9 月)	2008 年 (1—9 月)	增减额	增减率
销售部	1701.74	3132.53	1430.79	84.08%
客房部	88511.68	142561.37	54049.69	61.07%
前厅部	28420.82	14898.81	−13522.01	−47.58%
营运部	1095.35	1287.7	192.35	17.56%
美工部	11852	9700	−2152	−18.16%
总行政办	—	10.6	—	—
电脑房	480	4270.36	3790.36	789.66%
商务中心	—	478.69	—	—
会议	4845	4420	−425	−8.77%
行政酒廊	2623.63	—	—	—
合 计	139530.22	180751.06	41220.84	29.54%

2008 年前三季度低值易耗品的摊销费用同比上年同期增加 29.54%,主要部门分析如下。

1) 对于销售部 2008 年前三季度低值易耗品的摊销费用上升,是由于 2008 年销售部人员变动,新进人员购置新的工作衣,导致费用上升。

2) 对于客房部 2008 年前三季度低值易耗品的摊销费用上升,是由于 2008 年客房部人员变动很大,新进人员购置新的工作衣;另外,客房原有布草由于使用时间长,损坏较多,按需要对原旧布草进行分批更换,从而导致客房部费用上升。

3)由于酒店客房出租数量下降,前厅部主要是办公用具等消耗减少,从而使前厅部低值易耗品摊销费用下降。

4)由于酒店开业以来电脑和打印设备已陈旧,耗材较多,为迎接星评,电脑房需要部分更换并多次维修前厅、客房及其他部门电脑和打印设备,导致电脑房低值易耗品消耗增加。

5)2008年前三季度会务减少,会议部低值易耗品消耗减少。

(3)物料消耗。2008年前三季度物料消耗费用共103231.79元。

物料用品包括客房用品(一次性用品、固定用品、其他)、印刷品、清洁用品、文具办公用品、工程用品、布件品、医药用品及其他。

具体分析如下。2008与2007年前三季度部门物料用品消耗对比表如表8-11所示。

表 8 - 11　2008 与 2007 年前三季度部门物料用品消耗对比表　　　　　单位:元

时间 部门	2007 年 (1—9 月)	2008 年 (1—9 月)	增减额	增减率
销售部	10449.64	9630.16	−819.48	−7.84%
客房部	58668.81	38184.85	−20483.96	−34.91%
前厅部	45789.59	45854.01	64.42	0.14%
美工部	2719.15	2607.76	−111.39	−4.1%
营运部	6860.85	5392.2	−1468.65	−21.41%
行政酒廊	53.2	30.74	−22.46	−42.22%
总行政办	1794.6	868.17	−926.43	−51.62%
工程部	—	72	—	—
电脑房	—	65.9	—	—
后勤保障部	—	246	—	—
安保部	250	280	30	12%
合　计	126585.84	103231.79	−23354.05	−18.45%

物料用品消耗同比上年同期消耗下降18.45%,主要部门分析如下:

1)对于客房部2007年前三季度物料消耗下降,一方面客房出租数减少,另一方面由于2007年更换整个客房服务指南册、酒店宣传册、早餐吊牌等印刷品式样,领用数量较多。2008年前三季度在损坏的情况下领用,领用数量较少,所以物料消耗下降。

2)由于2008年前三季度客房出租数减少,预定减少,营运部办公用品、印刷品等物料消耗量减少,行政酒廊、总行政办印刷品、文具办公用品消耗量也减少。此外,结合部门需求,从领用单和总仓着手加大了物料消耗数量的控制。同时结合部门实际情况,对于部分物料用品及配件进行维修使用,从而降低成本。

任务三 财务分析的局限性

1. 财务指标分析的局限性表现在哪些方面？
2. 你认为如何能使财务分析反映酒店的真实情况？

一、当前企业财务报表分析存在的问题

1. 财务报表本身的局限性

（1）数据的时滞性。财务报表数据相对于它所反映的经营决策和经营活动具有一定的时滞性。而过去的状况并不能代表企业的未来前景。以反映企业过去情况为主的财务报表数据为基础计算出来的各项指标，对企业做出决策只有参考价值，并非绝对合理。

（2）统计数据时计量方式的局限性。财务报表中的数据都是能运用货币计量的。而货币计量是建立在货币单位价值不变的基础上的，但在现实中，货币的单位价值不可能长期不变。通货膨胀会使报表的数字与市场价值产生很大的差异，这有可能会使报表使用者产生误解。

（3）一些重要的非货币化决策信息未在报表中反映。当前，还有不少难以用货币计量但对决策很有用的信息被排除在财务报表甚至财务报告之外。例如，知识产权是企业的巨大财富，但由于计量方面的原因，其真正价值也难在无形资产中客观地显示出来。但这些内容对决策都具有重大的参考价值。

2. 财务分析方法上存在的局限性

从目前来看，进行财务报表分析时所使用的最主要的方法是趋势分析法和比率分析法。

（1）趋势分析法及其局限性。趋势分析法是指将两个或两个以上会计期间的财务报表中的相同项目进行比较分析，分析其变动原因和变动方向，以揭示财务状况和经营成果的变动趋势。其重点在于比较不同期间同一项目的变动情况。但其存在的主要问题是：如果当年的经营出现拐点，将造成不同时期的财务报表可能不具有可比性。

（2）比率分析法及其局限性。比率分析法是指将财务报表相关项目的金额进行对比，得出一系列具有一定意义和逻辑关系的财务比率，以此来揭示企业的财务状况、经营成果、现金流量情况的一种分析技巧。具体而言，比率分析法有反映企业偿债能力的比率、盈利能力的比率及营运能力的比率等。但比率分析法的局限性主要在于：

1）财务比率体系结构并不严密。财务比率分析以单个比率为单位，每一比率只能反映企业的财务状况或经营状况的某一方面，如流动比率反映偿债能力，资产周转率反映资产管理效率，营业利润率反映盈利能力等。正因为比率分析是以单个比率为中心，每一类比率都过分强调本身所反映的方面，所以导致整个指标体系结构不严密。

2）公司所属行业的特点、公司的经营方针和发展阶段等方面的独特性会使不同行业不同发展阶段企业之间的同一比率指标缺乏可比性。不同公司或同一公司不同时期选用互不相同的财务政策和会计方法也会使它们之间的比率指标丧失可比性。

3）现行分析比率的比较标准难以确定。现行企业能力分析，其比较标准主要是按照国

际惯例制定。但国内外市场存在巨大差异,且多元化经营的现象大量存在,使比较标准难以合理确定。

3．企业财务分析及报表附注分析存在的问题

（1）财务分析缺少信息使用者需要的行业背景信息。有效的财务报表分析不能仅仅就财务报表数据分析而分析,应从公司的行业背景、公司的竞争策略等方面来解释报表数据,这样才能更好地了解公司的价值,解读会计数据。而缺少对公司行业背景信息、公司竞争策略的分析,信息使用者就很难透彻理解财务分析指标的实质内容。

（2）财务分析中的会计报表附注分析不到位。因大量的重要信息无法量化处理,故附注的研究可以帮助报表使用者深入理解企业的经营状况,但因种种原因目前的附注分析发展并不能令人满意。

二、对财务报表分析存在问题的对策分析

对于现行财务报表分析存在的局限性,可以采用以下方法、措施降低其局限性,从而提高财务报表分析的质量,为报表使用者提供更有价值的决策信息。

1．对财务报表的完善

对于财务报表的滞后性,财务分析人员应充分利用现代信息技术提供的便利,及时将相关信息提供给企业的有关决策者,从而在一定程度上弥补滞后性,同时将各种分析方法结合起来,提高决策的科学性。其次,我们还需要将为投资者提供决策的有用信息摆在核心和重要的位置上,相应地改变会计信息重可靠轻相关的现状,提高会计信息披露的真实性、充分性和及时性,更好地为会计信息使用者服务。最后,既要考虑货币计量因素,又要考虑非货币计量因素。在现有的条件下尝试用多种方式对非货币计量的因素进行披露。

2．财务分析方法的完善

（1）建立科学的财务报表分析方法体系。建立科学的财务报表分析方法体系是财务分析的重要内容。在定量分析和定性分析的基础上,使用定性分析法和定量分析法相结合的财务报表分析方法体系就是一套比较完整的、系统的、科学的财务分析方法体系。必须把定量分析与定性分析结合起来,把定量分析的结果与一些不可计量的因素综合考虑,进行综合判断修正误差,使定量分析的结果趋于实际。可以说,财务分析的定量分析方法与定性分析方法构成了一套比较完整的、系统的、科学的财务分析方法体系。财务分析者可根据各自的要求,为实现各自的财务分析目标选择有关定量分析方法和定性分析方法,并有机的结合、灵活的运用。例如,比率分析与趋势分析可以结合使用。这两种方法是相互联系、相互补充的关系。因其各有局限性,在运用时不能孤立地使用一种方法做出投资判断。一般的投资者往往只根据每股收益的净资产收益率等"单位化"后的指标,或仅仅依靠比率分析来实现投资战略,很容易走入误区,所以无论采用何种方法来确定目标投资公司,都必须运用各种方法进行全面的、系统的分析,否则就会失去现实指导意义。

（2）对比率分析存在问题的完善。

1）将各种比率有机联系起来进行全面分析,可采用因子分析和回归分析等数理统计方法进行分析,找出各指标之间的关联性,抓住重点,避免多重线性相关。

2）做好比率分析的基础工作。尽可能多地掌握一些被分析企业非财务性质的背景资料,争取在进行财务比率分析之前就对被分析企业有一个概貌性的了解,以便减少和控制财

务比率分析中的误判行为。具体来说，财务分析人员应先明确分析目标，评价企业经营者的诚信度及其综合素质，了解企业人力资源的状况及企业的文化理念，评估企业的经营环境和资源状况，弄清企业的发展阶段，收集和阅读企业的发展战略，熟悉企业的管理制度和遵循情况等，为全面实施财务报表的比率分析做好充分准备。

3）对现行分析比率的比较标准的完善。关于比率的比较标准，可采用情境相同或相似的先进公司，作为标杆管理的参数选择。

3. 行业背景分析及财务报表附注分析的完善

（1）加强对行业背景信息的了解。一个企业的发展离不开行业的背景，通过对企业所处行业环境及企业竞争优势分析行业环境对本行业内的所有企业都起着决定性的作用。可借鉴战略管理中的SWOT分析、波士顿矩阵法和波特的五种力量模型进行战略分析。

（2）加强企业经营策略分析。经营策略分析是指为了评估企业所拥有的获利潜力和经营绩效的持久性，并对其未来绩效做出较为实际的预测而进行的对企业的经济面，即经营策略进行实质性的分析了解，以使未来的财务分析能够建立在企业运营的实际状况上。进行经营策略分析应首先找出企业采取的是成本领导策略还是差异化策略。成本领导策略占据成本优势。如果企业可以达成成本领导，只要制定和竞争者一样的价格，就能赚取平均以上的获利率。或者利用成本领导优势迫使竞争者降价，使其接受较低的报酬，甚至退出产业。而差异化策略是指找出顾客真正重视的特性需要，并能以维持在顾客所能支付的价格水准以下的成本满足顾客的需要。两种策略都可以使企业建立可持久的竞争优势。

（3）完善财务报表附注分析。财务报表附注是对财务报表本身无法或难以充分表达的内容和项目所作的补充说明与详细解释。简单的财务指标有时候可能造成误解，必须结合会计报表附注进行解释。在对企业财务进行分析时，应充分利用财务报表及报表附注的信息，联系其他相关信息，仔细深入地分析、研究，才能提高对企业整体情况的理解，更准确地评价企业的财务状况和经营业绩。我们可以通过对重大事项、主要的收入和利润来源、关联方交易等事项的披露把握附注分析的重点和要点。

思考与练习

一、单项选择题

1. 某酒店本年营业收入净额为20000元，应收账款周转率为4次，年初应收账款余额为3500元，则应收账款年末数为（　　）。

A. 4000 　　　　　　　　　　B. 6500

C. 6000 　　　　　　　　　　D. 5000

2. 以下属于酒店财务分析中发展能力指标的是（　　）。

A. 现金流动负债比率　　　　　B. 总资产报酬率

C. 资本积累率　　　　　　　　D. 净资产收益率

3. 短期债券投资者在进行酒店财务分析时，最为关心的是（　　）。

A. 酒店获利能力　　　　　　　B. 酒店支付能力

C. 酒店社会贡献能力　　　　　D. 酒店资产营运能力

4. 计算利息保障倍数指标时的利润指的是（　　　）。

A. 利润总额

B. 息税前利润

C. 税后利润

D. 息后税前利润

5. 在酒店财务分析中，最关心酒店资本保值增值状况和盈利能力的财务分析主体是（　　　）。

A. 酒店所有者

B. 酒店经营决策者

C. 酒店债权人

D. 政府经济管理机构

二、多项选择题

1. 若流动比率大于1，则下列结论不一定成立的是（　　　）。

A. 速动比率大于1

B. 营运资金大于零

C. 资产负债率大于1

D 短期偿债能力绝对有保障

2. 对资产负债率的正确评价有（　　　）。

A. 从债权人角度看，负债比率越大越好

B. 从债权人角度看，负债比率越小越好

C. 从股东角度看，负债比率越高越好

D. 从股东角度看，当全部资本利润率高于债务利息率时，负债比率越高越好

3. 反映企业盈利能力的财务指标有（　　　）。

A. 资产利润率

B. 销售利润率

C. 资产负债率

D. 净资产收益率

E. 总资产周转率

4. 某公司当年的经营利润很多，却不能偿还到期债务。为查清其原因，应检查的财务比率包括（　　　）。

A. 流动比率

B. 速动比率

C. 存货周转率

D. 每股收益

E. 现金比率

5. 反映企业偿债能力的指标有（　　　）。

A. 资产负债率

B. 应收账款周转率

C. 流动比率

D. 存货周转率

E. 已获利息倍数

三、计算分析题

1. 某企业年末货币资金为900万元，短期有价证券为500万元，应收账款为1300万元，预付账款为70万元，存货为5200万元，流动负债合计数为4000万元。分别计算该企业的流动比率、速动比率和现金比率。

2. 某酒店营业成本为8500万元，年初存货余额为2850万元，年末存货余额为2720万元。计算该酒店存货的周转天数和周转次数。

3. 某公司流动资产由速动资产和存货构成，年初存货为145万元，年初应收账款为125万元，年末流动比率为300%，年末速动比率为150%，存货周转天数为90天，年末流动资产余额为270万元。一年按360天计算。计算：

(1) 该公司流动负债年末余额。

（2）该公司存货年末余额和年平均余额。

（3）该公司本年主营业务成本。

4．某公司年初应收账款额为 30 万元，年末应收账款额为 40 万元，本年净利润为 30 万元，销售净利率为 20％，销售收入中赊销收入占 70％。计算该企业本年度应收账款周转次数和周转天数。

5．某酒店全部资产总额为 6000 万元，流动资产占全部资产的 40％，其中存货占流动资产的一半。流动负债占流动资产的 30％。请分别计算发生以下交易后的营运资本、流动比率、速动比率。

（1）购买材料，用银行存款支付 4 万元，其余 6 万元为赊购。

（2）购置机器设备价值 60 万元，以银行存款支付 40 万元，余款以产成品抵消。

（3）部分应收账款确认为坏账，金额 28 万元。同时借入短期借款 80 万元。

6．某酒店 2008 年主营业务收入为 68 万元，主营业务净利率 10％，按照主营业务收入计算的存货周转率为 5 次，期初存货余额为 8 万元；期初应收账款余额为 10.2 万元，期末应收账款余额为 8.8 万元，速动比率为 1.7，流动比率为 2.1，固定资产总额是 40 万元，该企业期初资产总额为 50 万元。该酒店流动资产由速动资产和存货组成，资产总额由固定资产和流动资产组成。计算：

（1）应收账款周转率。

（2）总资产周转率。

（3）总资产净利率。

能力训练

财务报表分析实训

学习了酒店财务分析方法和财务评价的一些具体指标后，要使学生熟练掌握分析酒店财务报表的各种方法和技巧，能从酒店的财务报表资料中分析酒店的偿债能力、营运能力、盈利能力及发展能力，并综合评价企业的财务状况和经营成果，提高学生分析问题和解决问题的能力。要求：

1．分小组收集指定的某酒店某年度财务报表及相关资料。

2．根据酒店的财务报表及相关资料，分析计算偿债能力、营运能力、盈利能力及发展能力指标。

3．根据指标分析，评判酒店的财务状况和经营成果。

4．各小组写出财务分析报告。

酒店财务分析实训

一、实训教学目的

通过本次实训教学活动的实施，提高综合分析和解决问题的能力；使学生熟练掌握酒店财务报表分析的各种方法和技巧，能从复杂的报表资料中分析酒店的偿债能力、营运能力、盈利能力和发展能力，总体把握酒店的财务状况和经营成果，为酒店相关利益各方的财务决策提供有价值的信息。

二、实训教学要求

1. 学生做好充分的知识准备,要熟练掌握财务分析的有关理论、程序、方法和技能。

2. 认真阅读案例资料,正确列示计算各项财务指标。

3. 根据各项财务指标和相关资料,判断和评价企业财务状况和经营成果。

4. 写出案例分析报告。

三、实训教学的内容

1. 财务分析的目的。

2. 财务分析的内容。

3. 财务分析的方法。

4. 财务分析的指标。

四、实训教学的步骤

1. 老师指定所要分析的案例。

2. 学生认真阅读案例资料,并围绕案例收集有关资料。

3. 通过对案例资料和所收集资料的初步分析,计算相关财务指标,得出初步的结论。

4. 进行分析讨论,得出进一步的结论。

5. 以一个财务指标(偿债能力、营运能力、盈利能力、发展能力任选其一)为主,写出分析报告。

五、实训教学考核

1. 过程考核。实训的各个步骤的执行与完成情况。

2. 结果考核。案例分析报告(以方法运用和指标评价为主)。

附录 1　复利终值系数表

期数	1%	2%	3%	4%	5%	6%	7%	8%	9%	10%	11%	12%	13%	14%	15%
1	1.0100	1.0200	1.0300	1.0400	1.0500	1.0600	1.0700	1.0800	1.0900	1.1000	1.1100	1.1200	1.1300	1.1400	1.1500
2	1.0201	1.0404	1.0609	1.0816	1.1025	1.1236	1.1449	1.1664	1.1881	1.2100	1.2321	1.2544	1.2769	1.2996	1.3225
3	1.0303	1.0612	1.0927	1.1249	1.1576	1.1910	1.2250	1.2597	1.2950	1.3310	1.3676	1.4049	1.4429	1.4815	1.5209
4	1.0406	1.0824	1.1255	1.1699	1.2155	1.2625	1.3108	1.3605	1.4116	1.4641	1.5181	1.5735	1.6305	1.6890	1.7490
5	1.0510	1.1041	1.1593	1.2167	1.2763	1.3382	1.4026	1.4693	1.5386	1.6105	1.6851	1.7623	1.8424	1.9254	2.0114
6	1.0615	1.1262	1.1941	1.2653	1.3401	1.4185	1.5007	1.5869	1.6771	1.7716	1.8704	1.9738	2.0820	2.1950	2.3131
7	1.0721	1.1487	1.2299	1.3159	1.4071	1.5036	1.6058	1.7138	1.8280	1.9487	2.0762	2.2107	2.3526	2.5023	2.6600
8	1.0829	1.1717	1.2668	1.3686	1.4775	1.5938	1.7182	1.8509	1.9926	2.1436	2.3045	2.4760	2.6584	2.8526	3.0590
9	1.0937	1.1951	1.3048	1.4233	1.5513	1.6895	1.8385	1.9990	2.1719	2.3579	2.5580	2.7731	3.0040	3.2519	3.5179
10	1.1046	1.2190	1.3439	1.4802	1.6289	1.7908	1.9672	2.1589	2.3674	2.5937	2.8394	3.1058	3.3946	3.7072	4.0456
11	1.1157	1.2434	1.3842	1.5395	1.7103	1.8983	2.1049	2.3316	2.5804	2.8531	3.1518	3.4786	3.8359	4.2262	4.6524
12	1.1268	1.2682	1.4258	1.6010	1.7959	2.0122	2.2522	2.5182	2.8127	3.1384	3.4985	3.8960	4.3345	4.8179	5.3503
13	1.1381	1.2936	1.4685	1.6651	1.8856	2.1329	2.4098	2.7196	3.0658	3.4523	3.8833	4.3635	4.8980	5.4924	6.1528
14	1.1495	1.3195	1.5126	1.7317	1.9799	2.2609	2.5785	2.9372	3.3417	3.7975	4.3104	4.8871	5.5348	6.2613	7.0757
15	1.1610	1.3459	1.5580	1.8009	2.0789	2.3966	2.7590	3.1722	3.6425	4.1772	4.7846	5.4736	6.2543	7.1379	8.1371
16	1.1726	1.3728	1.6047	1.8730	2.1829	2.5404	2.9522	3.4259	3.9703	4.5950	5.3109	6.1304	7.0673	8.1372	9.3576
17	1.1843	1.4002	1.6528	1.9479	2.2920	2.6928	3.1588	3.7000	4.3276	5.0545	5.8951	6.8660	7.9861	9.2765	10.7613
18	1.1961	1.4282	1.7024	2.0258	2.4066	2.8543	3.3799	3.9960	4.7171	5.5599	6.5436	7.6900	9.0243	10.5752	12.3755
19	1.2081	1.4568	1.7535	2.1068	2.5270	3.0256	3.6165	4.3157	5.1417	6.1159	7.2633	8.6128	10.1974	12.0557	14.2318
20	1.2202	1.4859	1.8061	2.1911	2.6533	3.2071	3.8697	4.6610	5.6044	6.7275	8.0623	9.6463	11.5231	13.7435	16.3665

续 表

期数	1%	2%	3%	4%	5%	6%	7%	8%	9%	10%	11%	12%	13%	14%	15%
21	1.2324	1.5157	1.8603	2.2788	2.7860	3.3996	4.1406	5.0338	6.1088	7.4002	8.9492	10.8038	13.0211	15.6676	18.8215
22	1.2447	1.5460	1.9161	2.3699	2.9253	3.6035	4.4304	5.4365	6.6586	8.1403	9.9336	12.1003	14.7138	17.8610	21.6447
23	1.2572	1.5769	1.9736	2.4647	3.0715	3.8197	4.7405	5.8715	7.2579	8.9543	11.0263	13.5523	16.6266	20.3616	24.8915
24	1.2697	1.6084	2.0328	2.5633	3.2251	4.0489	5.0724	6.3412	7.9111	9.8497	12.2392	15.1786	18.7881	23.2122	28.6252
25	1.2824	1.6406	2.0938	2.6658	3.3864	4.2919	5.4274	6.8485	8.6231	10.8347	13.5855	17.0001	21.2305	26.4619	32.9190
26	1.2953	1.6734	2.1566	2.7725	3.5557	4.5494	5.8074	7.3964	9.3992	11.9182	15.0799	19.0401	23.9905	30.1666	37.8568
27	1.3082	1.7069	2.2213	2.8834	3.7335	4.8223	6.2139	7.9881	10.2451	13.1100	16.7387	21.3249	27.1093	34.3899	43.5353
28	1.3213	1.7410	2.2879	2.9987	3.9201	5.1117	6.6488	8.6271	11.1671	14.4210	18.5799	23.8839	30.6335	39.2045	50.0656
29	1.3345	1.7758	2.3566	3.1187	4.1161	5.4184	7.1143	9.3173	12.1722	15.8631	20.6237	26.7499	34.6158	44.6931	57.5755
30	1.3478	1.8114	2.4273	3.2434	4.3219	5.7435	7.6123	10.0627	13.2677	17.4494	22.8923	29.9599	39.1159	50.9502	66.2118

期数	16%	17%	18%	19%	20%	21%	22%	23%	24%	25%	26%	27%	28%	29%	30%
1	1.1600	1.1700	1.1800	1.1900	1.2000	1.2100	1.2200	1.2300	1.2400	1.2500	1.2600	1.2700	1.2800	1.2900	1.3000
2	1.3456	1.3689	1.3924	1.4161	1.4400	1.4641	1.4884	1.5129	1.5376	1.5625	1.5876	1.6129	1.6384	1.6641	1.6900
3	1.5609	1.6016	1.6430	1.6852	1.7280	1.7716	1.8158	1.8609	1.9066	1.9531	2.0004	2.0484	2.0972	2.1467	2.1970
4	1.8106	1.8739	1.9388	2.0053	2.0736	2.1436	2.2153	2.2889	2.3642	2.4414	2.5205	2.6014	2.6844	2.7692	2.8561
5	2.1003	2.1924	2.2878	2.3864	2.4883	2.5937	2.7027	2.8153	2.9316	3.0518	3.1758	3.3038	3.4360	3.5723	3.7129
6	2.4364	2.5652	2.6996	2.8398	2.9860	3.1384	3.2973	3.4628	3.6352	3.8147	4.0015	4.1959	4.3980	4.6083	4.8268
7	2.8262	3.0012	3.1855	3.3793	3.5832	3.7975	4.0227	4.2593	4.5077	4.7684	5.0419	5.3288	5.6295	5.9447	6.2749
8	3.2784	3.5115	3.7589	4.0214	4.2998	4.5950	4.9077	5.2389	5.5895	5.9605	6.3528	6.7675	7.2058	7.6686	8.1573
9	3.8030	4.1084	4.4355	4.7854	5.1598	5.5599	5.9874	6.4439	6.9310	7.4506	8.0045	8.5948	9.2234	9.8925	10.6045
10	4.4114	4.8068	5.2338	5.6947	6.1917	6.7275	7.3046	7.9259	8.5944	9.3132	10.0857	10.9153	11.8059	12.7614	13.7858
11	5.1173	5.6240	6.1759	6.7767	7.4301	8.1403	8.9117	9.7489	10.6571	11.6415	12.7080	13.8625	15.1116	16.4622	17.9216

续 表

期数	16%	17%	18%	19%	20%	21%	22%	23%	24%	25%	26%	27%	28%	29%	30%
12	5.9360	6.5801	7.2876	8.0642	8.9161	9.8497	10.8722	11.9912	13.2148	14.5519	16.0120	17.6053	19.3428	21.2362	23.2981
13	6.8858	7.6987	8.5994	9.5964	10.6993	11.9182	13.2641	14.7491	16.3863	18.1899	20.1752	22.3588	24.7588	27.3947	30.2875
14	7.9875	9.0075	10.1472	11.4198	12.8392	14.4210	16.1822	18.1414	20.3191	22.7374	25.4207	28.3957	31.6913	35.3391	39.3738
15	9.2655	10.5387	11.9737	13.5895	15.4070	17.4494	19.7423	22.3140	25.1956	28.4217	32.0301	36.0625	40.5648	45.5875	51.1859
16	10.7480	12.3303	14.1290	16.1715	18.4884	21.1138	24.0856	27.4462	31.2426	35.5271	40.3579	45.7994	51.9230	58.8079	66.5417
17	12.4677	14.4265	16.6722	19.2441	22.1861	25.5477	29.3844	33.7588	38.7408	44.4089	50.8510	58.1652	66.4614	75.8621	86.5042
18	14.4625	16.8790	19.6733	22.9005	26.6233	30.9127	35.8490	41.5233	48.0386	55.5112	64.0722	73.8698	85.0706	97.8622	112.4554
19	16.7765	19.7484	23.2144	27.2516	31.9480	37.4043	43.7358	51.0737	59.5679	69.3889	80.7310	93.8147	108.8904	126.2422	146.1920
20	19.4608	23.1056	27.3930	32.4294	38.3376	45.2593	53.3576	62.8206	73.8641	86.7362	101.7211	119.1446	139.3797	162.8524	190.0496
21	22.5745	27.0336	32.3238	38.5910	46.0051	54.7637	65.0963	77.2694	91.5915	108.4202	128.1685	151.3137	178.4060	210.0796	247.0645
22	26.1864	31.6293	38.1421	45.9233	55.2061	66.2641	79.4175	95.0413	113.5735	135.5253	161.4924	192.1683	228.3596	271.0027	321.1839
23	30.3762	37.0062	45.0076	54.6487	66.2474	80.1795	96.8894	116.9008	140.8312	169.4066	203.4804	244.0538	292.3003	349.5935	417.5391
24	35.2364	43.2973	53.1090	65.0320	79.4968	97.0172	118.2050	143.7880	174.6306	211.7582	256.3853	309.9483	374.1444	450.9756	542.8008
25	40.8742	50.6578	62.6686	77.3881	95.3962	117.3909	144.2101	176.8593	216.5420	264.6978	323.0454	393.6344	478.9049	581.7585	705.6410
26	47.4141	59.2697	73.9490	92.0918	114.4755	142.0429	175.9364	217.5369	268.5121	330.8722	407.0373	499.9157	612.9982	750.4685	917.3333
27	55.0004	69.3455	87.2598	109.5893	137.3706	171.8719	214.6424	267.5704	332.9550	413.5903	512.8670	634.8929	784.6377	968.1044	1192.5333
28	63.8004	81.1342	102.9666	130.4112	164.8447	207.9651	261.8637	329.1115	412.8642	516.9879	646.2124	806.3140	1004.3363	1248.8546	1550.2933
29	74.0085	94.9271	121.5005	155.1893	197.8136	251.6377	319.4737	404.8072	511.9516	646.2349	814.2276	1024.0187	1285.5504	1611.0225	2015.3813
30	85.8499	111.0647	143.3706	184.6753	237.3763	304.4816	389.7579	497.9129	634.8199	807.7936	1025.9267	1300.5038	1645.5046	2078.2190	2619.9956

附录 2 复利现值系数表

期数	1%	2%	3%	4%	5%	6%	7%	8%	9%	10%	11%	12%	13%	14%	15%
1	0.9901	0.9804	0.9709	0.9615	0.9524	0.9434	0.9346	0.9259	0.9174	0.9091	0.9009	0.8929	0.8850	0.8772	0.8696
2	0.9803	0.9612	0.9426	0.9246	0.9070	0.8900	0.8734	0.8573	0.8417	0.8264	0.8116	0.7972	0.7831	0.7695	0.7561
3	0.9706	0.9423	0.9151	0.8890	0.8638	0.8396	0.8163	0.7938	0.7722	0.7513	0.7312	0.7118	0.6931	0.6750	0.6575
4	0.9610	0.9238	0.8885	0.8548	0.8227	0.7921	0.7629	0.7350	0.7084	0.6830	0.6587	0.6355	0.6133	0.5921	0.5718
5	0.9515	0.9057	0.8626	0.8219	0.7835	0.7473	0.7130	0.6806	0.6499	0.6209	0.5935	0.5674	0.5428	0.5194	0.4972
6	0.9420	0.8880	0.8375	0.7903	0.7462	0.7050	0.6663	0.6302	0.5963	0.5645	0.5346	0.5066	0.4803	0.4556	0.4323
7	0.9327	0.8706	0.8131	0.7599	0.7107	0.6651	0.6227	0.5835	0.5470	0.5132	0.4817	0.4523	0.4251	0.3996	0.3759
8	0.9235	0.8535	0.7894	0.7307	0.6768	0.6274	0.5820	0.5403	0.5019	0.4665	0.4339	0.4039	0.3762	0.3506	0.3269
9	0.9143	0.8368	0.7664	0.7026	0.6446	0.5919	0.5439	0.5002	0.4604	0.4241	0.3909	0.3606	0.3329	0.3075	0.2843
10	0.9053	0.8203	0.7441	0.6756	0.6139	0.5584	0.5083	0.4632	0.4224	0.3855	0.3522	0.3220	0.2946	0.2697	0.2472
11	0.8963	0.8043	0.7224	0.6496	0.5847	0.5268	0.4751	0.4289	0.3875	0.3505	0.3173	0.2875	0.2607	0.2366	0.2149
12	0.8874	0.7885	0.7014	0.6246	0.5568	0.4970	0.4440	0.3971	0.3555	0.3186	0.2858	0.2567	0.2307	0.2076	0.1869
13	0.8787	0.7730	0.6810	0.6006	0.5303	0.4688	0.4150	0.3677	0.3262	0.2897	0.2575	0.2292	0.2042	0.1821	0.1625
14	0.8700	0.7579	0.6611	0.5775	0.5051	0.4423	0.3878	0.3405	0.2992	0.2633	0.2320	0.2046	0.1807	0.1597	0.1413
15	0.8613	0.7430	0.6419	0.5553	0.4810	0.4173	0.3624	0.3152	0.2745	0.2394	0.2090	0.1827	0.1599	0.1401	0.1229
16	0.8528	0.7284	0.6232	0.5339	0.4581	0.3936	0.3387	0.2919	0.2519	0.2176	0.1883	0.1631	0.1415	0.1229	0.1069
17	0.8444	0.7142	0.6050	0.5134	0.4363	0.3714	0.3166	0.2703	0.2311	0.1978	0.1696	0.1456	0.1252	0.1078	0.0929
18	0.8360	0.7002	0.5874	0.4936	0.4155	0.3503	0.2959	0.2502	0.2120	0.1799	0.1528	0.1300	0.1108	0.0946	0.0808
19	0.8277	0.6864	0.5703	0.4746	0.3957	0.3305	0.2765	0.2317	0.1945	0.1635	0.1377	0.1161	0.0981	0.0829	0.0703
20	0.8195	0.6730	0.5537	0.4564	0.3769	0.3118	0.2584	0.2145	0.1784	0.1486	0.1240	0.1037	0.0868	0.0728	0.0611

续 表

期数	1%	2%	3%	4%	5%	6%	7%	8%	9%	10%	11%	12%	13%	14%	15%
21	0.8114	0.6598	0.5375	0.4388	0.3589	0.2942	0.2415	0.1987	0.1637	0.1351	0.1117	0.0926	0.0768	0.0638	0.0531
22	0.8034	0.6468	0.5219	0.4220	0.3418	0.2775	0.2257	0.1839	0.1502	0.1228	0.1007	0.0826	0.0680	0.0560	0.0462
23	0.7954	0.6342	0.5067	0.4057	0.3256	0.2618	0.2109	0.1703	0.1378	0.1117	0.0907	0.0738	0.0601	0.0491	0.0402
24	0.7876	0.6217	0.4919	0.3901	0.3101	0.2470	0.1971	0.1577	0.1264	0.1015	0.0817	0.0659	0.0532	0.0431	0.0349
25	0.7798	0.6095	0.4776	0.3751	0.2953	0.2330	0.1842	0.1460	0.1160	0.0923	0.0736	0.0588	0.0471	0.0378	0.0304
26	0.7720	0.5976	0.4637	0.3607	0.2812	0.2198	0.1722	0.1352	0.1064	0.0839	0.0663	0.0525	0.0417	0.0331	0.0264
27	0.7644	0.5859	0.4502	0.3468	0.2678	0.2074	0.1609	0.1252	0.0976	0.0763	0.0597	0.0469	0.0369	0.0291	0.0230
28	0.7568	0.5744	0.4371	0.3335	0.2551	0.1956	0.1504	0.1159	0.0895	0.0693	0.0538	0.0419	0.0326	0.0255	0.0200
29	0.7493	0.5631	0.4243	0.3207	0.2429	0.1846	0.1406	0.1073	0.0822	0.0630	0.0485	0.0374	0.0289	0.0224	0.0174
30	0.7419	0.5521	0.4120	0.3083	0.2314	0.1741	0.1314	0.0994	0.0754	0.0573	0.0437	0.0334	0.0256	0.0196	0.0151
期数	16%	17%	18%	19%	20%	21%	22%	23%	24%	25%	26%	27%	28%	29%	30%
1	0.8621	0.8547	0.8475	0.8403	0.8333	0.8264	0.8197	0.8130	0.8065	0.8000	0.7937	0.7874	0.7813	0.7752	0.7692
2	0.7432	0.7305	0.7182	0.7062	0.6944	0.6830	0.6719	0.6610	0.6504	0.6400	0.6299	0.6200	0.6104	0.6009	0.5917
3	0.6407	0.6244	0.6086	0.5934	0.5787	0.5645	0.5507	0.5374	0.5245	0.5120	0.4999	0.4882	0.4768	0.4658	0.4552
4	0.5523	0.5337	0.5158	0.4987	0.4823	0.4665	0.4514	0.4369	0.4230	0.4096	0.3968	0.3844	0.3725	0.3611	0.3501
5	0.4761	0.4561	0.4371	0.4190	0.4019	0.3855	0.3700	0.3552	0.3411	0.3277	0.3149	0.3027	0.2910	0.2799	0.2693
6	0.4104	0.3898	0.3704	0.3521	0.3349	0.3186	0.3033	0.2888	0.2751	0.2621	0.2499	0.2383	0.2274	0.2170	0.2072
7	0.3538	0.3332	0.3139	0.2959	0.2791	0.2633	0.2486	0.2348	0.2218	0.2097	0.1983	0.1877	0.1776	0.1682	0.1594
8	0.3050	0.2848	0.2660	0.2487	0.2326	0.2176	0.2038	0.1909	0.1789	0.1678	0.1574	0.1478	0.1388	0.1304	0.1226
9	0.2630	0.2434	0.2255	0.2090	0.1938	0.1799	0.1670	0.1552	0.1443	0.1342	0.1249	0.1164	0.1084	0.1011	0.0943
10	0.2267	0.2080	0.1911	0.1756	0.1615	0.1486	0.1369	0.1262	0.1164	0.1074	0.0992	0.0916	0.0847	0.0784	0.0725
11	0.1954	0.1778	0.1619	0.1476	0.1346	0.1228	0.1122	0.1026	0.0938	0.0859	0.0787	0.0721	0.0662	0.0607	0.0558

续　表

期数	16%	17%	18%	19%	20%	21%	22%	23%	24%	25%	26%	27%	28%	29%	30%
12	0.1685	0.1520	0.1372	0.1240	0.1122	0.1015	0.0920	0.0834	0.0757	0.0687	0.0625	0.0568	0.0517	0.0471	0.0429
13	0.1452	0.1299	0.1163	0.1042	0.0935	0.0839	0.0754	0.0678	0.0610	0.0550	0.0496	0.0447	0.0404	0.0365	0.0330
14	0.1252	0.1110	0.0985	0.0876	0.0779	0.0693	0.0618	0.0551	0.0492	0.0440	0.0393	0.0352	0.0316	0.0283	0.0254
15	0.1079	0.0949	0.0835	0.0736	0.0649	0.0573	0.0507	0.0448	0.0397	0.0352	0.0312	0.0277	0.0247	0.0219	0.0195
16	0.0930	0.0811	0.0708	0.0618	0.0541	0.0474	0.0415	0.0364	0.0320	0.0281	0.0248	0.0218	0.0193	0.0170	0.0150
17	0.0802	0.0693	0.0600	0.0520	0.0451	0.0391	0.0340	0.0296	0.0258	0.0225	0.0197	0.0172	0.0150	0.0132	0.0116
18	0.0691	0.0592	0.0508	0.0437	0.0376	0.0323	0.0279	0.0241	0.0208	0.0180	0.0156	0.0135	0.0118	0.0102	0.0089
19	0.0596	0.0506	0.0431	0.0367	0.0313	0.0267	0.0229	0.0196	0.0168	0.0144	0.0124	0.0107	0.0092	0.0079	0.0068
20	0.0514	0.0433	0.0365	0.0308	0.0261	0.0221	0.0187	0.0159	0.0135	0.0115	0.0098	0.0084	0.0072	0.0061	0.0053
21	0.0443	0.0370	0.0309	0.0259	0.0217	0.0183	0.0154	0.0129	0.0109	0.0092	0.0078	0.0066	0.0056	0.0048	0.0040
22	0.0382	0.0316	0.0262	0.0218	0.0181	0.0151	0.0126	0.0105	0.0088	0.0074	0.0062	0.0052	0.0044	0.0037	0.0031
23	0.0329	0.0270	0.0222	0.0183	0.0151	0.0125	0.0103	0.0086	0.0071	0.0059	0.0049	0.0041	0.0034	0.0029	0.0024
24	0.0284	0.0231	0.0188	0.0154	0.0126	0.0103	0.0085	0.0070	0.0057	0.0047	0.0039	0.0032	0.0027	0.0022	0.0018
25	0.0245	0.0197	0.0160	0.0129	0.0105	0.0085	0.0069	0.0057	0.0046	0.0038	0.0031	0.0025	0.0021	0.0017	0.0014
26	0.0211	0.0169	0.0135	0.0109	0.0087	0.0070	0.0057	0.0046	0.0037	0.0030	0.0025	0.0020	0.0016	0.0013	0.0011
27	0.0182	0.0144	0.0115	0.0091	0.0073	0.0058	0.0047	0.0037	0.0030	0.0024	0.0019	0.0016	0.0013	0.0010	0.0008
28	0.0157	0.0123	0.0097	0.0077	0.0061	0.0048	0.0038	0.0030	0.0024	0.0019	0.0015	0.0012	0.0010	0.0008	0.0006
29	0.0135	0.0105	0.0082	0.0064	0.0051	0.0040	0.0031	0.0025	0.0020	0.0015	0.0012	0.0010	0.0008	0.0006	0.0005
30	0.0116	0.0090	0.0070	0.0054	0.0042	0.0033	0.0026	0.0020	0.0016	0.0012	0.0010	0.0008	0.0006	0.0005	0.0004

附录 3　年金终值系数表

期数	1%	2%	3%	4%	5%	6%	7%	8%	9%	10%	11%	12%	13%	14%	15%
1	1.0000	1.0000	1.0000	1.0000	1.0000	1.0000	1.0000	1.0000	1.0000	1.0000	1.0000	1.0000	1.0000	1.0000	1.0000
2	2.0100	2.0200	2.0300	2.0400	2.0500	2.0600	2.0700	2.0800	2.0900	2.1000	2.1100	2.1200	2.1300	2.1400	2.1500
3	3.0301	3.0604	3.0909	3.1216	3.1525	3.1836	3.2149	3.2464	3.2781	3.3100	3.3421	3.3744	3.4069	3.4396	3.4725
4	4.0604	4.1216	4.1836	4.2465	4.3101	4.3746	4.4399	4.5061	4.5731	4.6410	4.7097	4.7793	4.8498	4.9211	4.9934
5	5.1010	5.2040	5.3091	5.4163	5.5256	5.6371	5.7507	5.8666	5.9847	6.1051	6.2278	6.3528	6.4803	6.6101	6.7424
6	6.1520	6.3081	6.4684	6.6330	6.8019	6.9753	7.1533	7.3359	7.5233	7.7156	7.9129	8.1152	8.3227	8.5355	8.7537
7	7.2135	7.4343	7.6625	7.8983	8.1420	8.3938	8.6540	8.9228	9.2004	9.4872	9.7833	10.0890	10.4047	10.7305	11.0668
8	8.2857	8.5830	8.8923	9.2142	9.5491	9.8975	10.2598	10.6366	11.0285	11.4359	11.8594	12.2997	12.7573	13.2328	13.7268
9	9.3685	9.7546	10.1591	10.5828	11.0266	11.4913	11.9780	12.4876	13.0210	13.5795	14.1640	14.7757	15.4157	16.0853	16.7858
10	10.4622	10.9497	11.4639	12.0061	12.5779	13.1808	13.8164	14.4866	15.1929	15.9374	16.7220	17.5487	18.4197	19.3373	20.3037
11	11.5668	12.1687	12.8078	13.4864	14.2068	14.9716	15.7836	16.6455	17.5603	18.5312	19.5614	20.6546	21.8143	23.0445	24.3493
12	12.6825	13.4121	14.1920	15.0258	15.9171	16.8699	17.8885	18.9771	20.1407	21.3843	22.7132	24.1331	25.6502	27.2707	29.0017
13	13.8093	14.6803	15.6178	16.6268	17.7130	18.8821	20.1406	21.4953	22.9534	24.5227	26.2116	28.0291	29.9847	32.0887	34.3519
14	14.9474	15.9739	17.0863	18.2919	19.5986	21.0151	22.5505	24.2149	26.0192	27.9750	30.0949	32.3926	34.8827	37.5811	40.5047
15	16.0969	17.2934	18.5989	20.0236	21.5786	23.2760	25.1290	27.1521	29.3609	31.7725	34.4054	37.2797	40.4175	43.8424	47.5804
16	17.2579	18.6393	20.1569	21.8245	23.6575	25.6725	27.8881	30.3243	33.0034	35.9497	39.1899	42.7533	46.6717	50.9804	55.7175
17	18.4304	20.0121	21.7616	23.6975	25.8404	28.2129	30.8402	33.7502	36.9737	40.5447	44.5008	48.8837	53.7391	59.1176	65.0751
18	19.6147	21.4123	23.4144	25.6454	28.1324	30.9057	33.9990	37.4502	41.3013	45.5992	50.3959	55.7497	61.7251	68.3941	75.8364
19	20.8109	22.8406	25.1169	27.6712	30.5390	33.7600	37.3790	41.4463	46.0185	51.1591	56.9395	63.4397	70.7494	78.9692	88.2118
20	22.0190	24.2974	26.8704	29.7781	33.0660	36.7856	40.9955	45.7620	51.1601	57.2750	64.2028	72.0524	80.9468	91.0249	102.4436

续　表

期数	1%	2%	3%	4%	5%	6%	7%	8%	9%	10%	11%	12%	13%	14%	15%
21	23.2392	25.7833	28.6765	31.9692	35.7193	39.9927	44.8652	50.4229	56.7645	64.0025	72.2651	81.6987	92.4699	104.7684	118.8101
22	24.4716	27.2990	30.5368	34.2480	38.5052	43.3923	49.0057	55.4568	62.8733	71.4027	81.2143	92.5026	105.4910	120.4360	137.6316
23	25.7163	28.8450	32.4529	36.6179	41.4305	46.9958	53.4361	60.8933	69.5319	79.5430	91.1479	104.6029	120.2048	138.2970	159.2764
24	26.9735	30.4219	34.4265	39.0826	44.5020	50.8156	58.1767	66.7648	76.7898	88.4973	102.1742	118.1552	136.8315	158.6586	184.1678
25	28.2432	32.0303	36.4593	41.6459	47.7271	54.8645	63.2490	73.1059	84.7009	98.3471	114.4133	133.3339	155.6196	181.8708	212.7930
26	29.5256	33.6709	38.5530	44.3117	51.1135	59.1564	68.6765	79.9544	93.3240	109.1818	127.9988	150.3339	176.8501	208.3327	245.7120
27	30.8209	35.3443	40.7096	47.0842	54.6691	63.7058	74.4838	87.3508	102.7231	121.0999	143.0786	169.3740	200.8406	238.4993	283.5688
28	32.1291	37.0512	42.9309	49.9676	58.4026	68.5281	80.6977	95.3388	112.9682	134.2099	159.8173	190.6989	227.9499	272.8892	327.1041
29	33.4504	38.7922	45.2189	52.9663	62.3227	73.6398	87.3465	103.9659	124.1354	148.6309	178.3972	214.5828	258.5834	312.0937	377.1697
30	34.7849	40.5681	47.5754	56.0849	66.4388	79.0582	94.4608	113.2832	136.3075	164.4940	199.0209	241.3327	293.1992	356.7868	434.7451

期数	16%	17%	18%	19%	20%	21%	22%	23%	24%	25%	26%	27%	28%	29%	30%
1	1.0000	1.0000	1.0000	1.0000	1.0000	1.0000	1.0000	1.0000	1.0000	1.0000	1.0000	1.0000	1.0000	1.0000	1.0000
2	2.1600	2.1700	2.1800	2.1900	2.2000	2.2100	2.2200	2.2300	2.2400	2.2500	2.2600	2.2700	2.2800	2.2900	2.3000
3	3.5056	3.5389	3.5724	3.6061	3.6400	3.6741	3.7084	3.7429	3.7776	3.8125	3.8476	3.8829	3.9184	3.9541	3.9900
4	5.0665	5.1405	5.2154	5.2913	5.3680	5.4457	5.5242	5.6038	5.6842	5.7656	5.8480	5.9313	6.0156	6.1008	6.1870
5	6.8771	7.0144	7.1542	7.2966	7.4416	7.5892	7.7396	7.8926	8.0484	8.2070	8.3684	8.5327	8.6999	8.8700	9.0431
6	8.9775	9.2068	9.4420	9.6830	9.9299	10.1830	10.4423	10.7079	10.9801	11.2588	11.5442	11.8366	12.1359	12.4423	12.7560
7	11.4139	11.7720	12.1415	12.5227	12.9159	13.3214	13.7396	14.1708	14.6153	15.0735	15.5458	16.0324	16.5339	17.0506	17.5828
8	14.2401	14.7733	15.3270	15.9020	16.4991	17.1189	17.7623	18.4300	19.1229	19.8419	20.5876	21.3612	22.1634	22.9953	23.8577
9	17.5185	18.2847	19.0859	19.9234	20.7989	21.7139	22.6700	23.6690	24.7125	25.8023	26.9404	28.1287	29.3692	30.6639	32.0150
10	21.3215	22.3931	23.5213	24.7089	25.9587	27.2738	28.6574	30.1128	31.6434	33.2529	34.9449	36.7235	38.5926	40.5564	42.6195
11	25.7329	27.1999	28.7551	30.4035	32.1504	34.0013	35.9620	38.0388	40.2379	42.5661	45.0306	47.6388	50.3985	53.3178	56.4053

续 表

期数	16%	17%	18%	19%	20%	21%	22%	23%	24%	25%	26%	27%	28%	29%	30%
12	30.8502	32.8239	34.9311	37.1802	39.5805	42.1416	44.8737	47.7877	50.8950	54.2077	57.7386	61.5013	65.5100	69.7800	74.3270
13	36.7862	39.4040	42.2187	45.2445	48.4966	51.9913	55.7459	59.7788	64.1097	68.7596	73.7506	79.1066	84.8529	91.0161	97.6250
14	43.6720	47.1027	50.8180	54.8409	59.1959	63.9095	69.0100	74.5280	80.4961	86.9495	93.9258	101.4654	109.6117	118.4108	127.9125
15	51.6595	56.1101	60.9653	66.2607	72.0351	78.3305	85.1922	92.6694	100.8151	109.6868	119.3465	129.8611	141.3029	153.7500	167.2863
16	60.9250	66.6488	72.9390	79.8502	87.4421	95.7799	104.9345	114.9834	126.0108	138.1085	151.3766	165.9236	181.8677	199.3374	218.4722
17	71.6730	78.9792	87.0680	96.0218	105.9306	116.8937	129.0201	142.4295	157.2534	173.6357	191.7345	211.7230	233.7907	258.1453	285.0139
18	84.1407	93.4056	103.7403	115.2659	128.1167	142.4413	158.4045	176.1883	195.9942	218.0446	242.5855	269.8882	300.2521	334.0074	371.5180
19	98.6032	110.2846	123.4135	138.1664	154.7400	173.3540	194.2535	217.7116	244.0328	273.5558	306.6577	343.7580	385.3227	431.8696	483.9734
20	115.3797	130.0329	146.6280	165.4180	186.6880	210.7584	237.9893	268.7853	303.6006	342.9447	387.3887	437.5726	494.2131	558.1118	630.1655
21	134.8405	153.1385	174.0210	197.8474	225.0256	256.0176	291.3469	331.6059	377.4648	429.6809	489.1098	556.7173	633.5927	720.9642	820.2151
22	157.4150	180.1721	206.3448	236.4385	271.0307	310.7813	356.4432	408.8753	469.0563	538.1011	617.2783	708.0309	811.9987	931.0438	1067.2796
23	183.6014	211.8013	244.4868	282.3618	326.2369	377.0454	435.8607	503.9166	582.6298	673.6264	778.7707	900.1993	1040.3583	1202.0465	1388.4635
24	213.9776	248.8076	289.4945	337.0105	392.4842	457.2249	532.7501	620.8174	723.4610	843.0329	982.2511	1144.2531	1332.6586	1551.6400	1806.0026
25	249.2140	292.1049	342.6035	402.0425	471.9811	554.2422	650.9551	764.6054	898.0916	1054.7912	1238.6363	1454.2014	1706.8031	2002.6156	2348.8033
26	290.0883	342.7627	405.2721	479.4306	567.3773	671.6330	795.1653	941.4647	1114.6336	1319.4890	1561.6818	1847.8358	2185.7079	2584.3741	3054.4443
27	337.5024	402.0323	479.2211	571.5224	681.8528	813.6759	971.1016	1159.0016	1383.1457	1650.3612	1968.7191	2347.7515	2798.7061	3334.8426	3971.7776
28	392.5028	471.3778	566.4809	681.1116	819.2233	985.5479	1185.7440	1426.5719	1716.1007	2063.9515	2481.5860	2982.6444	3583.3438	4302.9470	5164.3109
29	456.3032	552.5121	669.4475	811.5228	984.0680	1193.5129	1447.6077	1755.6835	2128.9648	2580.9394	3127.7984	3788.9583	4587.6801	5551.8016	6714.6042
30	530.3117	647.4391	790.9480	966.7122	1181.8816	1445.1507	1767.0813	2160.4907	2640.9164	3227.1743	3942.0260	4812.9771	5873.2306	7162.8241	8729.9855

附录 4 年金现值系数表

期数	1%	2%	3%	4%	5%	6%	7%	8%	9%	10%	11%	12%	13%	14%	15%
1	0.9901	0.9804	0.9709	0.9615	0.9524	0.9434	0.9346	0.9259	0.9174	0.9091	0.9009	0.8929	0.8850	0.8772	0.8696
2	1.9704	1.9416	1.9135	1.8861	1.8594	1.8334	1.8080	1.7833	1.7591	1.7355	1.7125	1.6901	1.6681	1.6467	1.6257
3	2.9410	2.8839	2.8286	2.7751	2.7232	2.6730	2.6243	2.5771	2.5313	2.4869	2.4437	2.4018	2.3612	2.3216	2.2832
4	3.9020	3.8077	3.7171	3.6299	3.5460	3.4651	3.3872	3.3121	3.2397	3.1699	3.1024	3.0373	2.9745	2.9137	2.8550
5	4.8534	4.7135	4.5797	4.4518	4.3295	4.2124	4.1002	3.9927	3.8897	3.7908	3.6959	3.6048	3.5172	3.4331	3.3522
6	5.7955	5.6014	5.4172	5.2421	5.0757	4.9173	4.7665	4.6229	4.4859	4.3553	4.2305	4.1114	3.9975	3.8887	3.7845
7	6.7282	6.4720	6.2303	6.0021	5.7864	5.5824	5.3893	5.2064	5.0330	4.8684	4.7122	4.5638	4.4226	4.2883	4.1604
8	7.6517	7.3255	7.0197	6.7327	6.4632	6.2098	5.9713	5.7466	5.5348	5.3349	5.1461	4.9676	4.7988	4.6389	4.4873
9	8.5660	8.1622	7.7861	7.4353	7.1078	6.8017	6.5152	6.2469	5.9952	5.7590	5.5370	5.3282	5.1317	4.9464	4.7716
10	9.4713	8.9826	8.5302	8.1109	7.7217	7.3601	7.0236	6.7101	6.4177	6.1446	5.8892	5.6502	5.4262	5.2161	5.0188
11	10.3676	9.7868	9.2526	8.7605	8.3064	7.8869	7.4987	7.1390	6.8052	6.4951	6.2065	5.9377	5.6869	5.4527	5.2337
12	11.2551	10.5753	9.9540	9.3851	8.8633	8.3838	7.9427	7.5361	7.1607	6.8137	6.4924	6.1944	5.9176	5.6603	5.4206
13	12.1337	11.3484	10.6350	9.9856	9.3936	8.8527	8.3577	7.9038	7.4869	7.1034	6.7499	6.4235	6.1218	5.8424	5.5831
14	13.0037	12.1062	11.2961	10.5631	9.8986	9.2950	8.7455	8.2442	7.7862	7.3667	6.9819	6.6282	6.3025	6.0021	5.7245
15	13.8651	12.8493	11.9379	11.1184	10.3797	9.7122	9.1079	8.5595	8.0607	7.6061	7.1909	6.8109	6.4624	6.1422	5.8474
16	14.7179	13.5777	12.5611	11.6523	10.8378	10.1059	9.4466	8.8514	8.3126	7.8237	7.3792	6.9740	6.6039	6.2651	5.9542
17	15.5623	14.2919	13.1661	12.1657	11.2741	10.4773	9.7632	9.1216	8.5436	8.0216	7.5488	7.1196	6.7291	6.3729	6.0472
18	16.3983	14.9920	13.7535	12.6593	11.6896	10.8276	10.0591	9.3719	8.7556	8.2014	7.7016	7.2497	6.8399	6.4674	6.1280
19	17.2260	15.6785	14.3238	13.1339	12.0853	11.1581	10.3356	9.6036	8.9501	8.3649	7.8393	7.3658	6.9380	6.5504	6.1982
20	18.0456	16.3514	14.8775	13.5903	12.4622	11.4699	10.5940	9.8181	9.1285	8.5136	7.9633	7.4694	7.0248	6.6231	6.2593

续 表

期数	1%	2%	3%	4%	5%	6%	7%	8%	9%	10%	11%	12%	13%	14%	15%
21	18.8570	17.0112	15.4150	14.0292	12.8212	11.7641	10.8355	10.0168	9.2922	8.6487	8.0751	7.5620	7.1016	6.6870	6.3125
22	19.6604	17.6580	15.9369	14.4511	13.1630	12.0416	11.0612	10.2007	9.4424	8.7715	8.1757	7.6446	7.1695	6.7429	6.3587
23	20.4558	18.2922	16.4436	14.8568	13.4886	12.3034	11.2722	10.3711	9.5802	8.8832	8.2664	7.7184	7.2297	6.7921	6.3988
24	21.2434	18.9139	16.9355	15.2470	13.7986	12.5504	11.4693	10.5288	9.7066	8.9847	8.3481	7.7843	7.2829	6.8351	6.4338
25	22.0232	19.5235	17.4131	15.6221	14.0939	12.7834	11.6536	10.6748	9.8226	9.0770	8.4217	7.8431	7.3300	6.8729	6.4641
26	22.7952	20.1210	17.8768	15.9828	14.3752	13.0032	11.8258	10.8100	9.9290	9.1609	8.4881	7.8957	7.3717	6.9061	6.4906
27	23.5596	20.7069	18.3270	16.3296	14.6430	13.2105	11.9867	10.9352	10.0266	9.2372	8.5478	7.9426	7.4086	6.9352	6.5135
28	24.3164	21.2813	18.7641	16.6631	14.8981	13.4062	12.1371	11.0511	10.1161	9.3066	8.6016	7.9844	7.4412	6.9607	6.5335
29	25.0658	21.8444	19.1885	16.9837	15.1411	13.5907	12.2777	11.1584	10.1983	9.3696	8.6501	8.0218	7.4701	6.9830	6.5509
30	25.8077	22.3965	19.6004	17.2920	15.3725	13.7648	12.4090	11.2578	10.2737	9.4269	8.6938	8.0552	7.4957	7.0027	6.5660

续

期数	16%	17%	18%	19%	20%	21%	22%	23%	24%	25%	26%	27%	28%	29%	30%
1	0.8621	0.8547	0.8475	0.8403	0.8333	0.8264	0.8197	0.8130	0.8065	0.8000	0.7937	0.7874	0.7813	0.7752	0.7692
2	1.6052	1.5852	1.5656	1.5465	1.5278	1.5095	1.4915	1.4740	1.4568	1.4400	1.4235	1.4074	1.3916	1.3761	1.3609
3	2.2459	2.2096	2.1743	2.1399	2.1065	2.0739	2.0422	2.0114	1.9813	1.9520	1.9234	1.8956	1.8684	1.8420	1.8161
4	2.7982	2.7432	2.6901	2.6386	2.5887	2.5404	2.4936	2.4483	2.4043	2.3616	2.3202	2.2800	2.2410	2.2031	2.1662
5	3.2743	3.1993	3.1272	3.0576	2.9906	2.9260	2.8636	2.8035	2.7454	2.6893	2.6351	2.5827	2.5320	2.4830	2.4356
6	3.6847	3.5892	3.4976	3.4098	3.3255	3.2446	3.1669	3.0923	3.0205	2.9514	2.8850	2.8210	2.7594	2.7000	2.6427
7	4.0386	3.9224	3.8115	3.7057	3.6046	3.5079	3.4155	3.3270	3.2423	3.1611	3.0833	3.0087	2.9370	2.8682	2.8021
8	4.3436	4.2072	4.0776	3.9544	3.8372	3.7256	3.6193	3.5179	3.4212	3.3289	3.2407	3.1564	3.0758	2.9986	2.9247
9	4.6065	4.4506	4.3030	4.1633	4.0310	3.9054	3.7863	3.6731	3.5655	3.4631	3.3657	3.2728	3.1842	3.0997	3.0190
10	4.8332	4.6586	4.4941	4.3389	4.1925	4.0541	3.9232	3.7993	3.6819	3.5705	3.4648	3.3644	3.2689	3.1781	3.0915
11	5.0286	4.8364	4.6560	4.4865	4.3271	4.1769	4.0354	3.9018	3.7757	3.6564	3.5435	3.4365	3.3351	3.2388	3.1473

续　表

期数	16%	17%	18%	19%	20%	21%	22%	23%	24%	25%	26%	27%	28%	29%	30%
12	5.1971	4.9884	4.7932	4.6105	4.4392	4.2784	4.1274	3.9852	3.8514	3.7251	3.6059	3.4933	3.3868	3.2859	3.1903
13	5.3423	5.1183	4.9095	4.7147	4.5327	4.3624	4.2028	4.0530	3.9124	3.7801	3.6555	3.5381	3.4272	3.3224	3.2233
14	5.4675	5.2293	5.0081	4.8023	4.6106	4.4317	4.2646	4.1082	3.9616	3.8241	3.6949	3.5733	3.4587	3.3507	3.2487
15	5.5755	5.3242	5.0916	4.8759	4.6755	4.4890	4.3152	4.1530	4.0013	3.8593	3.7261	3.6010	3.4834	3.3726	3.2682
16	5.6685	5.4053	5.1624	4.9377	4.7296	4.5364	4.3567	4.1894	4.0333	3.8874	3.7509	3.6228	3.5026	3.3896	3.2832
17	5.7487	5.4746	5.2223	4.9897	4.7746	4.5755	4.3908	4.2190	4.0591	3.9099	3.7705	3.6400	3.5177	3.4028	3.2948
18	5.8178	5.5339	5.2732	5.0333	4.8122	4.6079	4.4187	4.2431	4.0799	3.9279	3.7861	3.6536	3.5294	3.4130	3.3037
19	5.8775	5.5845	5.3162	5.0700	4.8435	4.6346	4.4415	4.2627	4.0967	3.9424	3.7985	3.6642	3.5386	3.4210	3.3105
20	5.9288	5.6278	5.3527	5.1009	4.8696	4.6567	4.4603	4.2786	4.1103	3.9539	3.8083	3.6726	3.5458	3.4271	3.3158
21	5.9731	5.6648	5.3837	5.1268	4.8913	4.6750	4.4756	4.2916	4.1212	3.9631	3.8161	3.6792	3.5514	3.4319	3.3198
22	6.0113	5.6964	5.4099	5.1486	4.9094	4.6900	4.4882	4.3021	4.1300	3.9705	3.8223	3.6844	3.5558	3.4356	3.3230
23	6.0442	5.7234	5.4321	5.1668	4.9245	4.7025	4.4985	4.3106	4.1371	3.9764	3.8273	3.6885	3.5592	3.4384	3.3254
24	6.0726	5.7465	5.4509	5.1822	4.9371	4.7128	4.5070	4.3176	4.1428	3.9811	3.8312	3.6918	3.5619	3.4406	3.3272
25	6.0971	5.7662	5.4669	5.1951	4.9476	4.7213	4.5139	4.3232	4.1474	3.9849	3.8342	3.6943	3.5640	3.4423	3.3286
26	6.1182	5.7831	5.4804	5.2060	4.9563	4.7284	4.5196	4.3278	4.1511	3.9879	3.8367	3.6963	3.5656	3.4437	3.3297
27	6.1364	5.7975	5.4919	5.2151	4.9636	4.7342	4.5243	4.3316	4.1542	3.9903	3.8387	3.6979	3.5669	3.4447	3.3305
28	6.1520	5.8099	5.5016	5.2228	4.9697	4.7390	4.5281	4.3346	4.1566	3.9923	3.8402	3.6991	3.5679	3.4455	3.3312
29	6.1656	5.8204	5.5098	5.2292	4.9747	4.7430	4.5312	4.3371	4.1585	3.9938	3.8414	3.7001	3.5687	3.4461	3.3317
30	6.1772	5.8294	5.5168	5.2347	4.9789	4.7463	4.5338	4.3391	4.1601	3.9950	3.8424	3.7009	3.5693	3.4466	3.3321

参 考 文 献

1. 马桂顺.酒店财务管理.北京：清华大学出版社,2005
2. 蔡万坤.新编酒店财务管理.广州：广东旅游出版社,2004
3. 祝锡萍.财务管理基础.北京：人民邮电出版社,2005
4. 杨尚军.饭店财务与管理.北京：机械工业出版社,2005
5. 张延波.企业集团财务战略与财务政策.北京：经济管理出版社,2002
6. 王化成.高级财务管理.北京：中国人民大学出版社,2003
7. 田钊平.财务管理.北京：中国人民大学出版社,2007
8. 国家旅游局人事劳动教育司.饭店财务管理.北京：旅游教育出版社,2002
9. 徐春立.企业资本结构战略.天津：天津社会科学出版社,2002